JOCHEN OEHLER · CHRISTIAN BUER

MACHT
EINKAUF

JOCHEN OEHLER · CHRISTIAN BUER

MACHT
EINKAUF

POWER-METHODEN
FÜR ERFOLGREICHES
EINKAUFSMANAGEMENT
IN DER HOTELLERIE

MATTHAES VERLAG GMBH
Ein Unternehmen der dfv Mediengruppe

VORWORT

Liebe Leserin, lieber Leser!

Eindeutig zweideutig – das ist die zentrale Botschaft von MACHT EINKAUF.

Dutzende Studien, Hunderte von Einkaufsprojekten, Tausende von Verhandlungen in der Privat- und Konzernhotellerie haben fast jedes Mal ergeben, wie viel Potenzial und somit Macht im Einkauf steckt. Wird diese Macht nicht genutzt, wendet sie sich schnell auch gegen den eigenen Erfolg. Nach unserem Verständnis wird diese Macht, die im Einkauf steckt, dann am besten zur Geltung gebracht, wenn man Einkauf strategisch angeht. »Macht« meint für uns allerdings nicht das einseitige Übervorteilen des Gegenübers zum eigenen Nutzen!

Mit MACHT EINKAUF verbinden wir aber auch den Appell und Aufruf zum Machen.

Im Vergleich zu den meisten anderen Branchen hinkt die Hotellerie in der Professionalisierung des Einkaufs vielfach deutlich hinterher. Die gute Nachricht: Wir haben als Branche damit wohl noch mit die größten Potenziale zur Verbesserung unserer Einkaufskosten und -prozesse. Man muss nur anfangen und »machen«.

Für uns Autoren war das Verfassen von MACHT EINKAUF auch ein neuer Anfang. Besonders gereizt hat uns, dass es bis dato kein Standardwerk zum strategischen Einkaufsmanagement speziell für die Hotellerie gab. Das wollten wir ändern. Und das haben wir getan.

Ihnen wünschen wir viele neue Erkenntnisse und Anregungen beim Lesen von MACHT EINKAUF.

Herzlichst
Ihr   Ihr

Jochen Oehler   Prof. Dr. Christian Buer

INHALT

»Und jedem Anfang wohnt ein Zauber inne.« Hermann Hesse

MACHT EINKAUF

MENSCHEN IM HOTEL

»Menschen im Hotel« von Vicki Baum ist ein wunderbarer Roman, der das Leben in Berlin während der sogenannten goldenen Zwanziger beschreibt. Man möchte sich direkt hineinträumen. Dreh- und Angelpunkt ist ein luxuriöses Fünf-Sterne-Hotel. Luxus pur, exklusiver Service, warmes Ambiente, wunderbare Diners, interessante (natürlich reiche) Gäste, ein repräsentativer Generaldirektor, hervorragende Mitarbeiter, perfekter Service. Und trotz allem »Zirkus« genug Geld in der Hotelkasse. So wie seinerzeit die Luxushotellerie eben auch für den finanziellen Erfolg stand.

Damals wie heute gilt: Menschen machen Hotel. Und das oberste Ziel ist, GEWINN zu erwirtschaften. Nur dass genau dies eben im Hotel heute etwas schwieriger ist als in den goldenen Zwanzigern.

Heute hat sich die Lage drastisch geändert: Knallharter Wettbewerb, heftiger Druck auf die Zimmerpreise, strammer Zuwachs bei den Hotelkapazitäten – inzwischen auch in B- und C-Lagen –, schwierigere Finanzierungs- und Kreditmöglichkeiten. Dies gepaart mit der Spezialisierung von unterschiedlichen Produkten und unterschiedlichen Qualitäten auf alle möglichen Gesellschaftsschichten führt zu einem unübersichtlichen Markt, in dem es gilt, dennoch Gewinn zu erzielen und den Investoren und Finanziers die Renditen zu erwirtschaften.

Der Gewinn ist Dünger & Sauerstoff für wirtschaftliches Überleben und die Grundlage für Wachstum: kein Gewinn, kein Vertrauen der Investoren und damit keine Investitionen. Ohne Gewinn keine guten Mitarbeiter. Ohne Gewinn kein Geld für Marketing. Guter Service, tolle Atmosphäre, ein hipper Wellnessbereich, die coole Website – all das sind ausschließlich Mittel zum Zweck, um das große Ziel – Gewinn – zu erreichen.

In der Hotellerie ist die Konzentration des Einsatzes von Mitarbeitern auf den »richtigen Job« und damit auf die »Schaffung des guten Ertrages« der Gewinntreiber. Die Bedeutung der Personalkosten ergibt sich beispielhaft aus der nachfolgenden Gewinn- und Verlustrechnung (kurz G&V).

Zahlenwerkstatt – G&V macht schlau

MACHT EINKAUF ist ein Buch für Praktiker. BWL-Nerds werden hier etwas zu kurz kommen. Dennoch, wenn wir – und darum geht es ja in erster Linie bei diesem Buch – uns mit Themen wie »Im Einkauf steckt der Gewinn« – beschäftigen, dann kommen wir um ein paar Basics und Fakten nicht herum.

Ob ich mit meinem Hotel einen wirtschaftlichen Erfolg, also Gewinn, erzielt habe, zeigt mir die monatliche G&V – also Gewinn- und Verlustrechnung. Dort sind die Umsatzerlöse pro Bereich ausgewiesen. Abgezogen werden die operativen Betriebskosten, zum Beispiel die direkt den Abteilungen zuordenbaren Kosten: Wareneinsätze, Personalaufwendungen und andere Kosten.

GASTRONOMIE		
Speisen Umsatz	52.422	
Getränke Umsatz	21.505	
Andere Umsätze	5.372	
Gastronomie Umsatz	79.299	
Wareneinsatz Speisen	18.113	(34,55 %)
Wareneinsatz Getränke	4.629	(21,52 %)
Wareneinsatz total	22.742	
Löhne / Gehälter Gastronomie	18.521	
Löhne / Gehälter Küche	12.825	
Andere Kosten	3.143	
Kosten total	34.490	
Abteilungsergebnis	22.067	
BEHERBERGUNG		
Umsatz	64.349	
Löhne / Gehälter	21.600	
Andere Kosten	9.340	
Kosten total	30.940	
Abteilungsergebnis	33.409	
BETRIEBSERGEBNIS I (GOP)	**55.476**	
Miete / Pacht	30.000	
AfA	12.000	
Leasing / Mieten	4.750	
Zinsen		
BETRIEBSERGEBNIS II (NOP)	**8.726**	**(6,07 %)**

Der monatliche Finanzbericht zeigt, wie es um den Betrieb steht und ob Gewinn erwirtschaftet wurde oder nicht.

Die Umsätze abzüglich der betriebsbedingten Kosten ergeben pro Abteilung die operativen Abteilungsgewinne die operativen Abteilungsgewinne (Gross Operating Income) und weiterführend nach Abzug der Gemeinkosten den Betriebsgewinn, der in der Hotellerie eher bekannt ist als GOP – Gross Operating Profit, nach internationalen Standards das EBITDAR (Earnings before Interest, Taxes, Depreciation, Amortization and Rent – frei übersetzt: Gewinn vor Kapitaldienst, Steuern, Abschreibungen, Rücklagen und Mieten).

Letztlich zählt für jeden Hotelbereiber, sofern er Kapitalverpflichtungen über Kredite bei seiner Bank oder in Form von Mieten hat, der erzielbare Nettogewinn (NOP – Net Operating Profit). Vereinfacht gesagt. Das, was nach aller Mühe, Arbeit, Kreativität, Mitarbeiterentwicklung, Renovierung, Kocherei und sonstiger Gästeverwöhnerei übrig bleibt.

In unserem oben abgebildeten Beispiel bedeutet der NOP von 6,07 Prozent bildlich nichts anderes, als dass von 1 EUR Umsatz, 6,07 Cent als Gewinn übrig bleiben.

6,07 Cent Gewinn pro 1 EUR Umsatz. Das lassen wir an dieser Stelle einfach erst einmal so stehen.

Um den Gewinn eines Hotels nun positiv zu beeinflussen, habe ich als Unternehmen zwei Möglichkeiten: Den Umsatz zu erhöhen oder die Kosten zu senken.

Der Idealzustand: Das eine tun, ohne das andere zu lassen! Das Optimum ist also, dass wir versuchen, den Umsatz zu erhöhen bei gleichzeitiger Senkung der Kosten.

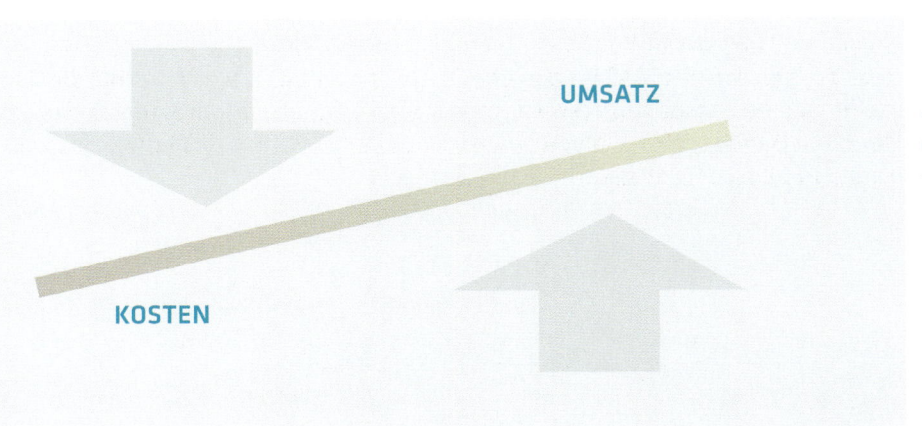

UMSATZ

KOSTEN

Maßnahmen für Umsatzsteigerung und Maßnahmen für die Kostenoptimierung sollten gleichermaßen professionell betrieben werden.

GEWINN MACHT SPEED

Eine Stellschraube bei den Kosten ist der Einkauf. Welche Power im Einkauf steckt und welcher Turbolader für die Gewinn- und Prozessoptimierung im Einkauf steckt, erklärt sich durch eine Äquivalenzbetrachtung.

Die Äquivalenzbetrachtung vergleicht den Wirkungsgrad von Einkaufsoptimierungen. Und zwar zwischen dem Gewinneffekt durch Einkaufsoptimierung und den Gewinneffekt durch Umsatzsteigerung.

Die Fragen, die dahinter stecken, lauten: Was bringt was? Und bringt eventuell das eine mehr als das andere?

Um die Frage zu beantworten und eine Beispielrechnung zu machen, brauchen wir nur noch eine weitere Zahl, und zwar die Höhe der durchschnittlichen, direkten Einkaufskosten eines Hotels: Langjährige Untersuchungen und Analysen bis in die jüngste Zeit hinein gehen von einem Wert in Höhe von 30 Prozent vom Umsatz aus. Das bedeutet, dass von unserem Gesamtumsatz, den wir mit unserem Hotel erzielen, rund 30 Prozent im Branchendurchschnitt für direkte Einkaufskosten »draufgehen« (wir erläutern und vertiefen das detailliert im Kapitel »Total Cost of Ownership«).

AUSGANGSLAGE

Einkaufskosten aktuell (Food, Beverages, Energie, Dienstleistungen etc.)	600.000 EUR
Net Operating Profit aktuell	200.000 EUR

Berechnung/Simulation

Senkung der Einkaufskosten	um 2 % = 588.000 EUR
Net Operating Profit steigt	um 6 % = 212.000 EUR
Erhöhung der Einkaufskosten	um 2 % = 612.000 EUR
Net Operating Profit sinkt	um 6 % auf 188.000 EUR

Einkauf als »Turbobooster« für den Netto-Gewinn eines Hotels (NOP): Alle Einsparungen durch optimierte, direkte Einkaufskosten fließen unmittelbar in den Gewinn des Hotels. Umgekehrt geht es genauso.

Äquivalenzbetrachtung

Rechnen Sie mit: Ein Hundert-Zimmer-Hotel hat einen Umsatz von 2.000.000 EUR inklusive Logis-, Restaurant- und sonstigen Umsätzen. Die Belegungsrate beträgt 75 Prozent bei einer Durchschnittsrate von 100 EUR pro Zimmer. Die durchschnittliche Größe jedes verkauften Couverts im Restaurant liegt bei 30 EUR. Die Einkaufskosten liegen bei 600.000 EUR – also ca. 30 Prozent vom Umsatz. Der NOP – Net Operating Profit des Hotels liegt bei 10 Prozent, also 200.000 EUR.

Dank einer kleinen, wenig aufwändigen Optimierung bei den direkten Einkaufskosten erzielt das Hotel eine jährliche Kostenverbesserung von 2 Prozent. Also 12.000 EUR.

ZWEI EFFEKTE RESULTIEREN DARAUS:

1. Die direkten Einkaufskosten sinken um 12.000 EUR von 600.000 EUR auf 588.000 EUR
2. Der NOP steigt um 12.000 EUR von 200.000 EUR auf 212.000 EUR – also um 6 Prozent, denn jeder Euro, den ich nicht ausgegeben habe, landet direkt – und zwar ohne Umwege – im NOP.

Halten wir fest: Bei diesem Hotelbeispiel erhöht eine 2-prozentige Senkung der direkten Einkaufskosten den NOP um 12.000 EUR – also um 6 Prozent. Somit steigt der NOP von 10 Prozent auf 10,6 Prozent. (212.000 EUR zu 2.000.000 EUR).

Was wäre, wenn? Nehmen wir an, wir verzichten auf diese Optimierungsmaßnahmen zur Senkung unserer direkten Einkaufskosten. Sind ja nur 12.000 EUR – also nicht die Welt. Und nehmen wir an, wir entscheiden uns, ausschließlich durch Umsatzerhöhung unseren Gewinn zu erhöhen, dann ist die zentrale Frage: Wie viel Mehrumsatz muss durch unseren Hotelverkauf gemacht werden, um den gleichen Gewinneffekt zu erzielen?

Jetzt sind Sie dran! Feuer frei!

Nehmen wir die Zahlen von oben. 10 Prozent NOP – das bedeutet, dass von 100 EUR Umsatz am Ende 10 EUR übrig bleiben. Denn Umsatz ist ja nicht gleich Gewinn.

Wenn ich also 12.000 EUR Nettogewinn durch Umsatzerlöse erzielen möchte und wenn ich einen NOP von 10 Prozent habe, dann brauche ich einen Mehrumsatz von 120.000 EUR (12.000 EUR/10 * 100 = 120.000 EUR). Das ist der Mehrumsatz, den ich zusätzlich zum bestehenden Umsatz erwirtschaften muss. In diesem Beispiel also das Zehnfache der Einsparung. Bei einem NOP von 5 Prozent wäre es das Zwanzigfache (12.000 EUR/5 * 100 = 240.000 EUR); bei einem NOP von 15 Prozent wäre es das 6,6-fache (12.000 EUR/15 * 100 = 80.000 EUR).

Gewinnbooster Einkauf

Die oben ermittelten Faktoren sind modellhaft, denn sie fußen auf einer Vollkostenrechnung unter Berücksichtigung aller Fix- und variablen Kosten. Beispiel: Sie verkaufen 10 Zimmer mehr, dann fallen nur zusätzlich variable Kosten an wie Strom, Wasser, Zimmerreinigung etc. Die Fixkosten wie Miete und anderes mehr beeinflussen den Erlös nicht! Nicht bei jedem Euro Mehrumsatz fallen die gleichen Kosten an. Durch die von uns durchgeführten Primärerhebungen, Prozesskostenanalysen und unsere Beratungsprojekte sowie deren Einsparungsberechnungen können wir für die Hotellerie feststellen, dass sich im Mittel ein Faktor zwischen 1:5 und 1:7 ergibt. In konkreten Zahlen heißt das:

Einer Einsparung bei den Einkaufskosten von 12.000 EUR, die direkt in den NOP fließt, steht ein Umsatzäquivalent – legen wir den Faktor 1:5 zugrunde – von 60.000 EUR gegenüber, um den gleichen Gewinneffekt zu erzielen.

Und jetzt springen wir zurück zu unserem Ausgangsbeispiel. Sie erinnern sich?

Durchschnittsrate von 100 EUR pro Zimmer; Wert jedes verkauften Couverts im Restaurant 30 EUR.

Das bedeutet also: Bei einer Umsatzäquivalenz von 60.000 EUR müssten Sie entweder 600 Zimmer oder 2.000 (!) Couverts pro Jahr mehr verkaufen. Pro Tag sind das 1,64 Zimmer oder 5,5 Couverts zusätzlich – also über das hinaus, was Sie heute schon verkaufen. Für »nur« 12.000 EUR besseren NOP, den ich nicht erreicht habe, weil ich auf Maßnahmen zur Optimierung von direkten Einkaufskosten verzichtet habe.

Daraus folgt: Marketing und Vertrieb sind sehr wichtig, weil sie für Umsatz sorgen. Aber sie sind nicht alles! Wer so denkt, sollte sich öffnen und weiter denken und parallel dazu die Professionalisierung im strategischen Einkaufsmanagement vorantreiben. Jeder optimierte Euro landet direkt im Net Operating Profit – NOP. Der Verkauf muss mindestens das Fünf- bis Sechsfache an Mehrumsatz – zusätzlich – machen, um den gleichen Gewinneffekt zu erzielen.

Dieses Wissen rund um den »Rendite-Faktor« – also die Äquivalenzwirkung auf den Gewinn – zwischen Einkaufskostensenkung und Umsatzerhöhung gibt Ihnen eine sehr gute Grundlage, leichter und besser zu argumentieren und Dinge einzuordnen. Dazu einige Beispiele aus der Praxis:

Versicherungsvergleich eines Hotels

Ein Hotelier in einer mittelgroßen Stadt hat vierzehn Jahre lang bei einem Versicherungsunternehmen seine Versicherungsleistungen bezogen. Der Eigentümer des Versicherungsunternehmens ist ein sehr guter Freund und im gleichen Sportverein. Nun stellt der Hotelier erstmals einen Vergleich der Leistungen und Prämien an. Und siehe da: Es gibt andere Anbieter, die deutlich günstiger und sogar leistungsstärker sind als sein angestammter Partner. Der Unterschied bei den Prämien liegt bei 13.000 EUR pro Jahr – und das bei besseren Leistungen. Der Hotelier hat seinen Versicherungspartner nicht gewechselt mit dem Argument: »Der kommt doch zwei bis drei Mal im Jahr und isst bei uns und feiert mit der Familie und bucht einmal im Jahr eine kleine Tagung. Macht etwa 8.000 EUR Umsatz bei mir. Ich will den nicht verlieren, als Gast und Freund. Und ansonsten hole ich die Differenz ja auch mit Umsatz rein.« Okay – machen wir die Rechnung auf:

So hat der Hotelier gerechnet:

Versicherungsleistungen zu teuer	13.000 EUR
Abzgl. bestehender Umsatz	8.000 EUR
Differenzbetrag zu erwirtschaften pro Jahr	5.000 EUR

So sieht die tatsächliche Rechnung aus (Best Case):

Umsatzäquivalenz (Faktor 1:5 von 13.000 EUR zu teurer Versicherungsleistung)	65.000 EUR
Abzgl. bestehender Umsatz	8.000 EUR
Differenzbetrag zu erwirtschaften pro Jahr	57.000 EUR

Bei diesem Beispiel hat der Hotelier nicht eine Entscheidung über 5.000 EUR zu Erhaltung von Umsatz und Freundschaft getroffen, sondern eine über mindestens 57.000 EUR. Dabei ist die Entscheidung durchaus nachvollziehbar. Gerade in mittelgroßen Städten spielen Kontakte manchmal eine große Rolle und generieren im Sinne des Empfehlungsmarketings auch weitere Umsätze. Die Frage ist nur, wie teuer diese Rolle sein darf und inwiefern dies wirklich gemessen wird. Für diesen Fall ist das Fazit: Der Hotelier hat an dieser Stelle die Äquivalenz nicht richtig berechnet und somit die zu erwirtschaftende Gewinnlücke als zu gering eingestuft. Zu seinem Nachteil.

Mitarbeiter wollen teurere Hotelwäsche

In einem Hotel wird neue Wäsche gekauft. Es gibt verschiedene Angebote und Präsentationen. Am Ende bleiben zwei Lieferanten übrig, deren Ware absolut identisch ist. Auch alle anderen Faktoren wie Lieferbedingungen, Nachkaufgarantie etc. gleichen sich. Im Preis jedoch gibt es Unterschiede, die in Summe 5.000 EUR ausmachen. »Nur« 5.000 EUR, argumentiert das Team des Hoteldirektors und gibt die Empfehlung, die Wäsche von dem teureren Lieferanten zu kaufen. Den kennt man schon länger und hat deshalb mehr Vertrauen. Die Entscheidung fällt also für den teureren Lieferanten. Das Argument »Vertrauen« wiegt mehr als der finanzielle Vorteil. Das ist absolut legitim und durchaus nachvollziehbar. Die Gegenrechnung lautet jedoch, dass für dieses Vertrauen, das für das Hotel sehr wichtig ist, im Gegenzug 25.000 EUR mehr Umsatz gemacht werden müssen, gerechnet auf die Laufzeit des Vertrages.

Beide Beispiele stammen aus den letzten zwei Jahren. Sie sollen nur eines zeigen: Seien Sie sich bewusst über Ihre Kaufentscheidungen – gerade dann, wenn Sie teurer einkaufen. Dies ist kein Plädoyer, nur billigst einzukaufen. Es gibt viele, viele Gründe, weshalb bestimmte Leistungen und Produkte zu Recht ihren Preis haben und dadurch auch mal teurer – vielleicht sogar deutlich teurer – sind. Es gibt auch viele Gründe, bei einem teureren lokalen Lieferanten zu bleiben, weil die Verbindung eine regionale Bedeutung für Sie hat.

Uns geht es darum, Ihren Blick zu schärfen und Ihnen per sofort einen »Umrechnungskurs« an die Hand zu geben, sodass Sie Relationen sofort und ziemlich einfach im Kopf ermitteln können. Sie sind somit in der Lage, sehr schnell für sich taxieren, ob Ihnen die Freundschaft zu einem Versicherungspartner zum Beispiel 60.000 EUR Mehrumsatz wirklich wert ist, wenn er 13.000 EUR teurer ist als alle seine Mitbewerber (siehe oben).

Abgetaucht – unterhalb der Wahrnehmungsgrenze

Anhand der Äquivalenzbetrachtung haben wir dargelegt, wie stark der Gewinnhebel im Einkauf sein kann. Idealerweise bedeutet das jedoch, dass wir beide Instrumente – Einkauf und Verkauf – gleichermaßen ausbalanciert umsetzen.

Doch wie sieht das in der Hotellerie aus? Wie ist das in der Praxis? Haben wir eine Balance in unserem Umsatz- und Kostenmanagement? Konzentrieren wir uns mit der gleichen Energie und genauso strategisch und professionell auf unser Kosten- und Prozessmanagement wie auf unsere Umsatzmaximierung? Überprüfen Sie das einmal selbst für sich.

Wir sehen und erleben in der Praxis in der Hotellerie ein Ungleichgewicht: Starker Fokus auf Sales & Marketing – neuer Webauftritt, neuer Vertrag mit einem OTA (Online Travel Agency), neues Übernachtungspaket, Sales Trip hier, Sales Trip da und nicht zu vergessen PR-Aktionen.

Natürlich werden auch die Kosten betrachtet und analysiert. Ein bisschen Wareneinsatz hier. Ein bisschen Preisvergleich dort. Professionelle Ausschreibungen? Einkaufsrichtlinien? Definition von Workflows? Selten wird der Einkauf jedoch in dieser Tiefe und vor allem unter dem Aspekt der TCO – Total Cost of Ownership – betrachtet.

Noch zu selten hat Einkauf den strategischen Stellenwert im Bewusstsein der Hotellerie, den er angesichts seiner Renditehebel und seiner Optimierungsmöglichkeiten haben müsste.

Woher soll's auch kommen? Ein Blick in die Lehrpläne der Hoch- und Hotelfachschulen erklärt einiges: Bis auf sehr junge und wenige Ausnahmen wie den Bachelor-Studiengang für »Hotel- und Restaurantmanagement« der Fakultät für International Business an der Hochschule Heilbronn oder das Angebot des »Hospitality Management« an der Hotelfachschule Heidelberg gibt es kaum bis keinerlei Unterricht, Schulungen oder Vorlesungen mit dem Schwerpunktthema Einkauf. Auch in der gesamten deutschen Hochschullandschaft gibt es gerade mal zwei Hände voll Lehrstühle zum Einkaufsmanagement.

Weitere Indikatoren für die Stellung des Einkaufs in der Hotellerie sind Branchenliteratur, Kongresse und Branchenveranstaltungen, die so gut wie nichts an Themen rund um strategischen Einkauf in der Hotellerie anzubieten haben.

Strategisches Einkaufsmanagement und die vielen positiven Effekte für das Unternehmensergebnis – das liegt nach wie vor unter der Wahrnehmungsgrenze vieler Hoteliers.

Stellen Sie sich vor, Sie sind mit zehn Personen auf einer kleinen Yacht. Alle Bordmitglieder setzen sich nach Steuerbord an die Reling, weil da die Sonne so schön scheint. Was passiert mit dem Boot? Es bekommt Schlagseite. Es liegt nicht mehr so ausgewogen im Wasser. Das Wetter schlägt um. Der Wellengang steigt. Ihre Bordmitglieder bleiben auf der Steuerbordseite. Was bedeutet das für Sie als Skipper? Das Boot lässt sich nicht mehr so leicht navigieren, Sie müssen heftiger ins Steuer greifen, die Schräglage verschärft sich, das Boot droht im schlimmsten Fall zu kentern.

Dieses Beispiel soll zeigen, wie wichtig eine ausgewogene Balance zwischen Einkaufs- und Verkaufsmanagement ist. Davon profitieren gerade auch die, die mit ihrem Hotel vielleicht auch mal in schlechtes Wetter geraten. Eine Korrektur ist dann wesentlich schwerer, als wenn ich von Anfang an die richtige Balance habe.

Das eine tun, ohne das andere zu lassen – das ist unser Plädoyer, das sich durch das ganze Buch zieht: Verknüpfen Sie innovative Marketing- & Salesaktivitäten mit den intelligenten Strategien eines modernen Einkaufsmanagements. Dann erreichen Sie maximalen Speed bei Ihrem Gewinn.

M-BOX: »ÄQUIVALENZBETRACHTUNG«

⊗ Analysieren Sie Ihre Gewinn- und Verlustrechnung bzw. Ihre BWA

⊗ Extrahieren Sie alle tatsächlichen Einkaufskosten

⊗ Ermitteln Sie anhand Ihres NOP's, Ihrer Umsätze und Ihrer gesamten Einkaufskosten die Äquivalenzwirkung in Ihrem Hotel

⊗ Lassen Sie Ihre einkaufsverantwortlichen Mitarbeiter mitrechnen

⊗ In MACHT EINKAUF finden Sie im Kapitel »Große Trend-Studie Einkauf in der Hotellerie '16« wissenschaftlich ausgewertete Ergebnisse, wie und auf welche Sortimente sich die direkten Einkaufskosten üblicherweise in der Hotellerie verteilen – eine gute Gelegenheit für Sie, diese Zahlen mit denen Ihres Betriebes zu vergleichen.

MILLIARDENMARKT EINKAUF

Das Umsatzvolumen aller rund 45.000 Übernachtungsbetriebe (Pensionen, Gasthöfe, Jugendherbergen, Hotels) in Deutschland beträgt rund 23 Milliarden Euro. Von diesen Einnahmen werden etwas mehr als 7 Milliarden Euro für den Einkauf von Waren und Dienstleistungen wieder ausgegeben. Das sind also 30 Prozent vom erzielten Gesamtumsatz.

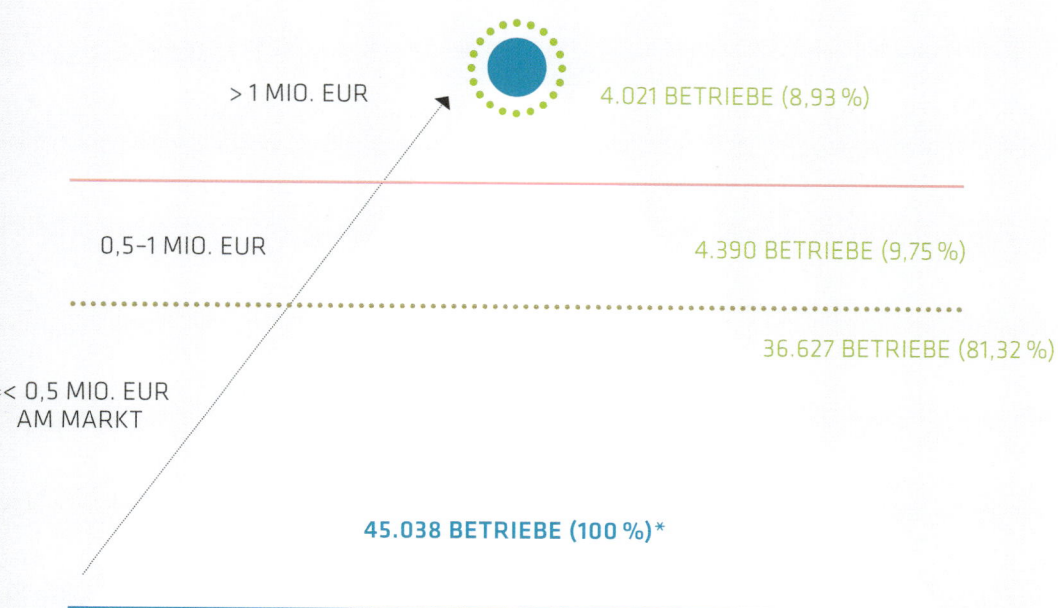

> 1 MIO. EUR   4.021 BETRIEBE (8,93 %)

0,5–1 MIO. EUR   4.390 BETRIEBE (9,75 %)

     36.627 BETRIEBE (81,32 %)

=< 0,5 MIO. EUR AM MARKT

45.038 BETRIEBE (100 %)*

* Quelle: Hotelmarkt Deutschland 2016, IHA Hotelverband, Aufbereitung www.progros.de

Make or buy

Von 100 Prozent Wertschöpfung (damit ist der Gesamtumsatz eines Hotels gemeint) werden durchschnittlich 30 Prozent durch Zukauf von Waren und Dienstleistungen erzielt – also alle die Waren und Dienstleistungen, bei denen der Hotelier der Auffassung vertritt, dass sie einfacher und günstiger »zugekauft« werden können, als dass man sie selbst produziert.

Dieser »Einkaufskostenanteil« von ca. 30 Prozent für den Zukauf von Leistungen und Produkten hat sich über mehrere Studien und Analysen in den letzten Jahren bestätigt. Natürlich variiert das von Betriebstyp zu Betriebstyp. Hat ein Haus noch einen großen Wellness- und Tagungsbereich, so kann der Wert auch bei 35 Prozent oder höher liegen. Und umgekehrt: Bei einem Hotel Garni sind es eher um die 20 Prozent oder weniger.

Make or buy – je kleiner die Wertschöpfungstiefe, desto höher die
direkten Einkaufskosten und somit
der Gewinnhebel im Einkauf
in der Äquivalenzbetrachtung.
Annahme unter der Voraussetzung
100 % Kosten.
Quelle: Supply Management
Institute, Prof. Dr. Christopher
Jahns (2006)

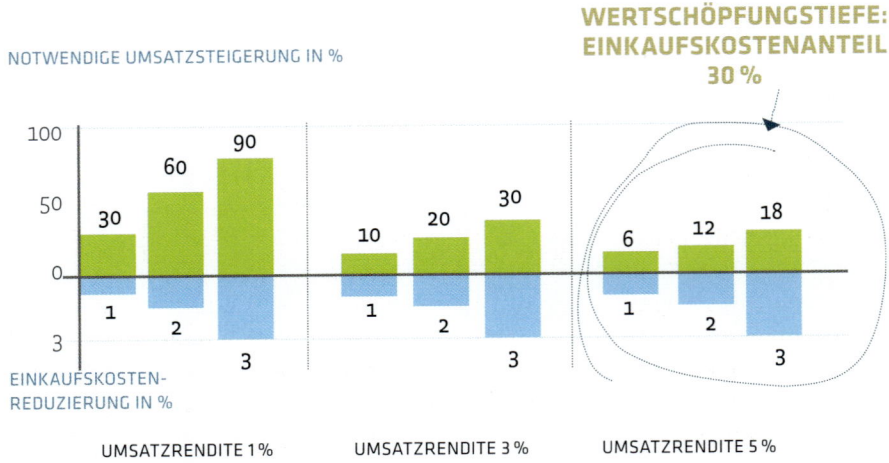

NOTWENDIGE UMSATZSTEIGERUNG IN %

WERTSCHÖPFUNGSTIEFE:
EINKAUFSKOSTENANTEIL
30 %

EINKAUFSKOSTEN-
REDUZIERUNG IN %

UMSATZRENDITE 1 %   UMSATZRENDITE 3 %   UMSATZRENDITE 5 %

Kurzum: All das, was ich als Hotel selbst produziere – seien es Dienstleistungen oder Produkte – beschreibt die Wertschöpfungstiefe. 100 Prozent Wertschöpfungstiefe – im Extremfall – wäre zum Beispiel dann gegeben, wenn ich als Hotel alle Produkte und Dienstleistungen selbst produziere: Ich habe einen Acker, auf dem ich mein eigenes Gemüse anpflanze und dieses mit meinen selbst produzierten Landmaschinen und eigenen Mitarbeitern ernte. Ich veredle diese Produkte mit selbst hergestellten Kochgeräten und serviere sie auf ebenfalls selbst produziertem Geschirr auf meinen eigenhändig gefertigten Tischen. Das macht heute kein Mensch mehr, weil es für bestimmte Bereiche Spezialisten gibt, die eben Tische oder Herde schneller, besser und günstiger herstellen können als man selbst. Die Hauptkompetenz in der Hotellerie liegt in der Dienstleistung am Gast mit den Kernthemen »Schlafen« und »Essen«. Dieses Extrembeispiel umschreibt nur eben den Grundgedanken, der hinter der Aussage 100 Prozent Wertschöpfungstiefe steht.

Wertschöpfungstiefe 70 %

In der Hotellerie liegt die Wertschöpfungstiefe durchschnittlich bei 70 Prozent. 30 Prozent des Wertschöpfungsanteils an den Umsatzerlösen wird demnach durch den Zukauf von Produkten (Food, Beverage, Verbrauchsartikel, Energie, Investitionsgütern etc.) oder durch den Einkauf von Dienstleistungen (Mietwäsche, Facility Management, Lohnbuchhaltung, Werbe- und Internetagentur, Versicherungen etc.) verursacht.

Alles Einkauf – Produkte & Dienstleistungen, die die Hotellerie zukauft
- Food (Fleisch, Fisch, Gemüse, Obst, Kaffee etc.)
- Beverage (Softdrinks, Säfte, Bier, Weine, Spirituosen etc.)
- Investitionsgüter (EDV, Software, Tagungstechnik, Beschilderung etc.)
- Haustechnik (Leuchtmittel, Werkzeuge, Klimaanlagen, Türschließsysteme etc.)
- Verbrauchsgüter (Büromaterial, Hygienematerial, Küchenkleinmaterial etc.)
- Dienstleistungen (Versicherungen, Kreditkarten, Energiemanagement etc.)
- KFZ (Nutzfahrzeuge, Privat, Leasing / Kauf etc.)
- Energie (Wasser, Gas, Strom, BHKW etc.)

In Branchen außerhalb der Hotellerie – zum Beispiel im Sportartikelbereich oder der Automobilindustrie – liegt die Wertschöpfung bei gerade einmal 20 Prozent und teilweise niedriger. Ein komplett umgekehrtes Verhältnis! Diese Unternehmen konzentrieren sich nur noch auf ihre Kernkompetenzen und Schlüsselqualifikationen. Alles andere wird anderen überlassen, die das preiswerter, effizienter und qualitativ besser können. Diese extreme Reduktion der unternehmenseigenen Wertschöpfungstiefe durch den wachsenden Anteil der »Material- und Sachkosten« am Umsatz führt zu einer steigenden Bedeutung des Einkaufs, weil der Einfluss auf das Betriebsergebnis wächst.

Die Wertschöpfungstiefe in der Hotellerie sinkt ebenfalls seit Jahren, weil immer mehr Dienstleistungen und Produkte zugekauft werden, die andere besser produzieren oder leisten können (Outsourcing). Dazu kann alles Mögliche gehören: die Auslagerung der Buchhaltung oder des Housekeeping, die Einschaltung von Werbeagenturen, die Nutzung von Dienstleistern, die die Performance der eigenen Website optimieren, und so weiter. Somit können wir uns auf unsere Kernkompetenz als Hoteliers oder auch Gastronomen besser konzentrieren, auf unsere DNA: Dienstleistung. Eine Leistung zu erbringen, die dem Gast dient. Wir sind Dienstleister durch und durch, sind vertrauenswürdiger Übernachtungsdienstleister und perfekter Versorgungsdienstleister für durchreisende Gäste. Oder für genießende Gäste, die sich für eine bestimmte Zeit auf einem individuellen Niveau verwöhnen und umsorgen lassen wollen. Sprich: Wir sind dem Herzenaspekt verbunden

Im Zentrum steht – auch in unserer Branche – die Überlegung »Make or buy«. Kaufe ich lieber ein Produkt oder eine Dienstleistung (Outsourcing) von jemand anderem oder produziere ich selbst?

M-BOX: »WERTSCHÖPFUNGSTIEFE«

⊗ Analysieren Sie mit Ihrem Team, wie viele Leistungen und Produkte Sie heute schon dazukaufen und nicht mehr selbst produzieren

⊗ Ziehen Sie einen Vergleich aus den letzten fünf Jahren, um einen Trend für Ihr Hotel abzulesen

⊗ Denken Sie darüber nach, wie sich Ihr »Make or Buy« in Zukunft entwickeln könnte. Gehen Sie hier insbesondere auf die Frage ein, wie Sie sich mit Ihrem Hotel positionieren wollen! Dies beeinflusst die »Make or Buy«-Entscheidung!

⊗ Überlegen Sie, was Sie eventuell wieder »selbst machen« wollen oder doch besser outsourcen sollten

TCO – TOTAL COST OF OWNERSHIP

Wenn wir etwas anschaffen, sei es ein Produkt oder eine Dienstleistung, dann fallen Kosten dafür an. Diese Kosten werden unterteilt in direkte und indirekte Einkaufskosten. Zusammen ergeben sie die Total Cost of Ownership (TCO). Sie geben Auskunft darüber, wie teuer die Überführung eines Produktes oder einer Dienstleistung in das Eigentum oder den Besitz des Hotels in Summe war – vom Produktpreis bis hin zu den verursachten Arbeitskosten (Prozesskosten).

Direkte Einkaufskosten

Direkte Einkaufskosten sind die Kosten, die für ein Produkt oder eine Leistung als Kaufpreis unmittelbar anfallen. Also der Einkaufspreis abzüglich aller ggf. weiterer monetären Vorteile wie Rabatt, Bonus, Skonto etc. Ein Beispiel: Sie kaufen 50 neue Banketttische á 100 EUR, erhalten noch einen Nachlass von 10 Prozent, weil gerade eine Aktion des Herstellers läuft, und bekommen auf den Gesamtpreis 2 Prozent Skonto bei Zahlung innerhalb 14 Tagen. Ihre direkten Einkaufskosten betragen 4.410 EUR total.

Zu den direkten Einkaufskosten in Höhe von durchschnittlich 30 Prozent vom Umsatz zählen weit mehr als nur die Ausgaben für Brötchen, Fleisch oder Reinigungsmittel. Ausgaben wie KFZ-Leasing, Telefon, Soft- und Hardware, Versicherungen, Klimatechnik, Abfallbeseitigung, Personaldienstleister, Investitionsgüter und vieles mehr müssen beim Blick auf die Einkaufskosten ebenfalls berücksichtigt werden.

LEBENSMITTEL   REINIGUNGSMITTEL
KLIMA   TELEFONIE
GETRÄNKE   MOLKEREI
KREDITKARTEN
FAHRZEUGE
LEASING   INVESTITIONSGÜTER
WÄSCHE   LOHNBUCHHALTUNG
KÜCHENGERÄTE
LEUCHTMITTEL   FACILITY MANAGEMENT
TEPPICHE
IT / EDV   GÄSTEARTIKEL   VERSICHERUNGEN
FOTOGRAFIE
MOBILIAR
ENERGIEMANAGEMENT

Indirekte Einkaufskosten – die Prozesskosten

Neben den direkten Einkaufskosten für Produkte und Dienstleistungen, die extern beschafft werden, fallen weitere, mit der Beschaffung, sprich dem Prozess als Ganzes, verbundene Kosten an: Die sogenannten Prozesskosten. Dazu gehören zum Beispiel Zeit- und Arbeitsaufwand für u. a.:
• Sourcing und Angebotsanforderung
• Angebotsvergleiche
• Bestellung
• Warenannahme
• Warenausgabe
• Prüfung und Buchung von Rechnungen
• Inventur
• Bearbeitung Gutschriften
• Fahrzeiten bei Abholung von Waren

Die Prozesskosten sind also die Kosten des Einkaufes, die sich mit allen mit der Beschaffung verbundenen Arbeits- und Entscheidungsprozessen befassen.

Eh da-Kosten – der Mitarbeiter ist eh da … noch!

Indirekte Einkaufskosten – oder Prozesskosten – das ist so ein ganz spezielles Ding in der Hotellerie.

Bemerkung 1: Für viele Hotels sind die Personalkosten innerhalb der Prozesskosten »Eh da-Kosten« – der Mitarbeiter ist eh da … Deshalb werden diese Kosten in der Regel komplett ausgeblendet, wenn es um die Bewertung von Einkaufskosten nach dem TCO-Ansatz geht. Wie viele Mitarbeiter fahren, während Sie dies lesen, gerade in den nächsten Baumarkt oder zum Großmarkt, um Ware einzukaufen, zu vergleichen und – was in der Regel passiert – auch mehr einzukaufen, als benötigt wird? Die Opportunität wird in diesem Fall komplett ausgeblendet, nämlich, dass der Mitarbeiter zum Beispiel in dieser Zeit nicht am Gast sein und wertvollen Zusatzverkauf betreiben kann. Bei einem Koch heißt dies, dass er jetzt nicht in der Küche steht; ein Hausmeister kann jetzt nicht im Zimmer die nötigen Kleinreparaturen machen; der Concierge ist nicht bei der großen Welle des Check-In, um dem Empfang zur Hand zu gehen.

Bemerkung 2: Prozesskosten sind schwer greifbar und schwer messbar. Sie sind auch schwer in Gegenwert umzurechnen.

Folgende Beispiele veranschaulichen, was alles dahinter steckt.

Ersatzbeschaffung Investitionsgut »Cross-Trainer«

Ein vier Jahre alter Cross Trainer im Fitnessraum ist defekt. Eine erste Überprüfung und nachfolgende Entscheidung ergibt, dass eine Reparatur wirtschaftlich nicht sinnvoll ist und ein Ersatzgerät angeschafft werden muss. Wir sprechen hierbei von einem wirtschaftlichen Totalschaden. Welche einzelnen Arbeitsschritte sind nun in diesem Fall mit der Ersatzbeschaffung verbunden, wie viel Zeit nehmen sie in Anspruch und welche »Arbeitskosten« in EUR verursachen sie?

TOTAL COST OF OWNERSHIP – BEISPIEL INVESTITIONSGUT »CROSS-TRAINER«:

Ermittlung der Gesamtkosten für die Beschaffung eines Cross-Trainers unter Berücksichtigung des reinen Einkaufspreises als auch aller mit der Beschaffung in Verbindung stehenden »Prozess (Arbeits) kosten« Abweichungen ggf. durch Auf- oder Abrunden.

		Zahl der Mitarbeiter, die beim Prozess beteiligt sein können	Summe der Zeit aller am Prozess beteiligten Mitarbeiter in Minuten	Arbeitszeit-Anteile am Prozess in %	Arbeitskosten-Anteile am Prozess in EUR
	LOHNKOSTEN PRO MINUTE IM DURCHSCHNITT IN EUR (Basis Bruttolohn 2.500 EUR / Monat inkl. Personalnebenkosten und Abgaben)		0,24		
1	Prozess anstoßen, fachlich verantwortlichen Mitarbeiter informieren und Aufgabe delegieren	2	5	1,2	1,20
2	Crosstrainer abbauen und in Lagerraum / Keller / Warenannahme tragen	2	30	6,9	7,20
3	Crosstrainer entsorgen (z. B. Verkauf, Wertstoffhof, Verschenken etc.)	2	30	6,9	7,20
4	Sondierung Markt, welche Merkmale aktuelle Produkte haben	2	60	13,8	14,40
5	Suche nach Lieferanten und vergleichbaren Produkten sowie Alternativprodukten	1	60	13,8	14,40
6	Einholung Angebote bei 3 Lieferanten (Adresse / Ansprechpartner finden, Mail senden / Anruf etc.)	1	30	6,9	7,20
7	Vergleich Angebote und Auswertung (Spezifikationen, Garantiezeiten, Lieferbedingungen etc.)	1	30	6,9	7,20
8	Präsentation und Erläuterung der Angebote	3	15	3,5	3,60
9	Ggf. Test des favorisierten Cross Trainers oder Einholung Referenzen	5	60	13,8	14,40
10	Schriftliche Bestellung erstellen mit Auflistung Kaufpreis und Rahmenbedingungen	1	15	3,5	3,60
11	Freigabe der Bestellung durch Entscheider	2	5	1,2	1,20
12	Versand der Bestellung und Abstimmung Liefertermin mit Lieferant	1	10	2,3	2,40
13	Terminüberwachung Anlieferung	1	10	2,3	2,40
14	Empfang der Ware und Überprüfung Richtigkeit der Warenlieferung und Beschaffenheit anhand Lieferschein	1	15	3,5	3,60
15	Vertragen des Crosstrainers in den Fitnessraum bzw. Vertragen durch den Lieferanten	1	15	3,5	3,60
16	Aufbau und Anschluss des Geräts	1	15	3,5	3,60
17	Funktionsprüfung	1	15	3,5	3,60
18	Information Team, dass Ersatzgerät da und alles wieder voll funktionsfähig (Sales, Rezeption, andere Beteiligte)	1	5	1,2	1,20
19	Entsorgung der Verpackungsmaterialien – ggf. schon durch den Lieferanten	0	0	0,0	0,00
20	Empfang der Rechnung durch Buchhaltung (Postfach leeren; Post öffnen; Mail öffnen; PDF drucken; Prospekte / Werbung entfernen etc.)	1	2	0,5	0,48
21	Vorkontierung und Weitergabe an Besteller	1	1	0,2	0,24
22	Sachliche Prüfung der Rechnung anhand Lieferschein (Heraussuchen Lieferschein, Vergleichen etc.)	1	1	0,2	0,24
23	Verbuchung der Rechnung inkl. eventueller Rücksprachen	1	1	0,2	0,24
24	Ablage der Unterlagen wie Garantienachweis, Rechnung und Lieferschein (Offline im Ordner; Online als Upload der zu erstellenden Scans)	1	3	0,7	0,72
25	Zahlungsfreigabe der Rechnung	3	1	0,2	0,24
	PROZESSDAUER IN MINUTEN TOTAL		**434**	**100**	**103**

		Kostenanteile an den TCO in EUR	Kosten-Anteile an den TCO in %
	INDIREKTE EINKAUFSKOSTEN – Prozesskosten für die Bestellung des Cross-Trainers in EUR auf Basis der Personalkosten – Minuten x Lohnkosten pro Minute	103	10
	DIREKTE EINKAUFSKOSTEN – Preis des Cross-Trainers in EUR	950	90
	TOTAL COST OF OWNERSHIP – Summe der direkten als auch der indirekten Einkaufskosten in EUR	1.053	100

Für die Beschaffung eines neuen Cross-Trainers als Ersatz für das defekte Gerät fallen neben dem Einkaufspreis von 950 EUR zusätzliche Arbeitskosten (Prozesskosten) in Höhe von 103 EUR an. Die indirekten Einkaufskosten haben einen Anteil von 10 Prozent der gesamten Beschaffungskosten (Total Cost of Ownership). Bei Investitionsgüterbeschaffungen fallen die indirekten Einkaufskosten wegen der hohen Anschaffungskosten anteilig meist deutlich niedriger gegenüber den direkten Einkaufskosten aus. Bei der Beschaffung von komplexen Gütern oder Leistungen – zum Beispiel die Beschaffung von Finanzbuchhaltungssoftware oder der »Einkauf« von Marketing- oder gar Franchiseleistungen, fällt der Prozesskostenanteil deutlich höher aus, da Prüfungs- und Vergleichsaufwand deutlich steigen. Insofern sind die TCO dort teurer.

Neubeschaffung Verbrauchsartikel »Textmarker«

Ihr Haus bestellt alle ein bis zwei Wochen Büromaterial für alle Abteilungen. Die Bestellungen führt das Direktionsbüro durch. Vor jeder Bestellung schaut die Assistentin in verschiedene Büromaterialkataloge und durchsucht diverse Portal und Webshops nach den günstigsten Preisen.

TOTAL COST OF OWNERSHIP – BEISPIEL VERBRAUCHSARTIKEL »TEXTMARKER«:

Ermittlung der Gesamtkosten für die Beschaffung einer Packung mit 6 Textmarkern unter Berücksichtigung des reinen EinkaUfspreises und aller mit der Beschaffung in Verbindung stehenden »Prozess (Arbeits) kosten«.

		Zahl der Mitarbeiter, die beim Prozess beteiligt sein können	Summe der Zeit aller am Prozess beteiligten Mitarbeiter in Minuten	Arbeitszeit-Anteile am Prozess in %	Arbeitskos-ten-Anteile am Prozess in EUR	RED DOTS in Minuten	RED DOTS-Anteile am Prozess in %	RED DOTS-Anteile am Prozess in EUR
	LOHNKOSTEN PRO MINUTE von 0,24 EUR im Durchschnitt (Basis Bruttolohn 2.500 EUR / Monat inkl. Personalnebenkosten und Abgaben)				0,24			
1	Ermittlung Bedarf, da Mindestbestand erreicht	1	1	5	0,24			
2	Preisvergleich unterschiedliche Quellen (Online-Portale, Prospekte, Websites etc.)	1	5	24	1,20			
3	Schriftliche Bestellung erstellen mit Auflistung Produkt, Artikelnummer, Kaufpreis und Rahmenbedingungen; ggf. Freigabe Bestellung durch Vorgesetzten	1	5	24	1,20	5	24	1,20
4	Versand der Bestellung (z. B. Mail, Webshop etc.)	1	1	5	0,24	1	5	0,24
5	Warenannahme und Verpackungsöffnung inkl. kaufmännisch korrekter Prüfung (Vollständigkeit, richtiger Artikel etc.) und Entsorgung Verpackung	1	1	5	0,24	1	5	0,24
6	Vertragen ins Warenlager	1	2	10	0,48	2	10	0,48
7	Empfang der Rechnung durch Buchhaltung (Postfach leeren; Post öffnen; Mail öffnen; PDF drucken; Prospekte / Werbung entfernen etc.)	1	1	5	0,24	1	5	0,24
8	Vorkontierung und Weitergabe an Besteller (zum Postfach bringen, mailen etc.)	1	1	5	0,24	1	5	0,24
9	Sachliche Prüfung der Rechnung anhand Lieferschein	1	1	5	0,24	1	5	0,24
10	Verbuchung der Rechnung inkl. eventueller Rücksprachen	1	1	5	0,24	1	5	0,24
11	Ablage Rechnung und Lieferschein (Offline im Ordner; Online als Upload der zu erstellenden Scans)	1	1	5	0,24	1	5	0,24
12	Zahlungsfreigabe der Rechnung	3	1	5	0,24	1	5	0,24
Total 1 – inklusive Preisvergleich bei jedem Bestellvorgang		**21**	**100**		**3,84**	**15**	**71**	**3,60**
Total 2 – exklusive Preisvergleich bei jedem Bestellvorgang		**16**			**3,84**			

		Kostenanteile an den TCO in EUR	Kosten-Anteile an den TCO in %	RED DOTS Mit Preisvergleich und Bestellung Büromaterial komplett bei Stammlieferant	RED DOTS Ohne Preisvergleich und Bestellung Büromaterial komplett bei Stammlieferant	RED DOTS Mit Preisvergleich und Bestellung Packung Textmarker bei Konkurrenzlieferant und Rest Büromaterial bei Stammlieferant
	INDIREKTE EINKAUFSKOSTEN – Prozesskosten für die Bestellung der Textmarker in EUR auf Basis der Personalkosten – Minuten x Lohnkosten pro Minute	5,04	56	5,01	3,84	8,64
	DIREKTE EINKAUFSKOSTEN – Preis der Textmarker in EUR	3,99	44	3,99	3,99	3,50
	TOTAL COST OF OWNERSHIP – Summe der direkten als auch der indirekten Einkaufskosten in EUR	9,00	100	9,03	7,83	12,14

Insgesamt fallen deutlich weniger Arbeitsschritte an als bei der Beschaffung von zum Beispiel Investitionsgütern. Damit sind auch die Prozesskosten in EUR günstiger. Für die Beschaffung einer Packung mit sechs Textmarkern fallen an direkten Einkaufskosten 3,99 EUR an. Das ist der Preis für die Sechserpackung. Der Prozess, also die Arbeitskosten für die Bestellung bis hin zur Buchung der Rechnung, hat mit 5,04 EUR einen Anteil von 56 Prozent an den Total Cost of Ownership und liegt in der Summe höher als der eigentliche Einkaufspreis. Die Gesamtkosten TCO für den Erwerb der Textmarker liegen bei 9,03 EUR.

Die Art und Menge wie auch die Kosten der Prozessschritte in diesem Beispiel variieren natürlich von Hotel zu Hotel, da jedes Haus diese auch für sich selbst festlegt und unterschiedliche Kostenblöcke hat. Von daher kann es durchaus sein, dass es Unternehmen gibt, in denen mehr oder weniger oder eben andere Prozessschritte stattfinden und sich entsprechend andere Prozesskosten ergeben.

Red Dots – der Preis für »rote Knöpfe«

Red Dots – das sind die »roten Knöpfe oder Punkte«, auf die Sie achten sollten, um optimale Total Cost of Ownership zu realisieren. Gerade dann, wenn Sie einmalig ein Produkt bei einem anderen Lieferanten als Ihrem Stammlieferanten zu kaufen planen, weil der Konkurrent für ein Produkt aktuell einen etwas niedrigeren Preis für – wie im Beispiel oben »Textmarker« – anbietet. In dieser Beispielberechnung liegt der Konkurrenzlieferant bei 3,50 EUR für eine vergleichbare Packung. Ein Unterschied von 0,49 EUR – also rund 12 Prozent billiger. Mit der Red-Dot-Analyse können Sie feststellen, dass es sich trotz dieses Preisunterschieds nicht lohnt, deswegen die Textmarker einmalig bei dem Konkurrenzlieferanten zu bestellen und den Rest des Büromaterials bei Ihrem Stammlieferanten. Die Red Dots verursachen Prozesskosten in Höhe von 3,58 EUR, denn: Ihre gesamte Büromaterialbestellung wird jetzt um die Textmarker reduziert, da Sie diese wegen ihres niedrigeren Preises beim Konkurrenzlieferanten einkaufen. Sie machen aus einer also zwei Bestellungen. Dadurch entstehen neben den zusätzlichen Prozesskosten für den Preisvergleich, den Sie angestellt haben, auch alle weiteren Prozesskosten wie Bestellung, Warenannahme, Rechnungsbuchung etc. Und zwar fast in doppelter Höhe: doppelter Aufwand in der Warenannahme, doppelter Aufwand für die Rechnungskontrolle, Verbuchung der Rechnung etc.! Die Packung Textmarker Ihres Stammlieferanten im Büromaterialbereich könnte demnach bis zu 3,58 EUR teurer sein als die des Konkurrenten, um unter dem Strich immer noch die gleichen TCO – Total Cost of Ownership zu haben.

TCO – TOTAL COST OF OWNERSHIP

DIREKTE EINKAUFSKOSTEN (MESSBAR)	INDIREKTE EINKAUFSKOSTEN (SCHWER MESSBAR, DA HÄUFIG PROZESSKOSTEN)
Einkaufspreis	Bedarfsermittlung
Zahlungsbedingung wie Skonto etc.	Angebotseinholung
Rabatt	Verhandlung
Rückvergütungen	Bestellung
Geldwerte Zusatzleistungen	Warenannahme und Kontrolle
	Rechnungsbearbeitung
	Buchung
	Bezahlvorgang
	...

TCO – Total Cost of Ownership – darunter sind alle direkten und indirekten Kosten zu verstehen, die mit der Beschaffung eines Produktes oder einer Dienstleistung in Verbindung stehen. Vielfach sind Sie nur schwer zu messen.

Sprechen Sie also Ihren Lieferanten auf die Preisunterschiede direkt an und verhandeln Sie nach. Zieht er nicht mit, bleibt Ihnen die Möglichkeit, den Nachteil der Red Dots in Kauf zu nehmen und eben doch bei dem Konkurrenzlieferanten die ausgesucht billigeren Produkte zu bestellen

Sie sollten dann eventuell in Erwägung ziehen, Ihr Sortiment erneut auf Jahresbasis auszuschreiben, um ein besseres Kostenbild zu bekommen

Aus »Trotz« einfach so einen Lieferanten umzustellen, ist ohne vorherige Ausschreibung und Auswertung der Daten nicht ratsam (siehe Kapitel »Ausschreibungen«), gerade wenn es sich um für Sie relevante Sortimente wie Food oder ähnliches handelt.

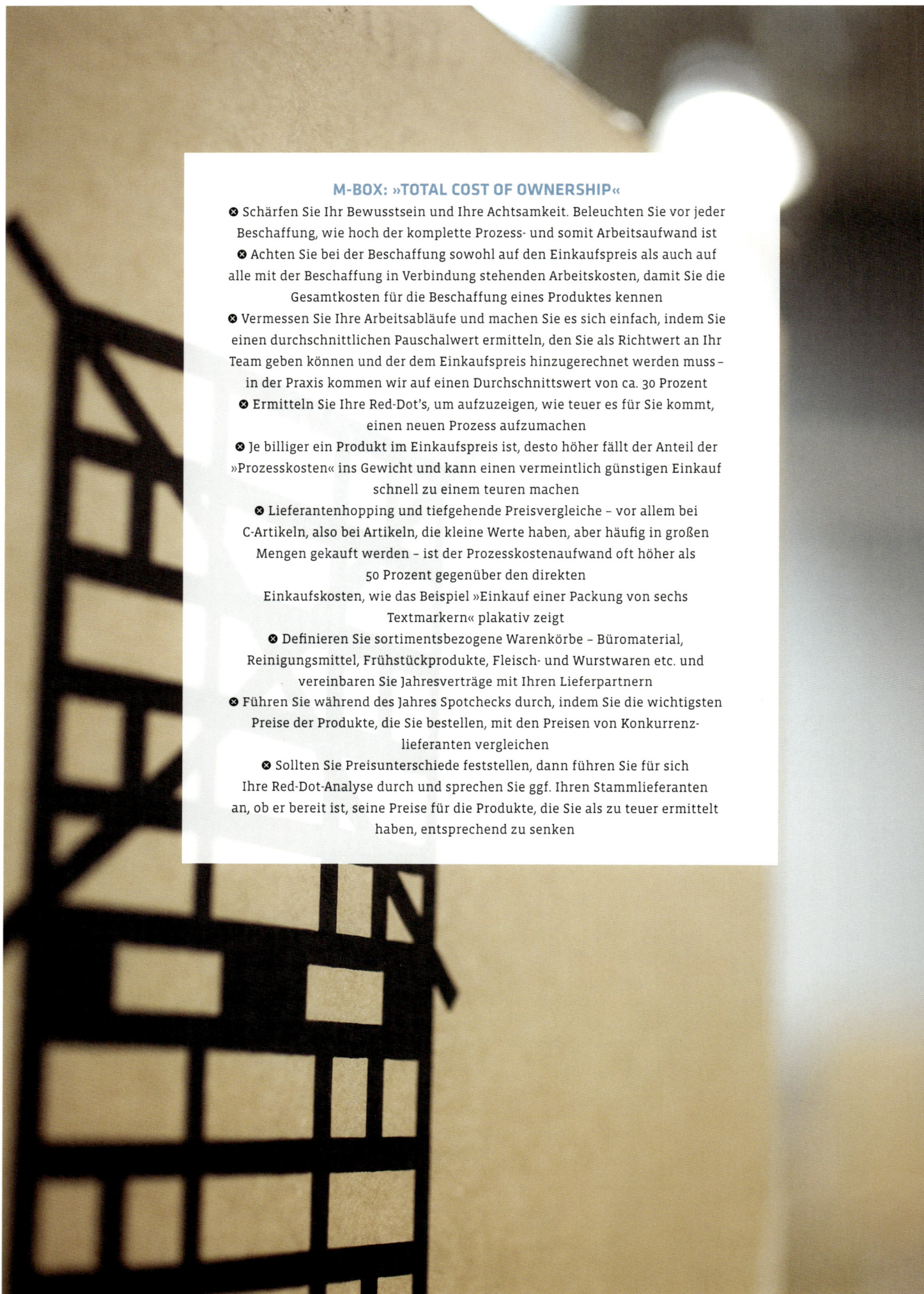

M-BOX: »TOTAL COST OF OWNERSHIP«

⊗ Schärfen Sie Ihr Bewusstsein und Ihre Achtsamkeit. Beleuchten Sie vor jeder Beschaffung, wie hoch der komplette Prozess- und somit Arbeitsaufwand ist

⊗ Achten Sie bei der Beschaffung sowohl auf den Einkaufspreis als auch auf alle mit der Beschaffung in Verbindung stehenden Arbeitskosten, damit Sie die Gesamtkosten für die Beschaffung eines Produktes kennen

⊗ Vermessen Sie Ihre Arbeitsabläufe und machen Sie es sich einfach, indem Sie einen durchschnittlichen Pauschalwert ermitteln, den Sie als Richtwert an Ihr Team geben können und der dem Einkaufspreis hinzugerechnet werden muss – in der Praxis kommen wir auf einen Durchschnittswert von ca. 30 Prozent

⊗ Ermitteln Sie Ihre Red-Dot's, um aufzuzeigen, wie teuer es für Sie kommt, einen neuen Prozess aufzumachen

⊗ Je billiger ein Produkt im Einkaufspreis ist, desto höher fällt der Anteil der »Prozesskosten« ins Gewicht und kann einen vermeintlich günstigen Einkauf schnell zu einem teuren machen

⊗ Lieferantenhopping und tiefgehende Preisvergleiche – vor allem bei C-Artikeln, also bei Artikeln, die kleine Werte haben, aber häufig in großen Mengen gekauft werden – ist der Prozesskostenaufwand oft höher als 50 Prozent gegenüber den direkten Einkaufskosten, wie das Beispiel »Einkauf einer Packung von sechs Textmarkern« plakativ zeigt

⊗ Definieren Sie sortimentsbezogene Warenkörbe – Büromaterial, Reinigungsmittel, Frühstückprodukte, Fleisch- und Wurstwaren etc. und vereinbaren Sie Jahresverträge mit Ihren Lieferpartnern

⊗ Führen Sie während des Jahres Spotchecks durch, indem Sie die wichtigsten Preise der Produkte, die Sie bestellen, mit den Preisen von Konkurrenzlieferanten vergleichen

⊗ Sollten Sie Preisunterschiede feststellen, dann führen Sie für sich Ihre Red-Dot-Analyse durch und sprechen Sie ggf. Ihren Stammlieferanten an, ob er bereit ist, seine Preise für die Produkte, die Sie als zu teuer ermittelt haben, entsprechend zu senken

Die Vermessung der Arbeit

Wir vermessen alle Tag für Tag mit unseren Smart-Phones und Smart-Watches, wie viele Schritte wir laufen, wie viele Kalorien wir zu uns nehmen und wie gut wir geschlafen haben. Unsere Empfehlung: Machen Sie diese Erfassungen doch auch mit Ihrer Arbeitszeit.

Vermessen Sie also Ihre Arbeit und ermitteln Sie anhand Ihrer Personalkosten, wie hoch Ihre Prozesskosten sind. Wie teuer ist in Ihrem Betrieb eine Minute Arbeitszeit? Wenn Sie wissen, wie lange Ihre wichtigsten Prozesse dauern, können Sie diese auch in Geld und harte EUR umrechnen.

Unserer Beobachtung nach sowie am Beispiel der Berechnungen oben kann der Prozesskostenanteil bei der Beschaffung eines Produktes in einer Bandbreite von 10 Prozent bis teilweise über 50 Prozent liegen. Wir schätzen den Anteil im Durchschnitt über alle Beschaffungsbereiche hinweg auf ca. 20 Prozent, die zum direkten Einkaufspreis hinzugerechnet werden sollten.

Das bedeutet: Eine Abholung von Elektroartikeln im Baumarkt, die einen Preis von 150 EUR haben, kostet nach dem TCO-Ansatz um die 195 EUR und eben nicht 150 EUR.

Definieren Sie für sich nach Ihrer »Vermessung der Arbeit« Ihren eigenen, hotelindividuellen Richtwert, den Sie Ihren Produkten, die Sie anschaffen, als Prozesskosten hinzurechnen. Ermitteln Sie auch die Red-Dot-Kosten (siehe Berechnung) – die sind spannend in der Argumentation, wenn es darum geht, im Einkauf »fremdzugehen« wegen vermeintlich billigerer Einkaufspreise.

Mit der »Vermessung der Arbeit« und ihrer Bewertung nach EUR wissen Sie zudem, wie viel Sie der Ausfall des Mitarbeiters in der eigentlichen Kernaufgabe bei jedem Einkaufsprozess kosten kann. Das kann der Fall sein, wenn er sich zum Beispiel dafür entscheidet, ein Produkt nicht bei Ihrem nominierten Kernlieferanten zu bestellen, weil es gerade irgend woanders billiger ist, oder er sich gar dafür entscheidet, den Betrieb zu verlassen, um beim Metzger um die Ecke billigeres Rinderfilet zu kaufen und somit 2 EUR für das Kilogramm zu sparen. Die damit verbundenen Aufgaben, die ansonsten mit der Position der Mitarbeiterin bzw. des Mitarbeiters verbunden sind, muss in der Zeit das Team übernehmen. Dies kann zu weiteren Kosten wie z. B. Überstunden oder Umsatzverlusten führen. Diese nennen wir »Opportunitätskosten«.

Da kann also die Anlieferung durch den Lieferanten deutlich günstiger ausfallen, zumal der Mitarbeiter das Haus nicht verlassen muss, keiner Unfallgefahr ausgesetzt ist und seiner eigentlichen Arbeit nachgehen kann. Dies ist ausdrücklich kein zwanghaftes Plädoyer dafür, dass man für den Einkauf oder die Marktrecherche nicht mehr aus dem Hotel gehen sollte. Das muss von Fall zu Fall jeder für sich individuell betrachten und entscheiden. Die TCO-Betrachtung hilft jedoch, die Sensibilität für das große Ganze zu erhöhen, um Entscheidungen auch monetär einfacher bewerten zu können.

Ob aber nun diese Beispiele vollständig oder zu umfangreich sind – die exemplarische Auflistung verdeutlicht, wie viele einzelne Arbeitsschritte nötig sind, bis ein Produkt oder ein Investitionsgut überhaupt ins Hotel und somit in meinen Besitz kommt. Und diese Arbeitsschritte verursachen Kosten und kosten damit Ihr Geld! Diese Aufgaben werden täglich von unseren Mitarbeiterinnen und Mitarbeiter erbracht.

Der Salat mit dem Eisberg

Unser Fokus ist im Einkauf stets preisgetrieben! Davon kann sich kaum jemand ausnehmen, das zeigen auch viele Studien immer wieder. Der Einkaufspreis mit den entsprechenden Konditionen wie Rückvergütungen oder Zahlungsbedingungen ist Kriterium Nummer 1 in der bewussten Wahrnehmung.

Alles rundherum, was also die direkten Einkaufskosten anbelangt, die ebenfalls bei der Beschaffung anfallen, blenden wir oft aus. Warum? Weil sie schwer sichtbar sind. Das verhält sich so wie bei einem Eisberg: Der fette Brocken befindet sich unterhalb der Wasseroberfläche. Wohin das mit der Titanic führte, ist hinlänglich bekannt. Hier haben wir also den Salat mit dem Eisberg.

Die Analyse der TCO rückt den einen oder anderen augenscheinlich preiswerten Einkaufspreis nicht selten schnell in ein anderes Licht, wenn zum Beispiel wegen mangelhafter Qualität in Folge des »billigen« Preises häufigere Ersatzbeschaffungen (z.B. Leuchtmittel, Mobiliar, Technik etc.) und damit erhöhte Prozess- und Arbeitskosten die Folge sind.

Strategisches Einkaufsmanagement verfolgt den TCO-Ansatz, verbessert alle unmittelbaren Arbeitsabläufe und Prozesse und erzielt damit Effizienz und Rationalisierung, die nicht zu Lasten des Gastes und der Dienstleistung gehen. Eine optimale Einkaufsstrategie und -organisation wirkt positiv auf den Gewinn und ist damit nachhaltig ergebnissteigernd. Dazu kommt: Je besser und klarer die Einkaufsstrategie und die Einkaufsprozesse, desto weniger zeit- und arbeitsintensiv ist die Beschaffung im Hotel, was in Zeiten hohen Fachkräftebedarfs eine starke Bedeutung annimmt. Durch den positiven Gewinneffekt wird direkt auch der Unternehmenswert erhöht.

Die Total Cost of Ownership sagen als Wert aus, was es mich gekostet hat, ein Gut oder eine Leistung in mein Eigentum oder meinen Besitz zu überführen. Wie bei einem Eisberg, bei dem sich der dickste Brocken unter der Wasseroberfläche befindet, liegen viele Kostenverursacher im Einkauf ebenfalls unter dem »Radar« vieler Hoteliers.

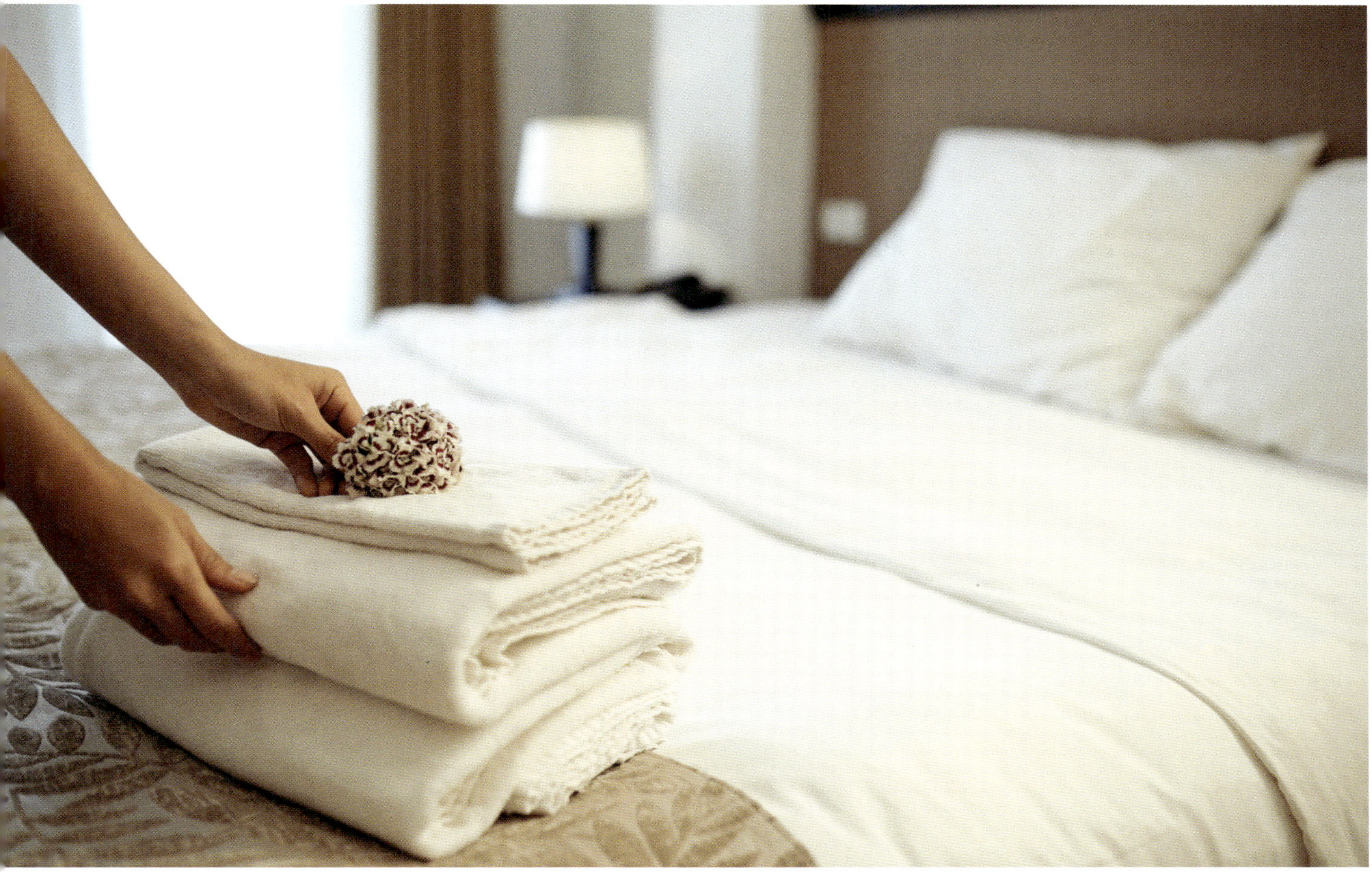

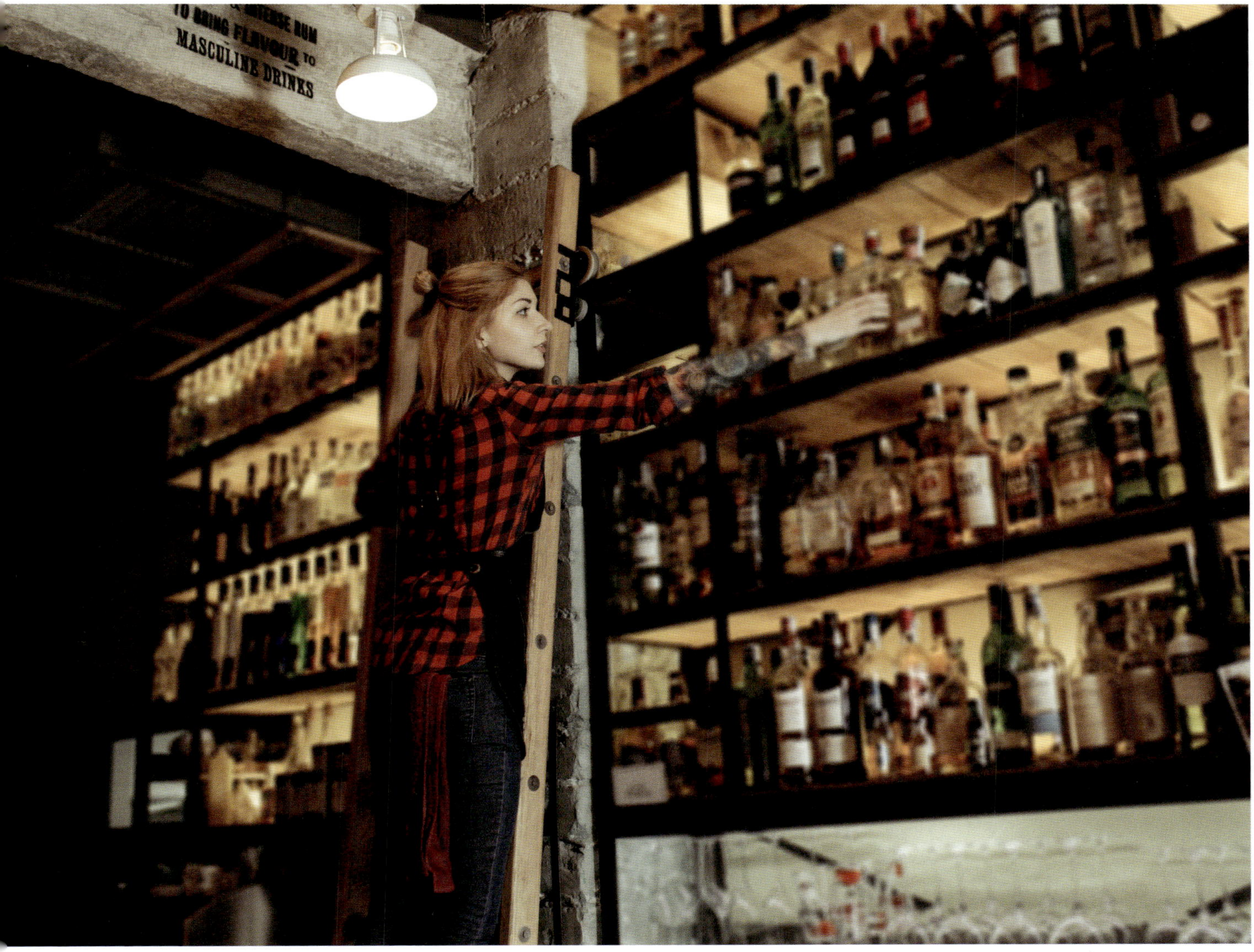
TO BRING FLAVOUR TO
MASCULINE DRINKS

EINKAUFS-TREIBER »1+4«

Still ruht der See: Seit 2010 bis heute, Anfang 2017, haben wir an der Wirtschaftlichkeits-front in der Hotellerie relative Ruhe gehabt. Die Übernachtungszahlen sind gestiegen, die Zimmerpreise auch. Und die Einkaufspreise – fast Stagnation in allen Sortimenten. Der Grund: Die in der Relation niedrigen Energiepreise. Eine solide wirtschaftliche Entwicklung, der Branche geht es im Großen und Ganzen gut, bis auf ein paar Ausnahmen, die es immer geben wird. Die Mobilität nimmt zu und damit die Nachfrage.

Neben dem ureigenen Gewinntreiber, der im Einkauf steckt und der schon für sich genommen Grund genug ist, sich intensiv und kontinuierlich dem strategischen Einkauf zu widmen, gibt es vier weitere »Antreiber«, also Gründe, weshalb sich die Notwendigkeit einer strategischen Herangehensweise im Einkaufsmanagement geradezu aufdrängt und dazu animieren soll, den Einkauf in Zukunft stärker in den Management-fokus zu rücken.

Treiber »Rohstoffkosten«

Auch wenn wir bis Ende 2016 jahrelang in einigen Bereichen stagnierende und vielfach sogar fallende Rohstoffpreise hatten, ist im Langfristtrend mit steigenden Preisen im Rohstoff- und Energiebereich zu rechnen. Dies hat direkten oder indirekten Einfluss auf die Preise nahezu aller Produkte, die wir in der Hotellerie einsetzen. Diese Kosten müssen bestmöglich in Zaum gehalten werden, bevor sie Gewinne kannibalisieren.

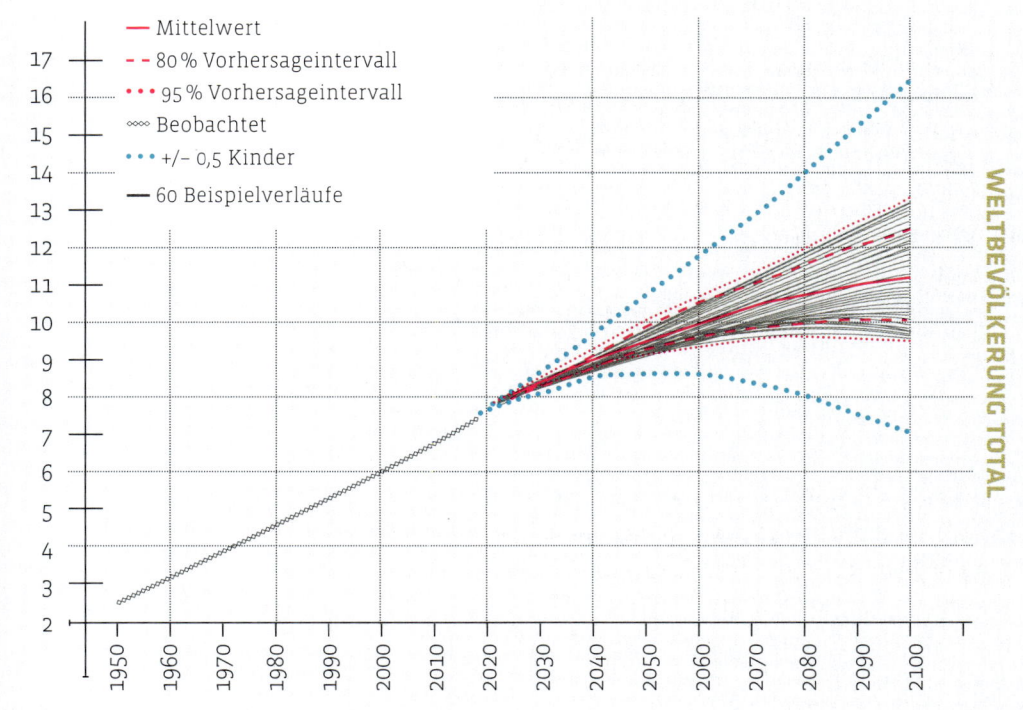

Durch das starke Wachstum der Bevölkerung steigt auch der Energiedurst und somit auch die Produktionskosten. Denn nahezu alle Produkte, die die Hotellerie einsetzt, sind energieabhängig. Quelle: United Nations World Population Prospects: The Revision 2015

Die Investitionsspirale dreht sich schneller: durch starkes Wachstum neuer Hotels mit topmoderner Ausstattung – zum Beispiel digitale Infosysteme – und durch steigende Gästeerwartungen. Hier ist der Einkauf direkt angesprochen.

Freud und Leid: Zunehmende Produktvielfalt schafft mehr Auswahl, aber der Aufwand beim Vergleichen erhöht sich ebenfalls.

Treiber »Gästeerwartungen und Qualitätsstandards«

Die Gästeerwartungen steigen in rasantem Tempo. Damit erhöhen sich laufend die Qualitäts- und Ausstattungsstandards. Nicht nur bestehende Hotels und Hotelketten rüsten ihre Hotels auf, um sie an die gestiegenen Erwartungen anzupassen: Jedes neue Haus, das zusätzlich auf den Markt kommt, ist natürlich mit dem neuesten Equipment ausgestattet. Da gilt es mitzuhalten, denn Sie stehen im Wettbewerb. Mithalten bedeutet Investition, kostet also Geld. Von daher dient der Einkauf zum einen als Sicherungsinstrument, mit den optimalen Beschaffungskosten zu agieren, um die Ausgaben im Budget oder darunter zu halten. Außerdem kommt der Einkauf direkt ins Spiel, wenn es um die qualitative Auswahl und kostenoptimale Beschaffung der richtigen Investitionsgüter geht.

Treiber »Produktkomplexität«

Fluch und Segen. Wir leben in einer Zeit, in der die Produktvielfalt dramatisch zunimmt. »Früher war alles besser?« Ein Blick in die Sechzigerjahre sei gestattet: Die ersten Cerealien – natürlich aus USA – kamen in deutsche Lebensmittelläden. Kinder und Jugendliche standen mit offenen Mündern begeistert vor den Regalen und sahen etwas komplett Neues: Zwei cool gestaltete Packungen. Einmal Cornflakes als Inhalt, einmal Smacks. Bis dahin kannte der Nachwuchs nur Haferflocken, die es in allen Zubereitungsformen fast täglich gab. Und heute: Die Regale in modernen Supermärkten, bestückt mit mit Cerealien, sind teilweise 10 Meter lang oder länger. Es gibt alle möglichen Varianten. Mit und ohne Zucker. Vegan. Mit Schokolade. Mit und ohne Honig. Klasse auf der einen Seite, was die Auswahl anbelangt. Komplex auf der anderen Seite, da die große Auswahl auch bedeutet, mehr Zeit im und für den Einkauf zu verwenden: Produkte, Inhalte, Packungsgrößen, Preise – alles ist komplett unterschiedlich. Die Entscheidung wird schwieriger, der Zeitaufwand größer.

Produkte werden vielfältiger und komplexer. Damit steigt der Vergleichsaufwand, um Transparenz zu erhalten und die richtige Kaufentscheidung zu treffen. Es wird Spezialwissen benötigt, das ein Hotel strategisch vorhalten muss.

Die Auswahl unterschiedlichster Produkte derselben Art wird laufend größer. Das ist zum einen eine Bereicherung, erhöht zum anderen aber die Kosten der Beschaffung – sei es bei Lebensmitteln oder anderen Produktgruppen wie Glas & Porzellan.

Durch veränderte Ernährungsgewohnheiten und -Trends – vegetarisch, vegan etc. – steigt der »Aufwand« nicht nur für die Zubereitung, sondern zuerst für die Beschaffung wie zum Beispiel spezifisches Produktwissen, Lieferantenauswahl, Produkt- und Preisvergleiche oder auch Ausschreibungen.

Treiber »Outsourcing«

Heute liegt die Wertschöpfungstiefe in der Hotellerie bei etwa 70 Prozent, Tendenz seit Jahren sinkend. Immer mehr Leistungen und Produkte werden auch zukünftig seitens der Hotels zugekauft. Sei es, weil man für gewisse Leistungen gar keine oder nur schwer Mitarbeiter findet (Küche, Service, Housekeeping, Facility Management etc.), oder weil es einfach günstiger oder besser ist, von jemand Drittem Waren und Leistungen zu beziehen (Convenience Food, Lohnbuchhaltung, Marketing etc.). Betroffen sind hier vor allem die Dienstleistungen.

Fassen wir zusammen – der Einkauf ist ein sehr guter Dünger für den Erhalt und das Wachstum unseres Gewinns. Gewinn ist nun mal der Sauerstoff des Unternehmens. Des Hotels. Und: Die Anforderungen rund um alles, was mit Beschaffung zu tun hat, nehmen deutlich zu. Die »Treiber« haben wir ausführlich beleuchtet. Deshalb muss das Einkaufsmanagement, Ihr Einkaufsmanagement, fester Bestandteil Ihrer Unternehmensstrategie werden und bleiben. Vermeiden Sie die lange Bank. Werden Sie strategisch. Heute schon. Und nicht erst morgen, wenn's vielleicht schon schmerzt bei den Kosten. Viele unserer Eltern hatten eine Weisheit, die hier perfekt passt: »Geh' nicht erst zum Zahnarzt, wenn's wehtut.«

SUPPLY CHAIN MANAGEMENT

Um nachhaltigen Erfolg im Einkauf zu haben und somit langfristig wettbewerbsfähig zu sein, hilft nur eins: strategisch an die Sache herangehen. Grundlage der Strategie sind die Prinzipien des Supply Chain Managements. Um zu verstehen, warum der Schlüssel zum Erfolg das »Supply Chain Management« ist, lohnt es sich, die Entwicklung des Einkaufs .n den letzten Jahrzehnten anzuschauen.

Entwicklung des Einkaufs

Zweck des Einkaufs in den Fünfzigerjahren war ausschließlich die Versorgung des Unternehmens mit dem für die Geschäftätigkeiten benötigten Material zum richtigen Zeitpunkt. Hierbei lag die operative Verantwortung bei den Mitarbeitern der jeweiligen Fachabteilung, die die Einkaufsvorgänge individuell gemäß Aufgabenerfüllung steuerten. Aus wachsendem Konkurrenzdruck ergab sich schließlich die Notwendigkeit, Wettbewerbsvorteile zu erkennen und zu nutzen, um Kostenvorteile zu generieren. Da der einfachste und effektivste Weg, einen absoluten Kostenvorteil zu erreichen, derjenige über geringe Produktions- und damit vor allem Materialkosten war, nahm die strategische Bedeutung des Einkaufs stetig zu.

In den Sechziger- und Siebzigerjahren führten unter anderem der kalte Krieg und das erste arabische Öl-Embargo dazu, dass Unternehmen wie z. B. Honda 1963 und Nissan 1973 ihre ersten Anstrengungen zum strategischen Lieferantenmanagement unternahmen (vgl. Monczka et al. 2014, S. 339/369). Andere Unternehmen folgten diesem Beispiel, und aus dem einfachen Einkauf wurde ein Prozess, der das Einholen und Vergleichen von Angeboten verschiedener, auch internationaler Lieferanten beinhaltete. Zwar wurde die Auswahl zum einen meist anhand von Preis und fristgerechter Lieferung getroffen und zum Anderen noch immer durch die Fachabteilungen selbst ausgeführt; das Potenzial des Einkaufs wurde allerdings erkannt und dessen Ausschöpfung in Gang gesetzt.

Durch weiter wachsenden Wettbewerb in den Achtzigerjahren, verursacht durch zunehmende Globalisierung und Internationalisierung, musste der Einkauf erneut überdacht werden, um weiterhin Wettbewerbsvorteile daraus ziehen zu können. So wurde der Einkauf auf der einen Seite aus den hauptsächlich technischen Bereichen, die bis dato dafür verantwortlich waren, in kaufmännische Bereiche verlagert. Auf der anderen Seite wurde der Einkauf als bloße Materialbeschaffung um weitere Funktionen wie Lagerhaltung und Logistik erweitert, um eine Steigerung der Effizienz vor allem in Hinblick auf Kosten zu erzielen (vgl. Pfützenrieter 2009, S. 14).

In den letzten zwanzig Jahren ist ferner eine zunehmende Reduzierung der Wertschöpfungstiefe (siehe auch schon weiter oben) zu beobachten, das heißt, Unternehmen lagerten und lagern immer mehr Tätigkeiten aus, die nicht zu den Kernkompetenzen gehören. Daraus ergibt sich eine erhöhte Aufgabendichte für den Einkauf, da auch dieses Outsourcing in Form von Dienstleistungen eingekauft werden muss. Es steht folglich nicht mehr nur der Preis oder die fristgerechte Lieferung im Vordergrund. Vielmehr mussten die Gesamtkosten betrachtet werden, die über den Beschaffungsprozess entstehen – die sogenannten Total Cost of Ownership (TCO, siehe oben). Hierbei werden auch etwaige zukünftige Kosten und Nebenkosten einbezogen, die für eine Einkaufsentscheidung ebenso wichtig sind wie der Einstandspreis (Büsch 2013, S.32f).

Die Erkenntnis für die Unternehmen bis heute: Die Einsparpotenziale durch intelligentes Einkaufsmanagement erstrecken sich über ein weitaus breiteres Spektrum als nur die direkten Einkaufskosten, also den Wareneinsatz. In Folge dessen ist auch das Bewusstsein gestiegen, dass der Einkauf eine unternehmenskritische Erfolgskomponente ist (vgl. Schoberth 2014, S.11).

Überblick über die unternehmerischen Schnittstellen des Einkaufs sowie beispielhafte Informationsflüsse (vgl. Schuh, 2013, S.31).

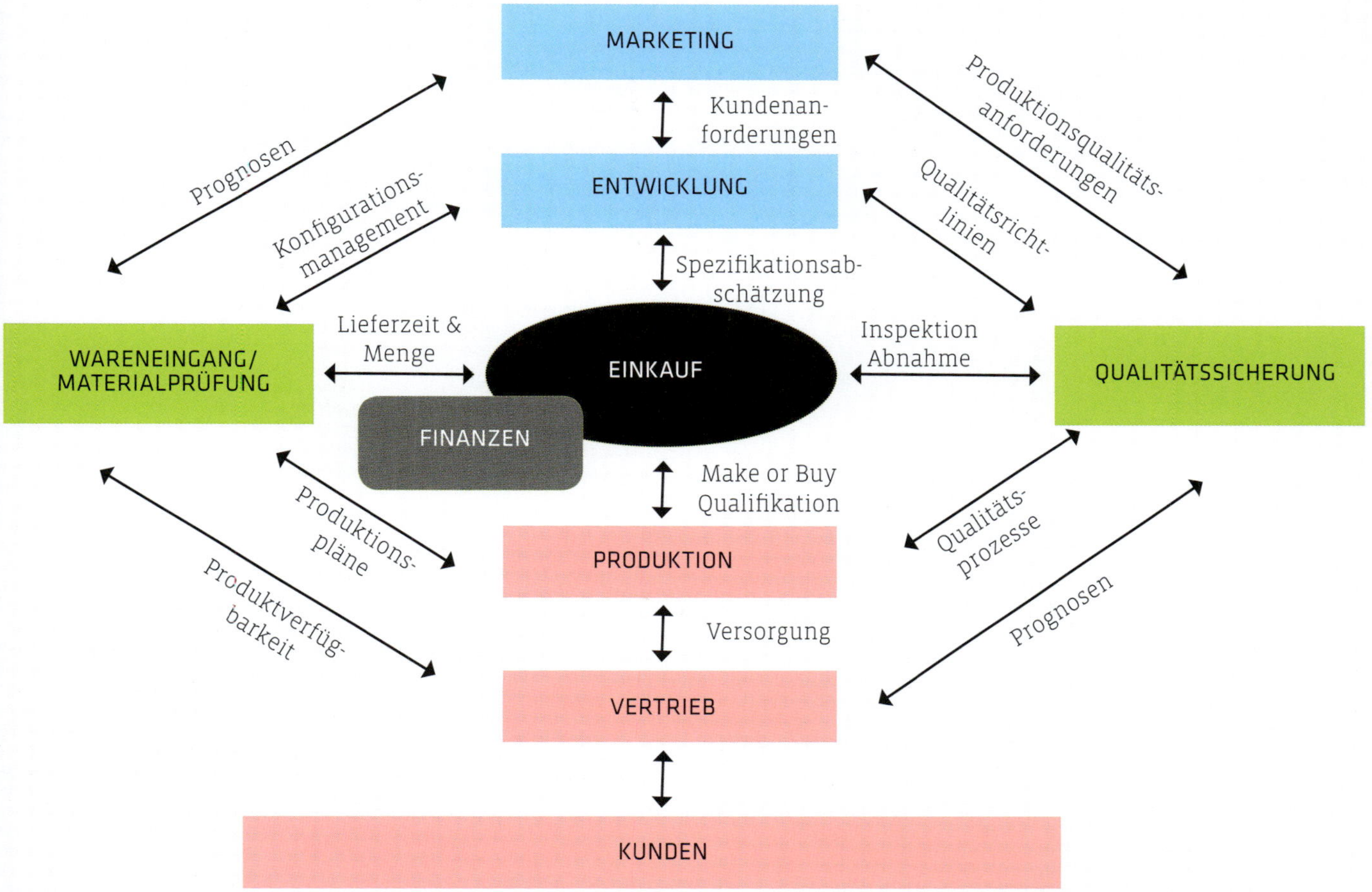

MARKETING

Kundenanforderungen

Produktionsqualitätsanforderungen

Prognosen

ENTWICKLUNG

Konfigurationsmanagement

Qualitätsrichtlinien

Spezifikationsabschätzung

Lieferzeit & Menge

EINKAUF

Inspektion Abnahme

WARENEINGANG/ MATERIALPRÜFUNG

FINANZEN

QUALITÄTSSICHERUNG

Make or Buy Qualifikation

Produktionspläne

Qualitätsprozesse

PRODUKTION

Produktverfügbarkeit

Versorgung

Prognosen

VERTRIEB

KUNDEN

Supply Chain Management – Begriffsdefinition

Strategischer Einkauf oder strategisches Einkaufsmanagement wird »neudeutsch« auch als Supply Chain Management (SCM) definiert. Es bezeichnet die Planung und das Management aller Aufgaben bei Lieferantenwahl, Beschaffung und Umwandlung sowie aller Aufgaben der Logistik. Insbesondere enthält es die Koordinierung und Zusammenarbeit der beteiligten Partner (Lieferanten, Händler, Logistikdienstleister, Kunden, vgl. www.cscmp.org). Verkürzt kann auch gesagt werden: »Supply Chain Management ist definiert als umfassender und international abgestimmterTerminus für die strategische Managementdimension und das gesamte Gebiet des Einkaufs.« (Beschaffung aktuell, 8/2004, Prof. Dr. Christopher Jahns, Supply Management Institute). Das SCM hat seinen Ursprung in der Industrie und wird in Reinkultur beispielsweise in produzierenden Gewerben verwendet, bei denen es stark auf Kosten, Qualität, Transport und den Faktor Zeit ankommt.

Für die Hotellerie ginge eine »lupenreine« Umsetzung des SCM wahrscheinlich etwas zu weit, weil sich die Hotellerie ja deutlich von produzierenden Industrieunternehmen unterscheidet. Hilfreich ist es aber allemal, über den Gartenzaun zu schauen und sich Anregungen und Impulse zu holen, die gut und sinnvoll in der Hotellerie umsetzbar sind. Zudem: Teil der Supply Chain Management-Lehre sind auch Lieferantenmanagement, Bestellmanagement, Lieferantenbewertung und die Findung des »richtigen« Einkaufspreises. Alle diese Strategieelemente finden ebenso in der Hotellerie Anwendung.

Supply Chain Management bietet grundlegende Vorteile, wie beispielsweise:
- Optimierte Gewinnsituation durch bessere Einkaufskosten
- Vermeidung, Vorbeugung oder Abfederung zukünftiger Kostensteigerungen
- Optimierung der eingekauften Produktqualitäten
- Vermeidung / Reduktion der Gefahr von Fehlkäufen
- Bessere Verhandlungsposition
- Bessere Dokumentations-, Kontroll- und Steuerungsmöglichkeiten
- Bessere Prozessabläufe für eine spürbare Entlastung aller Mitarbeiter und damit bessere Konzentration auf die Kernkompetenzen

Durch die professionelle Anwendung der Regeln des SCM ist eine langfristige und damit nachhaltige Optimierung der Einkaufskosten möglich. Durch kurzfristig angelegte Maßnahmen im Einkauf, wie beispielsweise das Lieferantensqueezing oder Schnäppchenjagen, werden lediglich Kosteneinsparungen von rund fünf bis zehn Prozent erzielt. Langfristig ausgerichtete Einkaufsstrategien mit Planung und Konzept bewirken hingegen 20 bis 40 Prozent Einsparungen. Zudem werden erhebliche Prozessvorteile und damit einhergehend weitere Kostenreduzierungen erzielt.

OPTIMALE EINKAUFS-PREISE

EINFACHE BESTELL-ABLÄUFE

HOHE TRANS-PARENZ

RICHTIGE KAUFENT-SCHEIDUNG

WENIGER ZEITAUF-WAND

VORTEILE SUPPLY CHAIN MANAGE-MENT

Unternehmen, die Supply Chain Management gezielt und bewusst betreiben (sog. Top-Performer), erzielen laut der Studie Global Supply Chain Survey 2013 von Pricewaterhouse Coopers sehr gute Umsatzrenditen. Low Performer, also Unternehmen, die den Einkauf nicht so gut »managen«, haben das Nachsehen und zählen im Wettbewerb nicht zur Spitze (vgl. Pricewaterhouse Coopers LLP /pwc/ 2012). Zwar liegt 2013 schon eine Weile zurück, aber die Erkenntnisse stimmen immer noch. Und das wird auch in Zukunft so sein.

Supply Chain Management wirkt messbar positiv auf die nachhaltige Sicherung und Verbesserung des Gewinns und ist folglich ein unverzichtbares Managementinstrument moderner Hoteliers. Es ist genauso wichtig und bedeutungsvoll für den Betriebserfolg wie Marketing und Vertrieb.

Hotels, die in ihre Einkaufsperformance investieren und sich ihre unternehmensbezogene Einkaufsstrategie erarbeiten, haben einen Gewinnvorteil – und umgekehrt. Geschätzt liegt dieser im Bereich von 10 bis 15 Prozent – pro Jahr!

Die Gewinnlücke zwischen Hotels mit und ohne strategischen Einkaufsansatz liegt bei 10 bis 15 Prozent. Solange nichts unternommen wird, baut sie sich auf – Jahr für Jahr.

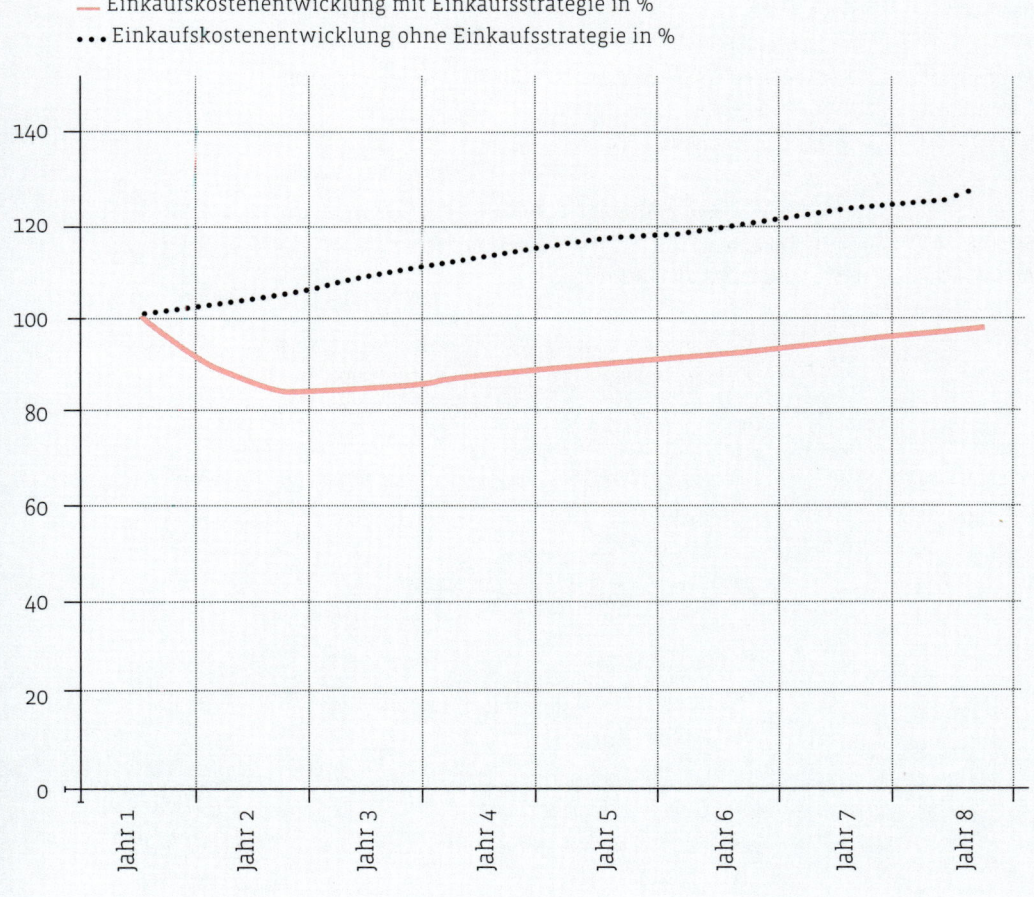

— Einkaufskostenentwicklung mit Einkaufsstrategie in %
••• Einkaufskostenentwicklung ohne Einkaufsstrategie in %

Die Einkaufskosten liegen bei Hotels mit einer gut angelegten Einkaufsstrategie wesentlich niedriger (10 bis 15 Prozent), und sie steigen im Verlauf auch deutlich geringer als bei Hotels, die keine Einkaufsstrategie verfolgen. In den ersten zwei bis drei Jahren der Einführung einer Einkaufsstrategie werden die größten Einsparungen erzielt. (progros consulting, 2017)

»Strategie ist der Sieg der Einfälle über die Zufälle.«

Frieder Gamm

DER STRATEGIE-PLAN
ZUM ERFOLG

STRATEGISCH EINKAUFEN

Zu den strategischen Elementen des Supply Chain Managements (wir werden der Einfachheit halber nachfolgend vorwiegend mit dem Begriff »Einkauf« als Synonym arbeiten) in der Hotellerie gehören:

> A: Ist-Analyse
> B: Definition der Zielsetzungen
> C: Formulierung und Umsetzung der Maßnahmen
> D: Abschließende Kontrolle, ob die Ziele erreicht wurden

Diese Punkte bilden die Leitplanken der Einkaufsstrategie des Hotels. Und daraus leiten sich auch die jeweiligen Taktiken ab.

In die Praxis übersetzt, stehen also Fragen im Raum wie: Wo stehen wir? Wohin wollen wir? Was müssen wir dafür tun? Was haben wir von dem erreicht, was wir geplant haben?

Die vier Stufen der Einkaufs-Strategie (Supply Chain Management) – Grundlage für erfolgreiche, nachhaltige und ganzheitliche Kostenerfolge.

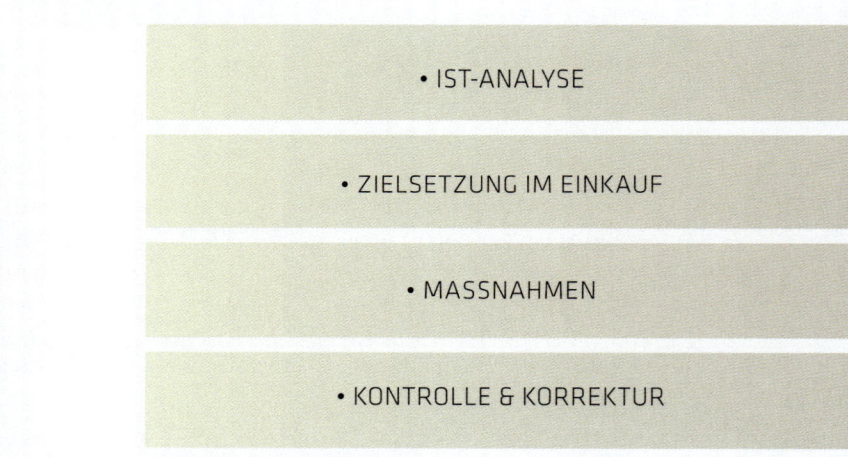

DER STRATEGIE-PLAN ZUM ERFOLG

- IST-ANALYSE
- ZIELSETZUNG IM EINKAUF
- MASSNAHMEN
- KONTROLLE & KORREKTUR

Wenn Sie Ihren Einkauf strategisch aufstellen und grundlegend optimieren wollen, ganzheitlich über den gesamten Betrieb, dann ist das ein Projekt. Und ein Projekt beinhaltet verschiedene Bausteine:

- Planung – was ist Ihr Ziel, was wollen Sie erreichen und bis wann?
- Definition der Maßnahmen – welche Schritte und Aufgaben sind zu erledigen?
- Information und Inspiration des Teams – was sind die Argumente fürs Mitmachen und Umsetzen?
- Verteilen der Aufgaben – wer macht was und ist wofür am besten geeignet?
- Kontrollschritte – wann wird oder muss was kontrolliert werden?
- Ergebnisse – welche Ergebnisse erwarte ich und wie und wann werden sie kommuniziert?
- Verbesserungsprozess – was passiert nach der Ingangsetzung des strategischen Einkaufs? Wie sieht der laufende Verbesserungsprozess aus?

Sie sollten sich bewusst und im Klaren sein – ohne Ihr Team geht es nicht! Es muss von Beginn an für das Projekt offen sein. Das erreichen Sie, in dem Sie es in Ihre Gedanken einbeziehen. Und Sie erreichen es, in dem Sie einen Plan haben, der die einzelnen Schritte und das nicht zu enge Zeitfenster für das Projekt beschreibt.

»Eine Entscheidung wird zum Leben erweckt, wenn sie erklärt wird« – erläutern Sie Ihrem Team, was der Hintergrund des Projektes ist. Nämlich, dass Sie alle gemeinsam versuchen, zu besseren Kosten einzukaufen, Abläufe zu erleichtern, Zeit einzusparen und somit das Arbeitsaufkommen jedes einzelnen Mitarbeiters zu reduzieren. Wir haben in der Hotellerie alle genug zu tun und um die Ohren. Es fehlt uns nicht selten an genügend »Händen« für die viele Arbeit, die anfällt. Jeder Ihrer Mitarbeiter wird somit das Motiv, die Idee des Projekts, das ja zum Ziel hat, das Betriebsergebnis und die Abläufe Ihres Hauses zu verbessern, sofort verstehen und mittragen.

Sollten Sie externe Hilfe durch einen Berater dazunehmen, gilt für ihn das Gleiche: Er muss von der ersten Sekunde an Vertrauen schaffen. Vertrauen ist die teuerste Währung der Welt und Grundlage für den Erfolg Ihres Strategie-Projekts.

Die Ist-Analyse

Eine Ist-Analyse, also eine Bestandsaufnahme, wo Sie aktuell mit ihrem Einkaufsmanagement stehen, ist nicht selten eine extrem heikle Sache. Denn: Sie hinterfragen Abläufe und damit auch die Arbeitsweise und die Arbeitsergebnisse Ihres Teams oder einzelner Einkaufsverantwortlicher. Da ist in der Regel von vornherein mit Widerständen zu rechnen. Nicht von allen Mitarbeitern, aber durchaus von dem einen oder anderen. Teilweise berechtigt, teilweise nicht. Je länger die Mitarbeiter in Ihrem Haus beschäftigt sind, desto größer ist wahrscheinlich der Widerstandsfaktor. Das ist ja auch klar, denn die meisten Menschen wollen ihre Arbeit schließlich richtig machen. Und wenn sich durch eine Analyse herausstellt, dass etwas besser gemacht werden könnte, als es bisher getan wurde, oder das Produkte viel günstiger eingekauft werden könnten als bisher, fühlen sich die Mitarbeiter entweder schuldig, oder sie fühlen sich schlecht, oder sie sind beleidigt, weil es ihnen der »Chef« ja nicht anders erklärt hat. Klar kommen dann auch schnell die bekannten Aussagen – wir haben das schon immer so gemacht ... wir haben schon immer bei diesem oder jenem Lieferanten eingekauft.

Auf eines kann man sich im Vorfeld ebenfalls einstellen: Durch die Ist-Analyse – das haben wir bei allen Analysen in der Praxis selbst erlebt – wird in der Regel eine zukünftige Verhaltensänderung bei dem einen oder anderen Mitarbeiter nötig. Wir alle wissen jedoch, wie schwer es ist, sich von liebgewonnenen Gewohnheiten zu verabschieden. Stichwort: Ich esse weniger Schokolade. Ein besonderer »Heikelkeitsfaktor« sei am Rande noch erwähnt: Durch die Analysen können auch andere Missstände zu Tage gefördert werden, beispielsweise Unterschlagung oder Bestechung. Auch hier wird dem Management eine besondere Sensibilität und Führungsstärke abverlangt, wenn Sie den angestrebten Projekt-Erfolg erzielen wollen.

Von daher sollte also bei einer Ist-Analyse sensibel, strukturiert und transparent aber auch klar zielorientiert vorgegangen werden. Und das Team sollte, wie gesagt, von Anfang an in das Projekt eingebunden sein.

Auch ein finanzieller Anreiz könnte eine Überlegung wert sein. Zum Beispiel so: Wir schaffen es dank der Umstellung auf einen mehr strategischen als operativen

Einkaufsansatz, unsere Einkaufs- und Prozesskostenziele zu erreichen. Dann bekommt jeder mitwirkende Mitarbeiter oder jede mitwirkende Abteilung einen Prozentsatz »x« der Einsparungen. Vielleicht ist eine Kombination aus Argumentation und finanzieller Beteiligung bei Projekterfolg ja die beste Inspiration.

Bei der Ist-Analyse wird eine Bestandsaufnahme im Hotel vorgenommen. Es werden die 6 W's im Einkauf ermittelt:

- **W**er kauft ein?
- **W**as wird eingekauft?
- **W**ann wird eingekauft?
- **W**o wird eingekauft?
- **W**ie wird eingekauft?
- **W**ie viel wird einkauft (in EUR)?

Das Ziel des strategischen Einkaufs ist ja – siehe oben –, Ihre Total Cost of Ownership (TCO) zu verbessern. Untergliedern Sie daher Ihre Analyse in zwei Blöcke. Zum einen in den Bereich, der auf Ihre direkten Einkaufskosten abzielt – Lieferanten, Produkte, Konditionen etc. Zum anderen auf den Bereich der indirekten Einkaufskosten – also Prozesse wie Warenannahme, -ausgabe, Inventur, Bestellablauf, Genehmigungsworkflow etc.

Bei der Ist-Analyse werden folgende Ebenen überprüft und hinterfragt (also analysiert), um ganzheitliche Ansätze für die Optimierung der Total Cost of Ownership zu bekommen:

Ebene der Lieferanten und Artikel (relevant für die direkten Einkaufskosten)
- Lieferantennamen
- Lieferantenanzahl
- Lieferantenverträge – wie viele und welche
- Umsätze pro Lieferant und gesamt
- Kriterien der Lieferantenauswahl
- Umsätze pro Sortiment/Produktgruppen – Produkte, Preise, Mengen, Qualitäten, Marken, Artikelnummern
- Konditionsrelevante Aspekte neben dem Preis wie Zahlungsbedingungen, Rabatte, Boni, Listungsgebühren etc.
- Wareneinsätze pro Abteilungsbereich

Ebene der Prozesse (relevant für die indirekten Einkaufskosten)
- Organisationsaufbau und Einkaufsverantwortliche
- Ausschreibungsmethoden und Preisvergleiche
- Bestellung – Formen, Inhalte, Ablauf/Genehmigungsworkflow
- Warenannahme und -kontrolle
- Warentransfer und Lagerung
- Rechnungsbearbeitung und -kontrolle
- Buchung und Archivierung
- Inventur

Den Umfang der Ist-Analyse definiert jedes Hotel natürlich für sich selbst. Die zu überprüfenden Parameter sind beliebig erweiter- oder kürzbar. Einige Häuser ziehen ihren strategischen Einkauf ganz groß auf – dort ist die Ist-Analyse sehr umfangreich. Es gibt aber auch eine Reihe von Häusern, die erst mit einem Bereich – zum Beispiel Küche oder Housekeeping – starten und sich dann jedes Jahr einen weiteren Abteilungsbereich vornehmen. Generell gilt: Im Jahr 2 nach Einführung eines strategischen Einkaufsansatzes ist der Aufwand für die wiederkehrende Ist-Analysen deutlich geringer, denn dann sind meist nur Feinjustierungen nötig.

ABVERKAUFSSTATISTIKEN BRINGEN LICHT INS DUNKEL

Eine herausragende Rolle bei der Ist-Analyse spielt natürlich das Einkaufsvolumen, das Sie pro Jahr vergeben. Hier ist es nicht ausreichend, nur den Einkaufsumsatz pro Lieferant zu kennen, sondern Sie müssen weitere relevante Einkaufsdaten zu sammeln:

• Artikelname/Marke
• Artikelnummer
• Beschreibung/Qualität
• Menge
• Einzelpreis
• Jahresumsatz
• Zahlungsbedingungen
• Lieferbedingungen

Diese Daten bekommen Sie, sollten Sie sie nicht selbst vor in Ihren Systemen aktuell haben, auch von Ihren Lieferanten. Fordern Sie eine Einkaufsstatistik oder Abverkaufsstatistik an, die Ihnen der Lieferant als offene Datei – zum Beispiel Excel – senden soll. Je weniger Lieferanten Sie haben, desto einfacher ist das natürlich. Beim Datensammeln konzentrieren Sie sich am besten auf die zehn bis zwanzig größten Lieferanten, die Sie haben, plus auf die, bei denen Sie Produkte zusätzlich einkaufen, die Sie auch bei Ihren größten Lieferanten beziehen könnten.

MÖGLICHER BEISPIEL-FRAGEBOGEN IST-ANALYSE »KÜCHE«	IST
Allgemein	
Einkaufsverantwortliche Mitarbeiter	Franz Müller, Hugo Peter
Gesamtzahl Lieferanten (Kreditoren)	139
Einkaufsausgaben gesamt pro Periode	623.000
Bestellungen gesamt pro Periode	1.920
Lieferungen gesamt pro Periode	2.015
Rechnungen gesamt pro Periode	1.298
...	

EINZELKRITERIEN PRO LIEFERANT	
Name Lieferant	Fantasie Fisch GmbH
Vertrag	Nein, mündliche Absprache
Einkaufsvolumen in EUR/netto	98.000
Sortimente/Produktgruppen	Fisch
Bestellweg/-form	Telefonisch
Lieferungen pro Periode	117
Rechnungen pro Periode	50 (Sammelrechnungen)
Fehlerhafte Lieferungen pro Periode	17

Für die Ist-Analyse sollten Sie einen Fragebogen entwerfen, der für alle Abteilungsbereiche, die einkaufen, verwendet werden kann. Das macht die spätere Auswertung, abteilungsübergreifende Vergleichbarkeit und Interpretation sehr einfach.

KONDITIONEN

Rabatte / Preisstaffeln	5 % auf Tagespreis
Rückvergütungen	2 % am Jahresende
Zahlungsbedingungen	2 % Skonto 10 Tage; 30 Tage

BESTELLVERHALTEN / WARENVERWALTUNG / INVENTUR

Kontrolle Wareneingang mit Bestellung	Teilweise
Rechnungskontrolle	Ja
Jährliche Ausschreibung	Nein
Wiederkehrende Preisvergleiche / Spotchecks	Teilweise
Schriftliche Spezifikation Bedarf / Produkte	Nein
Einkaufsrichtlinien in Abteilung vorhanden	Teilweise

AUSWERTUNG DER ANALYSE (PROZESSSEITIG)

Die Ergebnisse der Ist-Analyse lassen sich zum Beispiel in einem Ampelsystem darstellen, um Handlungsschwerpunkte schnell zu erkennen. Es differenziert nach Farben, was verbessert oder geändert werden sollte.

Besprechen Sie die Ergebnisse mit Ihrem Team. Für das »Klima« und die Aufnahme der Ergebnisse sind Sie als »Chef« verantwortlich. Wollen Sie eine Optimierung, wollen Sie eine positive Verhaltensänderung, dann sind rückwärtsgewandte Vorwürfe kontraproduktiv. Schauen Sie nach vorne und erinnern Sie Ihr Team an die inspirierenden Ziele, die Sie sich alle vorgenommen haben, und daran, dass der neue, noch zu entwickelnde strategische Ansatz schließlich den Arbeitsaufwand reduziert und mehr finanziellen Spielraum für die Zukunft schafft.

Diese Auswertung zeigt die Ergebnisse einer Ist-Analyse in einem 4-Sterne-Hotel mit Gastronomie und einem Einkaufsvolumen von mehr als 1.400.000 EUR pro Jahr. Zwar gibt es Einkaufsrichtlinien mit einigen wichtigen Regelungspunkten, und diese sind dem Team auch bekannt. Aber es fehlten in den Richtlinien (Guidelines) Vorgaben für Bestellungen, wie und in welcher Häufigkeit Ausschreibungen durchgeführt werden sollen beziehungsweise wie das Lagerbestandsmanagement geregelt ist. Das sind wichtige Punkte, die durch die Ist-Analyse erkannt und dann gleich im Nachgang ergänzt wurden.

EINKAUFSRICHTLINIEN

	Direktion / Buchhaltung	Küche	Service	HSK	Technik	Front Office
Schriftliche Einkaufsrichtlinien in alle Abteilungen	🟢	🟢	🟢	🟢	🟢	🟢
Unterschriftsregelung vorhanden und bekannt	🟢	🟢	🟢	🟢	🟢	🟢
Regeln für Preisvergleiche und Ausschreibungen	🔴	🔴	🔴	🔴	🔴	🔴
Pflichtlieferanten und Sortimente bekannt	🔴	🔵	🔴	🔵	🔵	🔴
Warenanforderungen intern	🔴	🔴	🔴	🔴	🔴	🔴
Warentransferbelege intern	🔴	🔵	🔴	🔴	🔴	🔴
Abschreibungs- & Gutschriftsbelege	🔴	🔴	🔴	🔴	🔴	🔴
Regeln für budgetpflichtigen Einkauf	🟢	🟢	🟢	🟢	🟢	🟢
Ersatzbeschaffung Investitionsgüter für Operation	🔵	🟢	🟢		🟢	🟢
Bestellweg Vorgaben	🔴	🔴	🔴	🔴	🔴	🔴
Bestelldokumentation Vorgaben	🔴	🔴	🔴	🔴	🔴	🔴
Regeln & Standards Vertragsgestaltung	🔴	🔴	🔴	🔴	🔴	🔴
Regeln Lagerbestandsmanagement	🔴	🔴	🔴	🔴	🔴	🔴

🔴 UMSTELLEN   🔵 OPTIMIEREN   🟢 OKAY

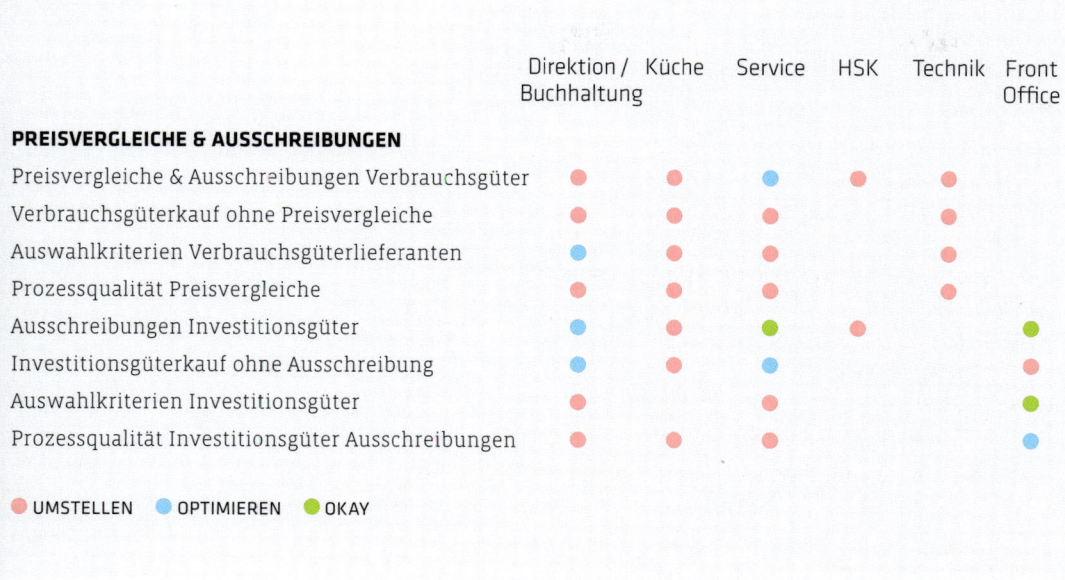

PREISVERGLEICHE & AUSSCHREIBUNGEN	Direktion / Buchhaltung	Küche	Service	HSK	Technik	Front Office
Preisvergleiche & Ausschreibungen Verbrauchsgüter	● UMSTELLEN	● UMSTELLEN	● OPTIMIEREN	● UMSTELLEN	● UMSTELLEN	
Verbrauchsgüterkauf ohne Preisvergleiche	● UMSTELLEN	● UMSTELLEN	● UMSTELLEN		● UMSTELLEN	
Auswahlkriterien Verbrauchsgüterlieferanten	● OPTIMIEREN	● UMSTELLEN	● UMSTELLEN		● UMSTELLEN	
Prozessqualität Preisvergleiche	● UMSTELLEN	● UMSTELLEN	● UMSTELLEN		● UMSTELLEN	
Ausschreibungen Investitionsgüter	● OPTIMIEREN	● UMSTELLEN	● OKAY	● UMSTELLEN		● OKAY
Investitionsgüterkauf ohne Ausschreibung	● OPTIMIEREN	● UMSTELLEN	● OPTIMIEREN			● UMSTELLEN
Auswahlkriterien Investitionsgüter	● UMSTELLEN	● UMSTELLEN	● UMSTELLEN			● OKAY
Prozessqualität Investitionsgüter Ausschreibungen	● UMSTELLEN	● UMSTELLEN	● UMSTELLEN			● OPTIMIEREN

● UMSTELLEN ● OPTIMIEREN ● OKAY

Diese Auswertung einer Ist-Analyse erstreckt sich auf Preisvergleiche und Ausschreibungen. In den Abteilungen Küche, Haustechnik und Housekeeping wurden für die Beschaffung von Verbrauchsartikeln oder Investitionsgütern keine Preisvergleiche oder Ausschreibungen durchgeführt. Das gesamte Einkaufsvolumen dieses 4-Sterne-Plus-Hotels liegt bei knapp 2.000.000 EUR pro Jahr mit hohem Einkaufsanteil im Bereich F&B und Küche. Durch die anschließende Optimierung konnte allein in der Küche der Wareneinsatz von 33 Prozent auf 29 Prozent gesenkt werden.

Bis zu 74 EUR Prozesskosten für eine Bestellung

Jeder einzelne Handgriff, der mit der Bestellung von Waren zu tun hat – von der Bedarfsmeldung über die Bestellfreigabe, die Warenanlieferung und –kontrolle bis hin zur Rechnungsprüfung, Buchung und Ablage – wurde im Auftrag von drei unterschiedlichen Hotels im Jahr 2016 durch Studentinnen der Hochschule Heilbronn analysiert. Welche Prozessschritte gibt es und wie lange dauern sie? Ziel war, zu ermitteln, wie teuer die Prozesskosten pro Hotel sind. Gemessen wurde mit der Stoppuhr. Die Ist-Analyse – Ebene Prozesse – fand in zwei sehr vergleichbaren Businesshotels und einem Luxusresort statt. Der Stundenkostensatz bei allen drei Hotels lag zwischen 20 EUR und 23 EUR. Unterschied: Die beiden Businesshotels sind in ihren Prozessen sehr schlank gehalten. Das eine wickelt nahezu alle Bestellungen und auch die Rechnungsworkflows elektronisch ab. Das Luxusresort hingegen setzte noch auf traditionelle Abläufe.

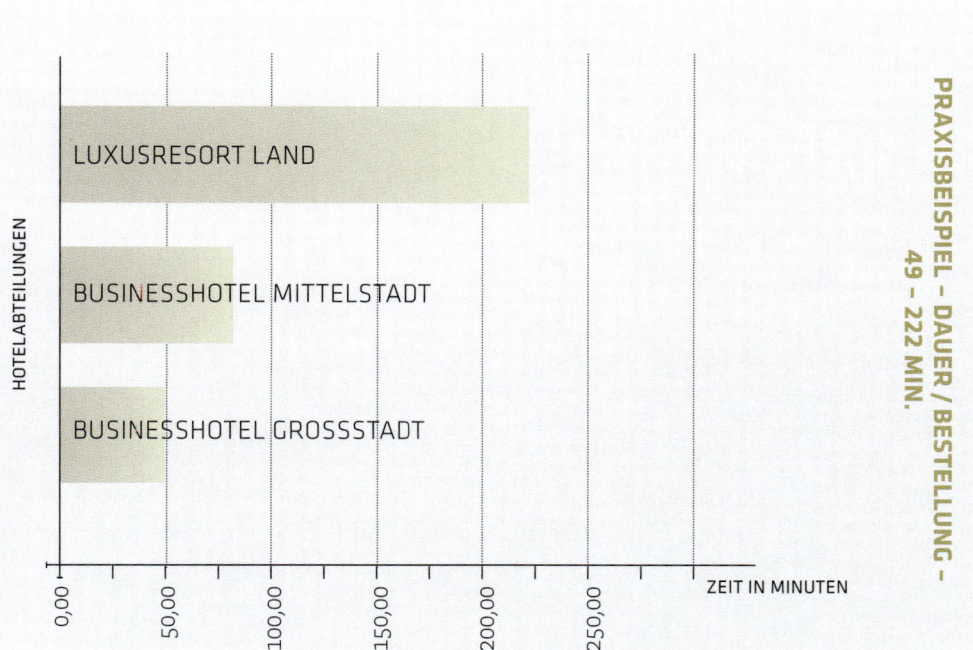

PRAXISBEISPIEL – DAUER / BESTELLUNG – 49 – 222 MIN.

Beispiel einer Bestellanalyse von 3 unterschiedlichen Hotels im Rahmen einer Forschungsarbeit. 222 Minuten braucht die Abwicklung einer Bestellung für Gebrauchs- und Verbrauchsgüter bis hin zur Rechnungsprüfung und –ablage auf manuellem Wege. Nur knapp 50 Minuten sind es alles in allem bei nahezu komplett elektronischem Prozess. Umgerechnet auf die Personalkosten liegen die Kosten pro Bestellung bei manueller Abwicklung bei ca. 74 EUR, bei elektronischer Abwicklung nur etwa bei 20 EUR. Diese Kosten müssen rein gedanklich zum Einkaufspreis der Ware hinzugerechnet werden. Eine Ist-Analyse schafft Überblick, wie hoch Ihre mit der Bestellung verbundenen »Prozesskosten« sind (siehe oben, »Total Cost of Ownership).

Legen wir einen durchschnittlichen Bestellwert von 500 EUR zugrunde, wie er recht typisch für Hotelbetriebe in einer Umsatzgröße von mehr als 1.000.000 EUR ist, so liegt demnach bei diesem Beispiel der prozentuale Anteil der Prozesskosten am Bestellwert bei knapp 15 Prozent bei manueller Abwicklung und bei 4 Prozent bei elektronischer. Durch Optimierung der Prozesse – gerade auch durch digitale Hilfsmittel – wird ein großes Potenzial freigelegt und vor allem Zeit gewonnen, die zum Beispiel für gastdirekte und somit umsatzrelevante Tätigkeiten eingesetzt werden kann.

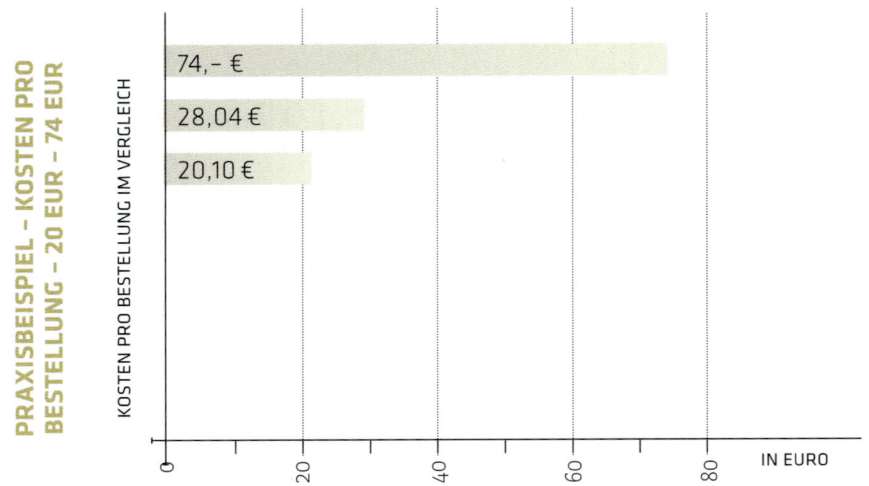

KOMPLETTÜBERSICHT

	Hotel Komplett digitaler Ablauf/Großstadt	Hotel/Mittelstadt Semidigitaler Ablauf	Hotel/Land Manueller Ablauf
1. BEDARFSERMITTLUNG	s 15 min	21,28 min	60–90 min
2. BESTANDSERMITTLUNG	einmal im Monat (F&B)	einmal im Monat	einmal im Jahr
3. BUDGETFREIGABE	Ab 500€	Keine	Keine
4. LIEFERANTENAUSWAHL	28 Lieferanten	51 Lieferanten	k.A.
5. BESTELLPROZESS	104 s	112 s	120 s
6. BESTELLÜBERWACHUNG			
7. WARENANNAHME	bis 30 min	bis 30 min	30–90 min
8. ZAHLUNGSABWICKLUNG	1 min 10 s	1 min 10 s	30 min

Büromittellieferanten für acht Hotels

In einer Analyse für eine Hotelgruppe mit seinerzeit acht Hotels wurde unter anderem der Bereich Büromittellieferanten untersucht. Über alle acht Hotels hatte diese Hotelgruppe im Laufe der Jahre 26 Büromittellieferanten aufgebaut, bei denen regelmäßig eingekauft wurde. Die Gründe dafür waren vielschichtig: Zum einen gab es keine zentrale

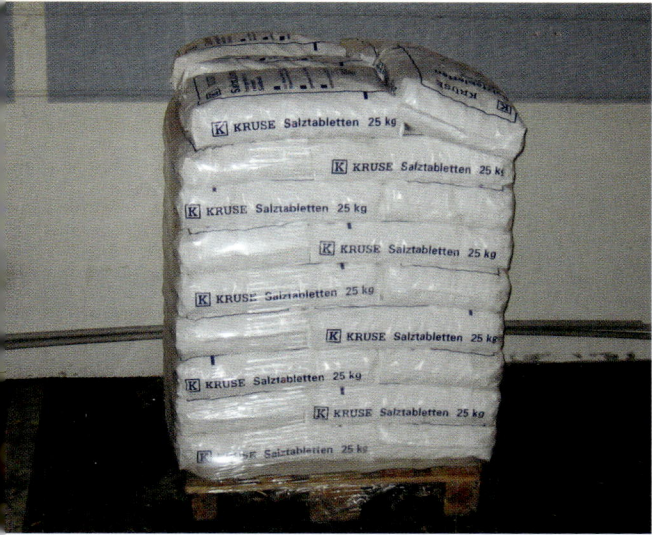

In diesem Hotel wurden reihenweise Sonderangebote bestellt. Aus Platz-
mangel im Lager wurden Parkflächen zur Lagerung umfunktioniert. Der
Einsparung von 400 EUR standen entgangene Umsätze in Form von Park-
platzgebühren von fast 1.200 EUR entgegen. Das Schnäppchen entpuppte
sich als Verlustgeschäft von 800 EUR.

Ein Blick, der sich lohnen kann: In manchen Lagern liegen mangels Ordnung und Übersicht
unnötig hohe Materialwerte.

Steuerung. Es gab kein Lieferantenverzeichnis oder gar eine Vorgabe. Das Sortiment wurde
nie gesammelt für die Gruppe ausgeschrieben. Es fehlte die Zeit. Vereinzelte, meist Lieb-
lings- und nicht Mengenprodukte wurden von den Hotelmitarbeitern wöchentlich verglichen und dann jeweils dort bestellt, wo es am billigsten zu sein schien. Der Locher
bei Lieferant A, die Büroklammern bei Lieferant B, das Kopierpapier bei Lieferant C. Die
Buchhaltung hat still gelitten und Kreditor um Kreditor neu angelegt, anstatt auf die
Barrikaden zu gehen. Je mehr Kreditoren, desto mehr Rechnungen und Buchungen. Plus:
Durch den Prozesskostenaufwand lösten sich alle vermeintlichen Preisvorteile in Luft
auf. Nach der Analyse wurde über alle Hotels hinweg ein Warenkorb gebildet mit sämt-
lichen Büromittelprodukten, die in der Gruppe benötigt wurden. So wurde der Warenkorb auch drastisch reduziert, da vergleichbare Produkte mehrfach vorhanden waren.
Diese Warenkorbglättung reduzierte die Artikelmenge gleich einmal um etwa 30 Prozent. Zudem wurde der komplette Warenkorb mit den spezifizierten Produkten bei fünf
verschiedenen Lieferanten ausgeschrieben. Ergebnis: Einsparung pro Jahr von über
20.000 EUR – mehr als 50 Prozent auf einen Schlag. Ohne hart nachzuverhandeln, ausschließlich durch die Konzentration des Einkaufs auf nur einen Lieferanten. Geld, das
direkt in den NOP fließt.

Teure Schnäppchen

In einem sehr erfolgreichen 5-Sterne-Hotel, das sehr gut strukturiert und organisiert ist,
wurden durch eine Ist-Analyse spannende Themenfelder entdeckt, die unmittelbar zu
einer Optimierung führten – und führen mussten: Zum einen wurden durch den Einkauf immer wieder Großbestellungen durchgeführt, wenn Lieferanten mit Sonderange-
boten winkten. Innerhalb von einer Woche hatte der Einkauf eine Palette Salztabletten
bestellt – Vorteil beim Einkaufspreis in Summe etwa 100 EUR. Zudem gab es eine Bestellung von dreitausend Kleiderbügeln (Bedarf für etwa drei Jahre!), gebrandet – also
mit Logo des Hotels. Einsparung beim Einkaufspreis pro Bügel: zehn Cent; für alle Bügel
also 300 EUR. Die Anlieferung der Salztabletten und der Bügel erfolgten in etwa demselben Zeitraum. Da alle Lager voll und mit anderer Ware belegt waren, mussten die neu
und auf Vorrat bestellten Produkte anderweitig gelagert werden. Man entschied sich für
Stellflächen im Parkhaus. Vier Stellplätze wurden so blockiert – zwei Wochen lang. Die

Ware stand ungesichert und für jeden frei zugänglich also zwei Wochen im Parkhaus. Kein schöner Anblick für die Gäste. Zudem wurden nach und nach die Kartons mit den Kleiderbügeln aufgerissen und Kleiderbügel entwendet. Plus: Es kam zu Umsatzverlusten, denn vier Parkplätze konnten zwei Wochen lang nicht vermietet werden. Bei einem Tagespreis von 30 EUR und einer durchschnittlichen Belegung des Parkhauses von 70 Prozent ein Umsatzverlust von 1.176 EUR. Und das für eine vermeintliche Einsparung von insgesamt 400 EUR. Nach der Analyse wurden die Abläufe neu geregelt und Vorkehrungen getroffen, dass solche gut gemeinten Entscheidungen nicht mehr vorkommen konnten. Er hatte in gutem Glauben gehandelt, weil er so von seinem Vorgänger eingearbeitet worden war und es geheißen hatte, der Direktor des Hotels wünsche das so. Die Anweisung stammt jedoch vom Vorgänger des aktuellen Direktors. Man sieht hier ganz gut, warum Ist-Analysen so wichtig sind: Sie decken auf, was sich eventuell über Jahre hinweg – vielfach unbeabsichtigt – einschleicht. Das müssen wir auch unseren Teams so vermitteln: Analysen sind kein Instrument, um Mitarbeiter in ein schlechtes Licht zu stellen, sondern um Abläufe und Kosten im Hotel zu verbessern und so das Hotel noch fitter für den Wettbewerb zu machen.

Feuerwerksraketen im Heizungskeller

Ein renommiertes Businesshotel im Norden Deutschlands mit rund 200 Zimmern. Erfolgreich. Gut auf dem Markt positioniert. Prima Management. Bei der Ist-Analyse, die auf Betreiben des Direktors durchgeführt wurde, erklärten viele positive Aspekte im strategischen Einkaufsmanagement den Erfolg des Hotels. Aber ein Punkt war nie in den Blick genommen worden: die Lagerhaltung. Die lag irgendwie unterhalb des Direktionsradars. In mehreren Lagern, vor allem im Zuständigkeitsbereich der Haustechnik, lagen Kabel und technische Geräte, Schrauben und Werkzeug wie Kraut und Rüben durcheinander. Die Gründe: keine Zeit zum Aufräumen und keine genügend großen Lagerflächen. Beim näheren Hinschauen fand man 30 Rohrreinigungsspulen, obwohl man gerade erst wieder neue bestellt hatte, da man dachte, keine mehr zu haben. Diverse Lötkolben, die man schon lange suchte, kamen zum Vorschein, und anderes mehr. Der Höhepunkt: In einem Lager, in dem sich die Heizungsanlage befand und in dem aus Sicherheits- und brandtechnischen Gründen weder Feuer noch brennbare Materialien lagern durften, lagen noch Feuerwerkskörper in großer Zahl von vergangenem Silvester. Man mag sich nicht ausmalen, was passiert wäre, wenn … Da greift dann auch keine Versicherung mehr. Auch hier hatte sich durch jahrelange Gewohnheit einiges eingeschliffen. Und der GM hat natürlich was anderes zu tun, als täglich seinen Kopf in irgendwelche Lager zu stecken. Inzwischen gehört die Begehung auch dieser Räume zur laufenden Routine. In den Einkaufsguidelines wurden die Regeln der Lagerhaltung aufgenommen.

Listung gegen Filet

Klar ist, dass durch Ist-Analysen auch unangenehme Themen hochkommen können: In einem über 300 Zimmer großen 4-Sterne-Hotel in Deutschland fiel bei der Ist-Analyse auf, dass der Einkaufsleiter und Wirtschaftsdirektor des Hauses von einem Foodlieferanten verlangte, dieser solle ihm einmal im Monat eine Lieferung Rinderfilet privat nach Hause bringen. Als Gegenleitung für die Listung. Der Warenkorb, den das Hotel bei dem Lieferanten kaufte, war zudem teurer als bei anderen, absolut vergleichbaren Lieferanten. Solche Dinge kann keine noch so gute Einkaufsrichtlinie verhindern. In einem derartigen Fall gab es auch nur eine Entscheidung. Heute werden in dem Haus jährlich Ausschreibungen gemacht. Das Lieferantennetz ist sehr eng definiert. Bei anderen als den gelisteten

Lieferanten darf nicht eingekauft werden. Rahmenverträge werden von drei Personen unterzeichnet und haben eine Laufzeit von einem Jahr. Beim Entscheidungsprozess für oder gegen einen Lieferanten ist neben dem Küchenchef auch das Controlling beteiligt. Die »Macht« einzelner Personen ist stark reduziert, und damit sind Manipulationsversuche – gleich von welcher Seite – kaum mehr erfolgversprechend.

Wareneinsatz und Nassabfälle

Reden hilft, wie auch das folgende Beispiel einer Ist-Analyse in einem feinen 70-Zimmer-Hotel mit toller Küche zeigt. Die Küche hat mit hohen Wareneinsatzkosten zu kämpfen. Das nahm die Küchenleitung zusammen mit der Direktion zum Anlass, gezielt den Küchenbereich zu analysieren. Dazu gab es eine große Offenheit bei der Küchenleitung, da die Entlohnung des Küchendirektors auch variable Vergütungsanteile enthielt und eine Optimierung der Foodkosten optimieren unmittelbar in seinem Interesse lag. Bei der Analyse fiel aber zuerst was ganz anderes ins Auge: die hohen Kosten für Nassabfälle. Als man ihnen auf den Grund ging, stellte man fest, dass sehr viele Reste vom Buffet weggeworfen wurden: Salate und anderes mehr, was man aus Frische- und Optikgründen nicht mehr verwenden konnte und wollte. Das Buffet war jeden Tag von 11 bis 14 Uhr geöffnet. Der Anspruch des Direktors, so hieß es: Um 13.58 Uhr muss das Buffet für die Gäste noch so aussehen wie um 11.00 Uhr. Diesen Anspruch hatte der Direktor jedoch nie geäußert. Wieso auch immer: Es hat sich im Hotel die Meinung festgesetzt, der GM und der Eigentümer des Hauses verlangten, dass das Buffet entsprechen präsentiert werden solle. Und vor allem auch sehr reichhaltig. Durch die Analyse wurde nunmehr allen bewusst, dass es sich hier um ein reines Kommunikationsproblem handelte.

Top-Buffet-Präsentation von 11 bis 14 Uhr. Die Folge: Hohe Kosten für Nassabfälle und ein überhöhter Wareneinsatz.

Auch so etwas findet sich bei Ist-Analysen in Hotels – Bestellmanagement über das abwischbare Whiteboard.

Inzwischen wurde natürlich die Buffetregelung pragmatisch angepasst. Die Kosten für die Nassabfälle sind stark gesunken. Der Wareneinsatz natürlich auch – ohne dass mit Lieferanten neu verhandelt werden musste. Weil man durch die Analyse jedoch erkannte, dass auch im Warenkorbdesign einiges Potenzial steckt und die Ware bei zu vielen Lieferanten eingekauft wurde, hat man im zweiten Schritt Ausschreibungen und Verhandlungen durchgeführt und konnte so nochmals die Kosten verbessern. Wovon der Küchenchef auch selbst und direkt profitiert hat.

Null Kontrollmöglichkeiten

Ein 3-Sterne-Plus-Hotel in Süddeutschland. Großer Laden. Auch viel Cateringgeschäft. Einkaufsvolumen knapp 1.600.000 EUR pro Jahr. Bestellmanagement? Es gibt im Küchenbereich ein Whiteboard. Da werden Tag für Tag die benötigten Produkte aufgeschrieben. Der Küchenchef oder sein Stellvertreter oder wer gerade Zeit hat ruft dann die Lieferanten an und bestellt. Mengen? Wie immer. Erst in der Analyse (Ende 2015) wurde allen Beteiligten richtig bewusst, welche »Konsequenzen« dieses Bestellverfahren mit sich bringen kann. Zum einen die mangelhafte Kontrollmöglichkeit: Nirgendwo ist dokumentiert, was eigentlich bestellt wurde und in welchen Mengen. »Wie immer« reicht da nicht wirklich aus. Und abends wird das Whiteboard für den nächsten Tag wieder saubergewischt. Dem Lieferanten, ohne ihm bösen Willen unterstellen zu wollen, ist Tür und Tor geöffnet, zu liefern, was und wie viel er will. Preiskontrollen finden bei der Bestellung nicht statt. Auch hier hat der Lieferant einen sehr großen Spielraum. Die Rechnungskontrolle wird extrem erschwert, auch wenn es Lieferscheine gibt. Die Einarbeitung eines neuen Kollegen hat ihren ganz besonderen Reiz und Umfang.

Nach der Ist-Analyse wurden die Bestellwege und -formate definiert. Überwiegend werden Bestellungen elektronisch über ein E-Procurement-System gemanagt. Dort sind Preise, Bilder, Produkt- und Lebensmittelinformationen hinterlegt, sodass bei der Bestellauslösung sowohl Mengen als auch Preise und Gesamtkosten dokumentiert und für jeden transparent und nachvollziehbar sind. Innerhalb von zwölf Monaten wurden so die direkten Einkaufskosten im Foodbereich um 8 Prozent gesenkt und die Zeit für die Bestellabwicklung um knapp die Hälfte reduziert.

Roast-Beef zwei Mal angeliefert zu zwei verschiedenen Preisen

Herbst 2016: Zwei große Hotels, die zusammengehören und sich eine gemeinsame Warenannahme teilen. Der Einkaufschef optimiert gerade alle Einkaufsbereiche. In der Küche ist es aktuell noch schwierig, da es unterschiedliche Küchenchefs gibt und damit auch Auffassungen über Lieferanten und Produkte. Durch Zufall kommt der Einkaufsleiter an der Warenannahme vorbei und sieht, wie eine Lieferung Roastbeef ankommt. Aus Interesse schaut er sich Preis, Lieferant und Produkt näher an. Währenddessen fährt ein weiterer Lastwagen vor, der ebenfalls Roastbeef anliefert. Jetzt aber für die andere Küche. Auch diese Preise und Produkte und den Lieferanten schaut er sich näher an. Ergebnis: Die Produktqualitäten sind identisch, Lieferant und Preis jedoch nicht. Zwischen dem einen und dem anderen Roastbeef liegen 3 EUR pro Kilogramm Differenz im Einkaufspreis. Dazu kommt der komplette Doppelaufwand: Bestellung, Lieferung und Warenannahme, Lagerung, Rechnungskontrolle etc.

Nach der Ist-Analyse wurden die beiden Küchenbestellungen in bestimmten Produktbereichen gebündelt, sodass der Einkaufspreis jetzt einheitlich und insgesamt nochmals gesunken ist. Der zeitliche Aufwand für Bestell- und Warenannahmeprozesse sowie der Buchungsaufwand wurde mehr als halbiert.

SELBSTEINSCHÄTZUNG DES
EINKAUFENS IM HOTEL

- 57 % der Hoteldirektionen sind sich nicht sicher bzw. wissen, dass nicht optimal eingekauft wird
- 25 % bzw. 26 % der Mitarbeiter bzw. Abteilungs- und Bereichsleiter wissen, dass der Einkauf nicht optimal ist.
- Dies bei Ø 4,6 Mitarbeiter mit Einkaufsverantwortung (=8 % der Ø Mitarbeiterzahl §58§)

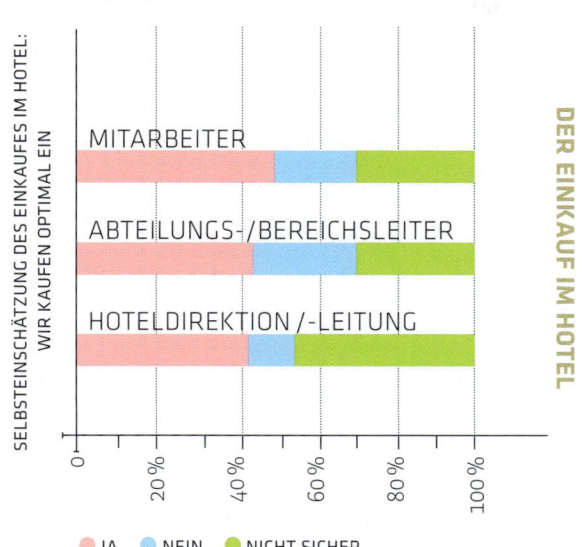

SELBSTEINSCHÄTZUNG DES EINKAUFES IM HOTEL: WIR KAUFEN OPTIMAL EIN

DER EINKAUF IM HOTEL

MITARBEITER

ABTEILUNGS- /BEREICHSLEITER

HOTELDIREKTION /-LEITUNG

0 20% 40% 60% 80% 100%

● JA ● NEIN ● NICHT SICHER

Mehr als die Hälfte der Hotels sind unsicher, ob sie optimal einkaufen (Quelle »Die große Studie Einkauf in der Hotellerie 2016«; Hochschule Heilbronn).

M-BOX: »IST-ANALYSE«

⊗ Die Ist-Analyse ist der Ausgangspunkt für Ihren Matchplan im Einkauf
⊗ Holen Sie Ihr Team von Anfang an mit ins Boot und erklären Sie den Nutzen und die Vision der Ist-Analyse
⊗ Gehen Sie Schritt für Schritt vor und nehmen Sie sich Teilbereiche vor, wenn Sie begrenzte Kapazitäten haben
⊗ Analysieren Sie Produkte und Lieferanten
⊗ Fassen Sie Zahlenmaterial zusammen, um einen Überblick zu bekommen
⊗ Schauen Sie sich die Prozesse an
⊗ Sprechen Sie mit den Teams, warum welche Abläufe so sind, wie sie sind
⊗ Fassen Sie die Ergebnisse zusammen und diskutieren Sie sie in Ihrem Entscheidergremium

Viele Ziele – Zielsetzung im Einkauf

Das sagen die Lehrbücher und die Wissenschaft: Ein Ziel ist ein angestrebter zukünftiger Zustand oder eine zukünftige Situation oder Lebenslage. Aus den Unternehmenszielen lassen sich die Ziele des Einkaufs wie auch die Ziele der anderen Funktionsbereiche, ableiten (Piontek, 2012, S. 22). Im Allgemeinen besteht die Zielsetzung in der wirtschaftlich optimalen Versorgungssicherung mit den zur Leistungserstellung nötigen Materialien und Leistungen (Grochla, 1978, S. 35 ff.). Drei Ziele des Einkaufs können genannt werden: Kostenwirtschaftlichkeit, Qualitätssicherung und -verbesserung sowie Versorgungssicherheit.

Ziele im Einkauf (nach: Grochla 1983, S. 35ff.)

KOSTENWIRTSCHAFTLICHKEIT

QUALITÄTSSICHERUNG

VERSORGUNGS-SICHERHEIT

KOSTENWIRTSCHAFTLICHKEIT

Unter Kostenwirtschaftlichkeit wird die Beeinflussung der Kostensituation des Unternehmens verstanden. Das betrifft zum einem die zur Leistungserstellung benötigten Material- und Leistungskosten, die durch die Bedarfs- und Bestellmengenplanung kontrolliert wird, sowie die Lagerhaltungskosten. Zum anderen sind weitere verwandte Kosten wie System- und Personalkosten im Einkauf angesprochen (Grochla, 1978, S. 36).

QUALITÄTSSICHERUNG

Gerade im Dienstleistungsbereich spielt die Qualität der benötigten Materialien und Leistungen eine große Rolle. Über die Qualität der Materialien und Leistungen kann auf die Qualität der Endprodukte Einfluss genommen werden. Daher soll der Einkauf die Qualität der zugekauften Materialien und Leistungen sicherstellen und diese über Substitution oder Qualitätskontrollen verbessern (Grochla, 1978, S. 36). Voraussetzung dafür ist die Zusammenarbeit mit den Bedarfsträgern und den Lieferanten (Hug & Weber, 2011, S. 17 f.).

VERSORGUNGSSICHERHEIT

Beim Aspekt der Versorgungssicherheit wird auf die termin- und mengengerechte Bereitstellung der Materialien und Leistungen geachtet. Die Sicherung der Beschaffungsmärkte (z.B. durch beschaffungspolitische Maßnahmen der Lieferantenquelle, Markterschließung) streut das Risiko eines Versorgungsausfalls. Auch ergibt sich daraus die Flexibilität, sich schnell und reibungslos den Veränderungen des Bedarfs anzupassen (Grochla, 1978, S. 36).

ZIELESAMMLUNG

So weit der Blick aus der wissenschaftlichen Meta-Ebene. Alles richtig. Ist das jedoch detailliert und somit »sprechend« genug für uns in der Hotellerie und unsere Mitarbeiter? Lassen Sie uns die Ziele, die wir ja aus der vorangegangenen Ist-Analyse und den Unternehmenszielen ableiten können, präzisieren:

- Reduktion der direkten Einkaufskosten um X Prozent bei gleichbleibender Qualität
- Reduktion der Lieferantenzahl von X auf Y
- Verbesserung der eingekauften Produktqualitäten
- Erhöhung der eingesetzten Markenprodukte zur besseren Positionierung des Hotels
- Vermeidung von Kostensteigerungen
- Optimierung des Wareneinsatzes
- Lagerbestand reduzieren von X auf Y
- Wareneinsatz senken von X auf Y %
- Zahl der Eingangsrechnungen von X auf Y senken
- Verträge mit den zehn größten Lieferanten fixieren und neu verhandeln
- Zahlungsbedingungen bei allen Lieferanten verabreden
- Umstellen auf elektronische Bestellung
- Vereinfachung der Warenannahme
- Verbesserung der Warensicherung
- Einheitliche Einkaufsrichtlinien für das ganze Hotel entwickeln
- Risikoreduktion (z. B. in Bezug auf HACCP, Fremdreinigung)
- Umstellen auf elektronische Rechnung
- Nachhaltigkeit beim Produkteinkauf
- Erhöhung der Transparenz
- Verbesserung des Compliance Managements
- Verbesserung des Image in der Öffentlichkeit

BEGRENZTE ZAHL ZULIEFERER
KOSTENREDUZIERUNG TRANSPARENZ
PROZESSOPTIMIERUNG
VERMEIDUNG VON KOSTENSTEIGERUNGEN QUALITÄTSVERBESSERUNG
EINKAUFSZIELE
RISIKOREDUZIERUNG / -VERMEIDUNG VERSORGUNGSSICHERHEIT
ÖKOLOGIE
MARKETING REGIONALITÄT

Kostensenkung – das ist das Ziel Nummer 1 vieler Hotels. Es ist wohl auch das Offensichtlichste. Wer genauer hinsieht, entdeckt jedoch eine Reihe von Zielen, die nichts mit Kostenverbesserung zu tun haben. Zum Beispiel die Verbesserung Produktqualität oder die Erhöhung des Einkaufs von Markenartikeln, weil man das Hotel besser positionieren möchte. Aufgrund der verschiedenen Zielanforderungen und des begrenzten Handlungsspielraums ergeben sich eventuell Zielkonflikte in der Ausgestaltung der Maßnahmen (Werner, 2013, S. 34).

Zollfahndung im Hotel

Viele Hotels haben inzwischen das ganze Housekeeping oder Teile davon an Dienstleistungsunternehmen outgesourct. Hauptmotiv für die meisten: Es ist billiger. Gerade im Bereich der Vergabe von Zimmerreinigungsaufträgen wird gefeilscht bis zum Geht-nicht-mehr. Dieser Markt ist preislich gesehen im Grunde in vielen Städten kaputt. Ein billigeres Angebot schlägt das nächste. Dennoch gibt es sehr viele Hotels, die zwar preissensitiv sind, aber etwas anderes stärker gewichten: die Qualität und die Risikominimierung. Mit Qualität ist gemeint, dass es keinen Sinn ergibt, mit einem Dienstleister zu arbeiten, der die falschen Reinigungsmittel verwendet und zum Beispiel hochwertige Flächen im Bad oder im öffentlichen Bereich von Reinigung zu Reinigung immer mehr zerstört. Hier ist der billige Einkauf dann doch der teurere. Es kommt aber auch der Aspekt »Risiko« dazu. Irgendwoher muss ja der billige Zimmerreinigungspreis kommen. Und da lässt sich der eine oder andere Dienstleister gerne einmal kreative Ideen einfallen, um bei den eigenen Kosten zu sparen und dennoch seinen »Schnitt« zu machen. Das wissen inzwischen auch die Behörden. Immer häufiger erleben wir überfallartige Zugriffe von Zollbeamten, die Vorder- und Hintereingänge absperren und zur Frühstückszeit mit vollem Rollkommando das Hotel stürmen. Haben die Mitarbeiter der Fremdreinigungsfirma keine Papiere, sind sie nicht angemeldet und haben Sie als Geschäftsführer sich nicht regelmäßig von der ordnungsgemäßen Anmeldung überzeugt, dann sind Sie eventuell in der Haftung. Schlimm genug ist schon der PR- und Imageschaden, wenn sich so etwas bestätigt und an die Öffentlichkeit gerät.

Die Ziele im Einkauf können von Haus zu Haus durchaus abweichen. Es gibt bei der Zielsetzung kein Richtig oder Falsch. Hier muss jedes Hotel für sich allein entscheiden und ist auch abhängig von den Marktanforderungen des Umfelds. Sind die Ziele in ein bis zwei Bereichen schon abweichend zu denen Ihres Konkurrenten oder eines anderen Hotels, dann ist ein einfacher Vergleich von Preisen und Konditionen schon nicht mehr machbar. Denn jedes Ziel hat unmittelbare Auswirkungen auf Preise und Konditionen. Ein Beispiel: Für Sie ist es wichtig, dass Ihr Hotel drei Mal pro Woche beliefert wird, weil Sie wenig Lagerräume haben. Das führt dazu, dass Sie preislich im Nachteil sein können gegenüber einem anderen Hotel, das sich in der gleichen Straße befindet und vom gleichen Lieferanten einmal die Woche beliefert wird. Das heißt also: Wenn Sie Konditionen vergleichen, dann müssen Sie auch weitere preisbestimmende Parameter vergleichen wie zum Beispiel Ihre jeweiligen Ziele.

Ihre Ziele im Einkauf sollten im Team erarbeitet und definiert werden, damit die gesamte Mannschaft die Umsetzung trägt. In modernen Hotels sitzen daher heute bei der Zieldefinition Direktion, Marketing, Vertrieb, Küche, F&B, Housekeeping und Einkauf an einem Tisch, um die Ziele ganzheitlich so zu gestalten, dass sie im Einklang mit den Unternehmenszielen stehen. Zudem sollten die Ziele auch in sich logisch und plausibel sein.

Nachhaltigkeit und Luxuswasser Kanada

Ein Luxushotel hatte 2012 das Ziel, mehr Nachhaltigkeit in der Küche umzusetzen. Dazu sollten nur noch regionale Produkte bei der Verarbeitung zum Einsatz kommen. Die Bauern lieferten sogar bis vor die Hoteltür und wollten Kartoffeln gegen Zimmerübernachtungen tauschen. Es war eine riesige PR-Aktion. Zugleich hat das Haus aber eine imposante Wasserkarte mit feinstem Wasser in der Bar. Internationale Tropfen. Aus aller Herren Länder, auch aus aus Kanada. Superteuer. Und vor allem alles andere als nachhaltig, berücksichtigt man allein den CO_2-Ausstoß, den der Lieferweg für dieses Wasser verursacht. Hier stimmten innerhalb des Hauses die Ziele nicht überein – sie waren 100 Prozent gegenläufig. Wenn die Öffentlichkeit das mitbekommt, ist die ganze Aktion ein Schuss in den Ofen und kann sogar wider Willen zu einem negativen PR-Effekt führen.

Wenn Sie Ziele im Einkauf setzen, im Einklang mit Ihren Unternehmenszielen, dann folgen Sie der »smart«-Regel:

S = Spezifisch – genaue Beschreibung

M = Messbar – Prozent, Menge, Betrag, Zeit

A = Akzeptiert – alle betroffenen Personen stehen dahinter

R = Realistisch – Ziele müssen erreichbar sein

T = Terminiert – bis wann sollen die Ziele umgesetzt sein

Die Definition der Ziele des Hoteleinkaufs hilft dabei, ein klares Bild der Aufgabenstellung zu erhalten, Mitarbeiter optimal zu führen sowie Ergebnisse am Jahresende überprüfen zu können. Je klarer und präziser die Ziele formuliert sind, desto leichter fällt das.

M-BOX: »ZIELE IM EINKAUF«

⊗ Definieren Sie Ihre Ziele

⊗ Kommunizieren und Erklären Sie Ihre Ziele

⊗ Dokumentieren Sie Ihre Ziele

⊗ Die Ziele müssen im Einklang stehen mit Ihren Betriebs- und Marketingzielen und sich gegenseitig ergänzen

⊗ Die Ziele müssen »s.m.a.r.t.« sein

⊗ Seien Sie kreativ bei der Zieldefinition

⊗ Nicht nur Kostenvorteile sind Ziele

Six Pack – das Maßnahmenpaket

Die Messlatte hängt hoch: Optimierung der Einkaufskosten und -prozesse von 10 Prozent und mehr sind drin bei der Konvertierung vom operativ gesteuerten zum strategisch ausgerichteten Einkaufsmanagement. Steht das Grundlagenpaket und hat das strategische Denken und Handeln in die Köpfe der handelnden Personen Einzug gehalten, sind die Erfolgsernten in den Folgejahren so gut wie sicher. Im Kern sind es sechs Bereiche, auf die man das Augenmerk lenken sollte.

1_Set up – die Einkaufsorganisation

Um den Einkauf strategisch zu organisieren, bedarf es zweier Perspektiven: Wie soll mein Einkauf in Zukunft ablaufen – das ist die Perspektive der Ablauforganisation. Und wie baue ich den Einkauf überhaupt auf – das ist die Perspektive der Aufbauorganisation.

AUFBAUORGANISATION

Beim Aufbau der Einkaufsstruktur unterscheidet man zwischen einem zentralen und einem dezentralen Einkauf. Während der zentrale Einkauf das gesamte Einkaufsmanagement steuert, entscheiden beim dezentralen Einkauf die jeweiligen Abteilungsleiter (Bedarfsträger) über die Beschaffungsabläufe in ihrem Bereich und die Lieferantenauswahl. Vielfach gibt es in der Hotellerie eine Mischform aus zentralem und dezentralem Einkauf, also einen hybriden Aufbau des Einkaufs. Weil vielfach jedoch dezentrale Einkaufsstrukturen vorzufinden sind (gegen die nichts einzuwenden ist), bedarf es erst recht einer detaillierten Einkaufsstrategie, damit alle an einem Strang ziehen und das gleiche Verständnis von Einkaufsmanagement und den Prinzipien der Lieferantenauswahl haben. Welche Form für Ihr Hotel die sinnvollste ist, können nur Sie entscheiden. Wenn Sie die Form wählen, einen eigenen Einkaufschef einzusetzen, dann lohnt sich das nach unseren Beobachtungen und Erfahrungen nur unter folgenden Voraussetzungen.

1. Ihr Einkaufsvolumen pro Jahr beträgt mehr als 1.000.000 EUR. In diesem Fall haben Sie in der Regel eine gewisse Menge an Lieferanten, die gemanagt werden müssen, und auch genügend Einkaufsvolumen, durch dessen Optimierung sich der personelle Einsatz auf die Dauer mehr als rechtfertigt.

2. Sie übertragen Ihrem Einkaufschef die richtige Verantwortung und positionieren ihn so im Unternehmen, dass er gleichauf mit allen anderen Abteilungsleitern ist und entsprechende Durchgriffsrechte hat. Er muss die Einkaufsregeln – in Abstimmung mit Ihnen – definieren und die Einhaltung überwachen. Ihn an die Warenannahme zu setzen und ihn C-Artikel bestellen zu lassen, während in der Küche die sechsstelligen Einkäufe ohne sein Zutun stattfinden, lohnt sich weder für den Einkaufschef noch für Ihr Hotel.

Sollten Sie unsicher sein, dann belassen Sie die Einkaufsverantwortung bei den jeweiligen Abteilungsleitern – allerdings verbunden mit engen und klaren Einkaufsrichtlinien, die entsprechend überprüft und kontrolliert werden müssen. Im Übrigen kann man über eine eigene Stelle auch noch später nachdenken.

ABLAUFORGANISATION
Ablauforganisation – das steht für alle Ablaufdetails rund um die Beschaffung, also die Prozesse. Wer sind die Beteiligten am Bestell- und Freigabeprozess und was muss wann wie gemacht werden? Wie verfahren Sie bei Reklamationen oder Fehllieferungen? Wann sind Nachbestellungen durchzuführen? Was ist beim Ausfall von Lieferanten zu tun?

GUIDELINES FÜR DEN EINKAUF
Die Einkaufsrichtlinien (Purchasing-Guidelines, -Policies) beschreiben sowohl die Ablauforganisation als auch die Prozessabläufe der Ablauforganisation – von der Bestandsermittlung über die Bestellabläufe im Hotel bis hin zur Einlagerung, Ausgabe und Inventur der bestellten Ware. Weniger als die Hälfte aller Hotels haben Einkaufsrichtlinien. Unverzichtbar sind diese Guidelines als strategisches Steuerungsinstrument zur Zielerreichung. Sie sind umso wichtiger, wenn, wie bei den meisten Hotels ja der Fall, der Einkauf dezentral aufgebaut ist. Wie soll gerade bei diesen Betrieben sichergestellt werden, dass alle einkaufsverantwortlichen Mitarbeiter nach einem einheitlichen System vorgehen und somit die bestmöglichen Einkaufsergebnisse für das Hotel erwirtschaftet werden?

Zu den Punkten, die in den Einkaufsrichtlinien definiert werden sollten, können unter anderem folgende zählen:
• Einkaufsphilosophie des Hotels
• Ziele im Einkauf
• Welche Aufgaben sind »Einkaufsaufgaben«?
• Welche Tätigkeiten im Einkaufsprozess sind strategischer, und welche operativer Natur?
• Wer sind die einkaufsberechtigten Personen?
• Wie hoch sind die Bestellbeträge pro Person / Abteilung?
• Wie sieht der Genehmigungsworkflow aus und wie viele Genehmigungsstufen gibt es?
• Wie wird bestellt und mit welchen Instrumenten?
• Bei welchen Lieferanten darf bestellt werden?
• Wie sieht die korrekte Warenannahme aus?
• Wie wird die Inventur durchgeführt und wie häufig?

- Wie läuft die Rechnungsprüfung und -freigabe ab?
- Wie häufig sollen Preisvergleiche und Ausschreibungen gemacht werden?
- Wo werden Dokumente gespeichert und archiviert?
- Welche Erwartungen gibt es im Lieferantenmanagement zu erfüllen?
- Wie ist mit Lieferantengeschenken umzugehen und bis zu welcher Höhe darf man sie annehmen?

Die Punkte lassen sich beliebig erweitern oder kürzen, je nach Anforderung des Betriebs. Im Grunde geht das Thema Ablauforganisation und Beschreibung der Prozesse in den Einkaufsrichtlinien schon stark in den Bereich des »Compliance Management« – also aller Maßnahmen und Prozesse, um die Regelkonformität im Hotel sicherzustellen.

Idealerweise sind die Einkaufsrichtlinien an einem zentralen Ort für die einkaufsverantwortlichen Personen verfügbar, nach dem sie entsprechend geschult und informiert wurden. Gerade für die Einarbeitung neuer Mitarbeiter mit Einkaufsverantwortung sind die Einkaufsrichtlinien besonders sinnvoll, damit die Idee des strategischen Einkaufs auch entsprechend fortgeführt wird. Aber sie haben auch gegenüber Banken, Geldgebern oder Kunden eine Strahlwirkung, denn sie zeigen, dass Ihr Hotel auch hinter den Kulissen top organisiert ist und Sie alles daran setzen, bestmöglich einzukaufen. Und das ist wiederum die Grundlage, bestmögliche Übernachtungspreise anbieten zu können. In der Hotellerie sind wir zwar weit davon entfernt – aber in anderen Branchen wie der Zulieferindustrie von KFZ-Herstellern ist es durchaus Gang und Gäbe, das diese sogenannte Audits durchführen (Überprüfungen), um sich zu vergewissern, dass ihre »Lieferanten selbst zu optimalen Konditionen einkaufen und produzieren.

Auch eine Möglichkeit, Einkaufsprozesse zu beschreiben: Hier die Darstellung eines achtstufigen Beschaffungsprozesses (Krampf 2014, S. 8).

SCHRITTE IM BESCHAFFUNGSPROZESS IN DER PRAXIS

	BEDARFS-MELDUNG	ERSTEL-LUNG SPEZIFIKA-TION	ANFRAGE/AUS-SCHREI-BUNG	ANGEBOTS-VERGLEICH	VERHAND-LUNGS-VORBEREI-TUNG	VERGABE-VERHAND-LUNG	BESTELL-BESCHREI-BUNG	BESTELL-ABRUF
	• Bedarfsanforderung an den Einkauf • Information hinsichtlich Menge und Budget	• Spezifikation unter Berücksichtigung von Qualität, Funktion und Materialkosten	• Gemeinsame Lieferantenauswahl • Erstellung Ausschreibung • Versand Unterlagen • Eingang Angebote	• Technische Freigabe durch Kunden • Kaufmänische Freigabe durch Einkauf	• Gemeinsame Abstimmung der Strategie • Planung Verhandlungsablauf	• Verhandlungsführung • Technisch: Kunde • Kaufmänisch: Einkauf • Vergabe	• Bestellschreibung im Einkaussystem	• Abrufe aus Rahmenvertägen

VERANTWORTUNG

	BEDARFS-MELDUNG	ERSTEL-LUNG SPEZIFIKA-TION	ANFRAGE/AUS-SCHREI-BUNG	ANGEBOTS-VERGLEICH	VERHAND-LUNGS-VORBEREI-TUNG	VERGABE-VERHAND-LUNG	BESTELL-BESCHREI-BUNG	BESTELL-ABRUF
INTERNER	D	D	M	M	M	M	M	D
EINKAUF	M	M	D	D	D	D	D	M

M-BOX: »EINKAUFSORGANISATION«

- ✪ Legen Sie fest, wie Ihr Einkauf ablaufen soll
- ✪ Legen Sie fest, wie der Einkauf aufgebaut werden soll
- ✪ Dokumentieren Sie Ablauf- und Aufbauorganisation
- ✪ Kommunizieren und erläutern Sie Ihre Entscheidung und den Nutzen für das Hotel und die Mitarbeiter
- ✪ Erstellen Sie Stellenbeschreibungen oder aktualisieren Sie sie
- ✪ Fassen Sie sich kurz, schreiben Sie einfache Anweisungen und lassen Sie »die Kirche im Dorf«, damit jeder Mitarbeiter versteht, was gemeint ist

2_Ich brauch's – Bedarfsspezifikation

Ist-Analyse sei Dank – durch die Datenermittlung haben Sie alle wichtigen Informationen aus der Vergangenheit über Produkte, Mengen, Preise, Lieferanten, Qualitäten, Marken, Zahlungs- und Lieferbedingungen in der Hand. Nun beginnt das große Aufräumen; die eigentliche Arbeit fängt erst an. Denn Sie müssen jetzt in die volumenstärksten Sortimente einsteigen und überprüfen, welche Produkte und Leistungen Sie in welchen Ausprägungen tatsächlich benötigen. Gerade bei operativ ausgelegtem Einkaufsmanagement mit dezentraler Einkaufsstruktur entwickelt sich über die Jahre hinweg in der Regel ein gewisses Einkaufs-Eigenleben. Abteilungsleiter kommen und gehen, es werden neue Lieferanten und Produkte »mitgebracht« und alte Lieferanten weniger aktiv genutzt. So entsteht ein chaotischer Einkauf durch den Wildwuchs an Lieferanten und Produkten. In einem großen Hotel in Frankfurt am Main wurden im Rahmen einer Bestandsaufnahme 1.079 (!) Lieferanten identifiziert, bei denen das Hotel mindestens einmal im Laufe des Jahres eingekauft hatte. In der Küche und im Housekeeping wurden stellenweise dieselben Reinigungsmittel (absolut identische Produkte oder Marken) bei sieben unterschiedlichen Lieferanten zu unterschiedlichen Preisen an unterschiedlichen Tagen bestellt. Dies war das Ergebnis eines operativen und nicht strategisch ausgerichteten Einkaufs. Grund genug also, den tatsächlichen Bedarf sowie die Qualitäten und Mengen zu hinterfragen und über eine Bedarfsspezifikation neu festzulegen.

Pfanne ist nicht gleich Pfanne. Das Beispiel der Beschaffung einer Bratpfanne zeigt, wie wichtig die genaue Beschreibung der Anforderungen an die Pfanne ist, um einen objektiven 1:1-Vergleich aller angebotenen Produkte sicherzustellen. Das lässt sich auf alle Einkaufsbereiche – auch Food – übertragen.

Unter Bedarfsspezifikation wird die detaillierte Beschreibung des tatsächlichen Bedarfs verstanden. Dazu gehören Mengen, Produkte, Qualitätsdetails, Marke etc. Die Bedarfsspezifikation sollte stets lieferantenunabhängig durchgeführt werden, es sei denn, mit dem Bedarfsziel ist der Einkauf eines bestimmten Markenproduktes verbunden. Dann ist die Marke »gesetzt«, allerdings ist dann auch die Spannbreite der Einkaufskostenvorteile von vornherein sehr eingeschränkt, weil sich die Auswahl an Lieferanten auf einen oder wenige beschränkt. Bei der Bedarfsspezifikation gehen manche Unternehmen so weit, dass sie Kalibrierungen vorgeben, also genau definieren, wie dick zum Beispiel die Wurstscheibe oder das vorgeschnittene Schweinefilet sein darf. Diese sehr genauen Vorgaben sind stellenweise in der Systemgastronomie oder –hotellerie anzutreffen. Hierbei wird auch mit Fotos gearbeitet, sodass neben der schriftlichen auch eine bildliche

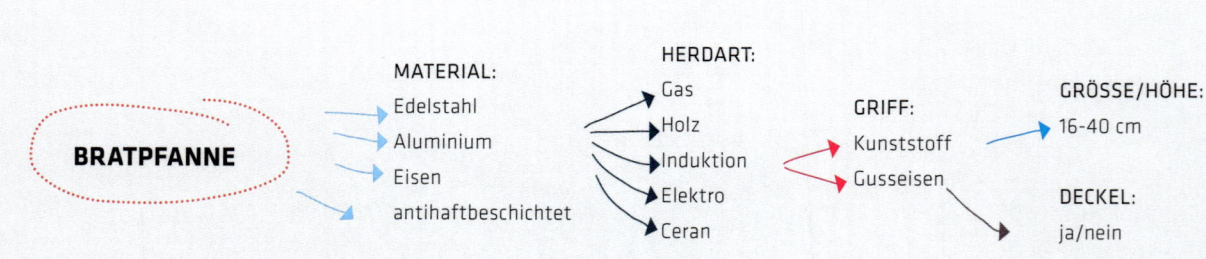

BEISPIEL: BESCHAFFUNG EINER BRATPFANNE

Dokumentation der Spezifizierung gegeben ist. Das macht Diskussionen rund um Qualität, Anmutung oder Größe im Falle eines Falles nochmals leichter.

Die genaue Beschreibung des Bedarfs und der Eigenschaft von einzukaufenden Produkten ist vor allem deswegen wichtig, um überhaupt einen 1:1-Vergleich von Produkten herzustellen. Rinderfilet ist nicht gleich Rinderfilet und Glühbirne nicht gleich Glühbirne. Bratpfanne ist nicht gleich Bratpfanne. Die Spezifikationen, also Eigenschaften von Produkten, bestimmen unmittelbar den Preis.

WARENKORBDESIGN

Sie haben jetzt den Bedarf und Ihre Qualitäten definiert und beschrieben, die Sie für die Erfüllung Ihrer Leistungen benötigen und die Ihren Zielsetzungen entsprechen. Jetzt geht es darum, Warenkörbe zu gestalten. Packen Sie alle Produkte in jeweils einen sortimentsbezogenen Warenkorb. Food, Beverage, Büromaterial, Reinigungsmittel (Küche und Housekeeping zusammen), Leuchtmittel etc. Versuchen Sie, so viele Produkte wie sinnvoll jeweils in einen Warenkorb zu packen. Das erleichtert später die Ausschreibung und die Angebotsabgabe durch die Lieferanten.

Gestalten Sie die Warenkörbe unabhängig von bekannten Lieferanten. Vergessen Sie in dieser Phase die Lieferanten, mit denen Sie aktuell arbeiten. Einkauf beginnt mit dem Bedarf, mit Ihrem Bedarf. Und erst danach entscheidet sich über Ausschreibungen und Verhandlungen, welcher Lieferant Ihren Bedarf am besten befriedigen kann. Kurzum: Der Warenkorb ist Ausgangspunkt Ihrer Einkaufsaktivitäten mit der Beschreibung der Produkte, die Sie benötigen, nicht der Lieferant, bei dem Sie heute schon kaufen oder den Sie kennen. Beispiel: Sie benötigen 100 kg Gänsekeulen. Zuerst definieren Sie Kriterien wie Haltung, Herkunft etc. Und erst dann geht´s an die Suche nach dem geeigneten Lieferanten. In der Hotellerie haben wir es in dieser Phase mit einem ausgesprochen lieferantenorientierten Einkaufsmanagement zu tun, ganz im Gegensatz zu fast allen anderen Branchen, die auch einkaufen müssen: Dort wird zuerst definiert, was in welcher Form benötigt wird, und dann geht's auf die Suche nach dem bestmöglichen Anbieter.

SOURCING

Bedarfsdefinition und Warenkorbdesign sind abgeschlossen – dann startet jetzt das Sourcing. Sourcing ist die Suche von geeigneten Lieferanten (Suche nach Bezugsquellen). Hierbei taucht auch der Begriff Global Sourcing auf, also die Suche nach Lieferanten über das nationale Umfeld hinaus. Um neue oder alternative Lieferanten zu seinen bestehenden zu finden, gibt es verschiedene Suchmöglichkeiten wie zum Beispiel:
• Onlinerecherche
• Messebesuche
• Befragen von Kollegen
• Empfehlung von Kollegen

Die Lieferantensuche sollte sich ebenfalls an klar definierten Kriterien orientieren, die man von seinen Lieferanten erwartet. Dazu können Faktoren zählen wie:
• Wirtschaftliche Stabilität
• Kundenkreis
• Liefer- und Leistungsspektrum
• Image
• Seit wann am Markt

M-BOX: »BEDARFSSPEZIFIKATION«

⊗ Holen Sie alle ins Boot – gerade bei emotionalen Produkten

⊗ Definieren Sie so genau wie möglich Qualitäten und spezifizieren Sie diese

⊗ Lassen Sie sich ggf. Muster kommen, die Sie gemeinsam mit dem Team verkosten

⊗ Holen Sie sich Konsens ein, ohne sich jedoch von einer vermeintlichen
Unmöglichkeit einer Bedarfsspezifikation ablenken zu lassen.

⊗ Dokumentieren Sie die Spezifikationen als Grundlage für anstehende
Ausschreibungen

3_Durchblick für alle: Ausschreibungen

Der unverzichtbare Baustein zur strategischen Kostenoptimierung sind Ausschreibungen, die man als Hotel in den großen Kostenbereichen des Einkaufs (Food, Energie, Beverage, Wäsche, Fremdreinigung, Versicherungen, Drucksachen, IT etc.) durchführen sollte. Ausschreibungen sind mehr als Preisvergleiche. Denn über die Ausschreibung, und nur über sie, bekommen Sie ein transparentes, ganzheitliches Bild der Beschaffungskosten Ihres gesamten Warenkorbes – zum Beispiel Food. Der Rhythmus der Ausschreibungen orientiert sich entweder an bestehenden Vertragslaufzeiten oder aber an der finanziellen Wichtigkeit des Sortiments. Empfohlen werden jährliche Ausschreibungen bei den kostenintensiven Bereichen.

Ausschreibungen führen zu einem perfekten Marktüberblick und der Sicherheit, bestmögliche Einkaufskosten in Summe für das jeweilige Produkt zu haben. Sie sind ferner eine ideale Möglichkeit, den bestehenden Lieferanten auf seine Marktfähigkeit zu überprüfen, denn die Märkte und damit Preise und Produkte ändern sich ja laufend.

Und es lohnt sich, wie dieses Beispiel zeigt: Eine deutsche Einkaufsberatung in der Hotellerie hat im Jahr 2012 alle ihre lieferantenoffenen Ausschreibungen analysiert und ausgewertet, die sie im Auftrag für Hotels und Hotelketten durchgeführt hatte. Insgesamt handelte es sich um 36 große Sortimentsausschreibungen. Diese Auswertung fördert ein interessantes Ergebnis zu Tage: Die geldwerten Unterschiede der Ausschreibungsergebnisse, also der Gebote der Lieferanten in den einzelnen Ausschreibungen, lagen jeweils bei 20 Prozent und mehr. Eine große Lücke, die sich da auftut!

Ausschreibungen sind also eine wunderbare Möglichkeit, Sicherheit zu bekommen, dass Sie wirklich den besten Lieferanten zu den besten Kosten passend zu Ihren Zielen an der Hand haben.

Ausschreibungen bergen allerdings auch Risiken, wenn nicht im Vorfeld die Bedingungen und die Philosophie intern definiert wurden. Bei öffentlichen Auftraggebern gilt zum Beispiel die Vorgabe, dass der billigste Lieferant den Zuschlag bekommen soll. Der Ansatz: im Prinzip gut. Das Ergebnis: pure Augenwischerei. Die Hertie-School of Governance hat laut FOCUS (41/2016) 170 Infrastruktur-Großprojekte unter die Lupe genommen. Und man kam zu einem alarmierenden Ergebnis: 200 statt der ursprünglich vergebenen 141 Milliarden Euro Auftragsvolumen wurden abgerechnet. Beispiele: »Stuttgart 21« – Auftragsvolumen bei der Vergabe 2,6 Milliarden Euro; aktuelle Kosten 6,5 Milliarden Euro (Stand 12/16); die Prognose der Kritiker geht am Ende von 10 Milliarden Euro aus. »Oper Berlin« – Auftragsvolumen bei Vergabe 235 Millionen Euro; 400 Millionen Euro sind's am Ende. Das Leben ist nicht schwarz-weiß, sondern bunt. Daher wird es nicht »die« Erklärung für die großen Abweichungen geben. Eine mögliche, recht wahrscheinliche Teilerklärung könnte jedoch sein: Die Anbieter wissen, dass der billigste Bieter meistens den Zuschlag bekommt. Also kalkulieren sie in der Angebotsphase extrem knapp und berechnen dann während der Projektphase nach. Die Schweizer haben daraus ihre Schlüsse gezogen und denken um: Der billigste Anbieter fliegt dort sofort aus dem Wettbewerb, weil sie nicht den billigsten, sondern den wirtschaftlich besten Lieferanten haben wollen (FOCUS 41/2016).

Die Gefahr besteht auch in der Hotellerie, und wir erleben es regelmäßig: Lieferanten erzielen mit der Summierung billigster Einzelpreise für ein Gesamtsortiment und vermeintlich gleichen Produktqualitäten eine Listung und einen Rahmenvertrag. Im Laufe der ersten Wochen oder Monate läuft alles rund, und dann wird auf einmal ein Ersatzartikel nach dem nächsten eingeführt. Die gelistete Markenbutter wird gegen ein Handelsprodukt ausgetauscht – die Ersatzartikel sind margenreicher für den Lieferanten und er

gibt dem Kunden vor, dass es sich ja um die annähernd gleiche Qualität handelt. Oder es werden die Produkte in der Qualität etwas verändert, indem Wasser ins Schweinfleisch oder Lake in den Lachs gespritzt wird, um das Gewicht zu erhöhen und mehr Erlös zu erzielen. Es soll hier kein Generalverdacht gegenüber der Zulieferindustrie ausgesprochen oder Ängste geschürt werden. Die große Menge der Anbieter und Marktteilnehmer haben ihre Geschäftspolitik auf langfristigen Erfolg ausgerichtet. Dennoch gehört ein Stück Achtsamkeit und Bewusstsein gerade bei Ausschreibungs- und Vergabeverfahren dazu. Daher die Sensibilisierung für die Qualitätssicherung durch den Bedarfsträger. Damit kontrollieren Sie den Lieferanten und müssen keinen unter "Generalverdacht" setzen.

Durch eine fein gegliederte Ausschreibung werden auch die für oberflächliche Preisvergleiche auf Einzelproduktbasis typischen »Tagesfehler« erheblich reduziert oder sogar komplett vermieden wie:

• Nicht-Berücksichtigung der Lieferkosten
• Nicht-Berücksichtigung von Mindermengenzuschlägen (Bestellwerte)
• Nicht-Berücksichtigung von Qualitätsmerkmalen/-details
• Nicht-Berücksichtigung unterschiedlicher Gebindegrößen/Mengen
• Nicht-Berücksichtigung von Jahresrückvergütungen
• Nicht-Berücksichtigung von Folgekosten (Wartung, Ersatzteile etc.)
• Nicht-Berücksichtigung von Ersatzbeschaffungskosten

Als Basis und zur Verfeinerung von Ausschreibungen eignen sich am besten detaillierte Abverkaufsstatistiken oder Leistungsverzeichnisse der aktuellen Lieferpartner. Oder Sie ziehen sich die Daten, wie oben beschrieben, aus Ihren Bestell- oder Kreditorenmanagementsystemen. Dazu kommen alle festzulegenden und bis dato nicht schriftlich fixierten Spezifikationen der jeweiligen Fachabteilungen (siehe ebenfalls oben). Jede Abteilung muss ihren Bedarf definieren und vor allem Qualitätsanforderungen klar beschreiben

(Kalibrierung, Art etc.). Die vollständige Spezifikation der benötigten Waren ist möglich – von der Küche bis zum Housekeeping. Dies braucht zwar Zeit, lohnt sich aber. Denn erst durch eine fundierte Auflistung des gesamten Bedarfs und aller Spezifikationen (Spec's) ist eine objektive Ausschreibung und vor allem ein später folgender Vergleich – weg von aller Emotionalität und Besitzstandswahrung – überhaupt möglich.

Die Auflistung der Spezifikationen und Wünsche sind hochrelevant für die Gestaltung eines klaren Angebots und die Kalkulation des Lieferanten. Je mehr Leistungen und Besonderheiten ein Abkommen einschließen soll, je teurer kann ein Produkt oder eine Leistung sein – und umgekehrt.

MEHR HILFT NICHT MEHR

Sobald die Mengen, Produkte, Eigenschaften und alle weiteren Parameter von Ihnen zusammengefasst wurden, senden Sie diese »Ausschreibungsunterlagen« an besagte drei bis fünf Lieferanten. Wir haben in der Praxis die Erfahrung gemacht, dass mehr nicht gleich mehr hilft. Auch wenn Sie Ihre Ausschreibungsunterlagen an zehn statt fünf Lieferanten geben, verbessert sich nach unseren Beobachtungen das potenzielle Gesamtergebnis nicht. Ganz im Gegenteil: Ihr gesamter Administrationsaufwand steigt immens: Mehr Fragen von Lieferanten, mehr Aufwand der Datenauswertung etc.

SPIEL MIT MIR – KONDITIONEN MACHEN SPASS

Es gibt nur einen Preis, der für den Einkauf entscheidend ist, und das ist der Netto-Netto-Preis. Dieser Netto-Netto-Preis ergibt sich aus der Berücksichtigung oder auch Würdigung aller kostenrelevanten – oder besser gesagt – preisbestimmenden – Faktoren. Die bekanntesten dieser Faktoren sind Skonto, Rabatte, Rückvergütungen.

Sowohl für die Ausschreibung als auch für die Verhandlung lohnt sich ein tiefergehender Blick in die ganze Welt der preisbestimmenden Faktoren. Der Fantasie sind hier kaum Grenzen gesetzt, wenn es um die weitere Optimierung des Netto-Netto-Preises geht, wie die nachstehende Übersicht zeigt:

- Einkaufspreis
- Zahlungskonditionen
- Lieferzeiten
- Mengenrabatt
- Vorteilskonditionen auf Produktlinien
- Kündigungsfristen
- Kein Mindestbestellwert / Verzicht auf Mindermengenzuschläge
- Naturalrabatt
- Kostenlose Wartung
- Erweiterte Wartungsleistung
- Verkürzung der Wartungsintervalle
- Rückvergütungen
- Preissenkung bei Lieferverzug
- Rücknahme Verpackung
- Schulungen
- Produktmuster
- Garantieverlängerung

- Abholung Bestellungen
- Lagerarbeiten
- Anfahrtkosten / Reisekosten
- Keine Feiertagszuschläge
- Kostenlose Werbegeschenke für Firmentombola
- Marketingunterstützung
- Serviceleistungen bei Catering
- Trennungsgeld
- Preisnachlass bei Weiterempfehlung
- Preislaufzeit
- Sponsoring
- Werbekostenzuschüsse
- Listungsgebühren
- Kooperationsgebühr
- Last Call Garantie
- Zuschlag für Status als Preferred Partner
- ...

Diese und vielleicht noch viele weitere Faktoren bestimmen unmittelbar den Preis, den Sie am Ende für ein Produkt oder eine Leistung bezahlen. Netto-Netto also. Sie sind eine tolle Spielwiese. Also, spielen Sie damit. Denn diese Faktoren haben mehrere Vorteile:

1. Zum einen können Sie damit Ihren Netto-Netto-Preis sehr gut optimieren. Das geht, solange der Lieferant mitmacht und es für ihn auch wirtschaftlich attraktiv ist.
2. Sie können, wie das zum Beispiel der Handel macht, einen recht durchschnittlichen Einkaufspreis mit dem Lieferanten vereinbaren, weil Sie nicht möchten, dass Ihre Mitarbeiter oder andere Beteiligte mit dem Wissen um Ihren Einkaufspreis Missbrauch betreiben. Sie holen sich dann »Ihren Netto-Netto-Einkaufsvorteil« über die sogenannten nachgelagerten Konditionen, also Rückvergütungen, Rabatte oder andere preisbestimmende Faktoren, wie oben beispielhaft dargestellt.
3. Sie haben die Möglichkeit, wenn Sie viele dieser preisbestimmenden Faktoren vereinbart haben und nun der Lieferant auf Sie zukommt und Preiserhöhungen fordert, ggf. den einen oder anderen preisbestimmenden Faktor als Gegenpfand einzusetzen und »zurückzugeben«. Beispiel: Ein Lieferant spricht Sie an, dass er um eine Preiserhöhung im Schnitt von 2 Prozent nicht herumkommt. Ihr Einkaufsvolumen bei diesem Lieferanten beträgt 75.000 EUR. Es geht um ca. 1.500 EUR – in der Rendite-Äquivalenz (siehe oben) bedeutet das 7.500 EUR Mehrumsatz, die Sie erzielen müssten, um diesen »Verlust« zu kompensieren. Sie haben mit dem Lieferanten bis dato folgende Leistungen vereinbart:

- 2 Prozent Skonto bei Zahlung innerhalb 10 Tagen
- 4 Belieferungen pro Woche
- 2 Prozent Rückvergütung pro Jahr ab 50.000 EUR
- Keine feste Vertragslaufzeit
- Keine Mindestbestellwert
- Monatliche Sammelrechnung

Um die Preiserhöhung zu vermeiden, könnte ein Angebot Ihrerseits gegenüber dem Lieferanten sein, dass Sie einen Mindestbestellwert einführen, die Zahl der Lieferungen auf zwei pro Woche reduzieren und auf die Rechnungsstellung von monatlich auf pro Lieferung umstellen. Vielleicht sind diese Rücknahmen von preisbestimmenden Faktoren für den Lieferanten genauso interessant, als wenn er eine zweiprozentige Preiserhöhung bei Ihnen durchführen würde. Je besser Sie den Bedarf und die Kosten des Lieferanten und die Lage des Marktes kennen, desto besser ist das für Sie, mit diesen preisbestimmenden Faktoren zu »spielen« (siehe auch Kapitel Verhandlung).

DER PREIS SAGT ALLES UND NICHTS

Wegen der Vielzahl der preisbestimmenden Faktoren (in einigen Branchen spricht man auch von »nachgelagerten Konditionen«) und der vielfach hohen Individualität der Hotels (gerade im Einkauf) sowie ggf. unterschiedlicher Zielsetzungen ist daher eine Aussage »Du hast einen guten Preis« oder »Du hast einen schlechten Preis« in vielen Fällen gar nicht möglich. Wer kennt sie nicht, diese Gespräche zwischen Hoteliers, F&B-Managern, Hausdamen und Küchenchefs, bei denen man sich über Preise austauscht. Vorschnell schnappt man da etwas auf und macht sich – ebenso vorschnell – ein Bild, ohne alle weiteren preisbestimmenden Faktoren zu kennen, die am Ende den »Netto-Netto-Preis« ausmachen.

Jeder Hotelier hat anhand der preisbestimmenden Faktoren wie bei einem Stellwerk eine erweiterte Möglichkeit, seine Einkaufskosten noch filigraner zu steuern und zu beeinflussen, ohne dabei weniger oder schlechter einzukaufen.

GUTER EINKAUF KOSTET ZEIT, SCHLECHTER GELD

Der Haken beim strategischen Einkauf: Er kostet Hirnschmalz und Zeit. Zeit kostet Geld – doch die Rendite dieser investierten Zeit ist hoch. Das erkennen Sie spätestens bei den Ausschreibungen, die ein strategisches Instrument sind und die die Einkaufsvorteile gegenüber operativen Maßnahmen um ein Vielfaches überragen. Geben Sie daher den Lieferanten, die Sie zur Angebotsabgabe im Rahmen einer Ausschreibung bitten, nicht zu viel, aber auch nicht zu wenig Zeit. Setzen Sie das Zeitfenster zu kurz – zum Beispiel eine Woche –, dann werden die meisten Lieferanten eher dazu neigen, zu teuer anzubieten, da ihnen die Zeit fehlt, präzise zu kalkulieren. Oder ein Lieferant bietet ihnen die Leistungen und Produkte aus genau demselben Grund zu billig an. Weil er nicht detailliert genug rechnen konnte, muss er später im Falle einer Beauftragung schauen, wie er anderweitig auf seine Kosten kommt: Wobei hier »schlechter« in unterschiedlicher Form sich zeigen kann. Dies kann in unregelmäßiger, unpünktlichen Lieferung oder schlechterer Qualität sich zeigen. Ist der Zeitraum zu lange angesetzt, fehlt der nötige Druck, die richtige Spannung. Unsere Empfehlung ist, einen Zeitkorridor von 14 bis 20 Tagen, also 2 bis 3 Wochen vorzugeben. In dieser Zeit ist normalerweise jeder Lieferant in der Lage, ein Angebot für einen zu bepreisenden Warenkorb eines Sortiments sauber durchzurechnen und somit aus seiner Sicht heraus attraktiv zu kalkulieren.

M-BOX: »AUSSCHREIBUNGEN«

⊗ Guter Einkauf kostet Zeit, schlechter Einkauf kostet Geld

⊗ Führen Sie eine Lieferantenauswertung durch (Einkaufsumsatz gesamt und pro Lieferant, Zahl der Lieferanten, Lieferschwerpunkte)

⊗ Machen Sie eine Artikel- und Sortimentsanalyse der letzten 12 Monate (Menge, Preise, Produkte, Qualitäten)

⊗ Erstellen Sie ein Sortiments- und schlüssiges Warenkorbdesign durch die Zusammenfassung, Bildung oder Neugliederung von einzukaufenden Sortimenten und Produkten; Zusammenfassung in Warenkörben (Produkte, Mengen, Qualitäten, weitere Bedarfe)

⊗ Definieren Sie weitere Parameter wie Zahlungsbedingungen, Lieferbedingungen, Garantien etc.

⊗ Erstellen Sie Ausschreibungsunterlagen pro Sortimente/Warenkorb im offenen Dateiformat, mit Kontaktdaten, Bindefristen, Form der Aufbereitung der Daten, Abgabefrist

⊗ Versand der Ausschreibungsunterlagen an 3 bis 5 Lieferanten pro Sortimentsbereich reicht in der Regel aus

⊗ Gewähren Sie eine Rücklaufzeit für die Angebote der Lieferanten zwischen 2 bis 3 Wochen

⊗ Werten Sie die Angebote aus und vergleichen Sie sie (gesamter Warenkorb gewichtet pro Sortiment)

⊗ Machen Sie sich Gedanken über die Vielfalt der Konditionen

⊗ Endverhandlung und Vertragsvergabe (Verhandlung, Besprechung Umsetzung, weitere Parameter)

⊗ Dokumentieren Sie die abgeschlossenen Verträge (Vertragslaufzeit, Bedingungen)

⊗ Informieren Sie die einkaufsverantwortlichen Mitarbeiter (Schulung, Produktkatalog)

4_Karten auf den Tisch – die Verhandlung

Wie oft haben Sie heute schon verhandelt? Je nach Tageszeit bestimmt schon zehn bis zwanzig Mal. Nahezu jeder Kontakt zu Menschen, jedes Gespräch ist eine Verhandlung. Wenn Sie sich mit Ihrem Partner abstimmen, was Sie heute Abend machen wollen, dann ist das eine Verhandlung. Wenn Sie Ihre kleinen Kinder – vorausgesetzt Sie haben welche – heute Abend pünktlich ins Bett bringen wollen und die sich zieren, dann ist das eine Verhandlung. Wenn Sie in Kürze ein Jahresgespräch mit einem Ihrer Mitarbeiter haben, dann ist auch das eine Verhandlung. Wohin fahren wir in Urlaub, Schatz? Was machen wir an Weihnachten? Alles Verhandlungen, es sei denn, Sie können diese Themen alleine mit sich selbst ausmachen. Wobei aus das nicht selten an eine Verhandlung erinnert, wenn man in der Entscheidungsfindung mit sich ringt.

Auch im Einkauf finden laufend Verhandlungen statt. In erster Linie natürlich – und darum dreht es sich bei MACHT EINKAUF – Verhandlungen mit Lieferanten. Im

Nachstehenden werden wir das Thema Verhandlungen auf der Meta-Ebene beleuchten und die wichtigsten Eckpfeiler berühren, damit Sie Lösungen an die Hand bekommen, mit denen Sie schon erste Erfolge erzielen können.

Es kann viele Gründe geben, die zu einer Verhandlung mit einem Lieferanten führen, wie zum Beispiel:

- Jahresgespräch
- Konditionsverhandlung eines Sortimentsbereiches
- Reklamationen
- Wechsel der Ansprechpartner
- Ankündigung von Produktänderungen auf Lieferantenseite
- Ankündigung von Preisänderungen auf Lieferantenseite
- Produktvorstellungen

Gleich welchen Auslöser es für eine Verhandlung gibt: In der Verhandlung stoßen meist unterschiedliche Interessen aufeinander. Jeder hat seine Sichtweise und seine Vorstellungen, seine Ziele und Wünsche.

In Verhandlungen wird viel hineingedichtet. Und mit Verhandlungen verbinden viele Menschen, jemand anderen über den Tisch zu ziehen. Seinen eigenen Vorteil zu maximieren. Oder eben alles dafür zu tun, nicht über den Tisch gezogen zu werden.

Doch darum geht es nicht in der Verhandlung.

»Das Geheimnis der Verhandlung liegt darin, die wirklichen Interessen der betreffenden Parteien in Einklang zu bringen«
Francois des Callieres, 1645–1717

In der Verhandlung geht es darum, herauszufinden, was der andere will, was er bereit ist, zu geben, oder was er unbedingt haben muss. Es geht darum, die Gemeinsamkeiten herauszuarbeiten, die es auf beiden Seiten gibt. Die Gemeinsamkeiten sind manchmal sehr groß – dann haben Sie es mit einer leichten Verhandlung zu tun. Liegen die Gemeinsamkeiten weit auseinander, dann wird es deutlich schwieriger.

WER MEINT, IM RECHT ZU SEIN, HAT SCHON VERLOREN

In der Verhandlung, und das ist einer der großen Irrtümer, geht es nicht um richtig oder falsch. Wenn man meint, in der Verhandlung recht zu haben und der Stärkere zu sein, weil man meint, die besten Argumente zu haben, hat man die Verhandlung vielleicht schon verloren, ohne es zu merken. Beispiel eins: Zwei Personen sitzen sich gegenüber. Zwischen ihnen liegt eine Münze. Nicht mittig, sondern etwas seitlich versetzt. Aus Sicht der einen Person liegt die Münze rechts von ihr, für die andere Person links. Beide Verhandlungspartner haben recht! Je nach Sicht- und Sitzweise. Würden beide auf ihrem Recht beharren, weil sie die Argumente auf ihrer Seite wähnen, scheitert die Verhandlung. Beispiel zwei: Ein Bankräuber nimmt in der Bank Geiseln. Das Sondereinsatzkommando (SEK) rückt an und verhandelt mit dem Bankräuber. Rein bezogen auf die Argumentation ist die Sache klar: »Du Bankräuber verstößt gegen das Gesetz. Also, komm raus!« Uns ist keine Verhandlung zwischen SEK und Geiselnehmer oder Bankräuber bekannt, bei der der Bankräuber daraufhin sagt: »Stimmt. Ihr habt recht. Ich komme raus.« (Matthias Schranner, Verhandeln im Grenzbereich)

Gleiches gilt für Verhandlungen zwischen Lieferanten und Hotels und Hotels und Lieferanten. Die Argumente sind nicht immer gleich auch die Interessen.

EINKAUF VON SOFTWARE TEUER BEZAHLT

Eine Hotelkette benötigte eine Software, um verschiedene Unternehmenszahlen auszuwerten. In der letzten Verhandlungsrunde blieben zwei Softwarehäuser übrig. Eines, das der bevorzugte Anbieter sein sollte, lag etwa 20 Prozent teurer als der Alternativanbieter. Zusammen mit dem Zentraleinkauf ging es nun in die Endverhandlung. Die Unternehmensleitung gab das Ziel aus, dass die preislich beste Lösung zum Einsatz kommen soll. Man wählte auf Kundenseite in der Verhandlung die Strategie »Druck« (siehe weiter unten: Verhandlungsstrategien), weil man sich sehr sicher war, die besten Argumente auf seiner Seite zu haben: 1. Es gibt einen Alternativlieferanten mit ähnlich gutem, wenn auch nicht favorisiertem Produkt. 2. Der Lieferant will ja unbedingt den Zuschlag, sonst hätte er nicht angeboten. 3. Man hat als Hotelkette einen internationalen Namen und ist bestimmt ein starkes Zugpferd als Referenz für den Lieferanten. In der Verhandlung wurde dem Lieferanten nicht zugehört, sondern sofort »gedroht«, dass man, wenn er sich nicht um ca. 10.000 EUR nach unten bewege, für das andere Softwarehaus entscheiden würde. Damit der Lieferant in sich gehen könne, würde man den Raum jetzt verlassen und ihm 30 Minuten zur Nachkalkulation geben. Nach Verstreichen der Zeit kamen die beiden Verhandler auf Kundenseite wieder in den Raum. Der Lieferant nutzte seine Zeit und – stimmt dem »Vorschlag« zu. Große Freude auf Kundenseite. Man fühlte sich stark und überzeugt und vereinbarte mit dem Lieferanten noch ein paar Marketingideen, die ihn später in Szene setzen sollten. Wenige Wochen später dann das böse Erwachen: Etliche Funktionen liefen nicht so, wie für das vermeintlich günstigere Einkaufspaket versprochen, Zusatzkosten wurden aufgerufen für angeblich nicht beauftragte Leistungen, die beim Lieferanten, der die Verhandlung verloren hatte, inkludiert gewesen wären. Das Interesse des ausgewählten Lieferanten war ausschließlich, dass seine Leistungen, die er erbringt, auch einen Deckungsbeitrag erzielen. In der Verhandlung wurde er schlichtweg, weil sehr unerfahren, überfallen. Aus einem kurzfristigen Erfolg entstand für beide Seiten ein langfristiger Nachteil, denn die Vertragsbeziehung wurde vorzeitig beendet gegen eine Abfindung für den Lieferanten. Und die Hotelkette konnte ihr Projekt von Neuem starten, hatte unnötige Kosten, fing von vorne an und wurde um Monate zurückgeworfen.

TRICKS, TARNEN & TÄUSCHEN – ZUMINDEST GIBT'S DAS TEILKASKOREZEPT

Leider sind die meisten Verhandlungen von Tarnen und Täuschen geprägt. Keiner will sich in die Karten schauen lassen, weil er befürchtet, einen Nachteil dadurch zu erleiden. Am einfachsten wäre es natürlich, wenn jeder offen sagt, was seine Ziele und Vorstellungen sind. Doch so einfach ist es nicht. Wir Menschen sind alle unterschiedlich »gestrickt«, kommen aus unterschiedlichen Kulturen und haben unterschiedliche Werte, Hintergründe und Erfahrungen.

Dennoch müssen wir miteinander. Und ich kann ihnen nicht hinter die Stirn schauen, ob sie es ehrlich mit mir meinen oder nicht.

Nun habe ich zwei Möglichkeiten: Ich verlasse mich darauf, dass alles schon gut gehen wird. Klappt wahrscheinlich in den meisten Fällen. Im Privaten ist diese Einstellung auch okay. Und im Geschäftsleben? Dort mit Sicherheit nicht, denn es kann am Ende um sehr viel Geld und Zeit gehen.

Um ein maximal gutes Ergebnis bei Verhandlungen zu erzielen, um nicht komplett auf die Nase zu fallen und »missbraucht« zu werden, braucht es drei Dinge:

- Eine professionelle Vorbereitung
- Eine professionelle Durchführung
- Eine professionelle Nachbereitung

Das sind die Voraussetzungen, gute Verhandlungsergebnisse zu erzielen. Sie sind kein Garant, aber wesentliche Schlüssel für den Erfolg. Vielleicht keine Vollkaskorezeptur, aber mindestens eine Art solide Teilkasko.

VORBEREITUNG DER VERHANDLUNG

Auch jedes noch so kleine und kurze Lieferantengespräch ist bereits eine Verhandlung. Von daher gilt die Regel. Lieber zehn Lieferantengespräche durchführen, die zu 100 Prozent vorbereitet sind als hundert Lieferantegespräche mit 10 Prozent Vorbereitung. Denn in der Vorbereitung wird bereits die Grundlage für den Verhandlungserfolg gelegt. Viele Fragen gilt es bereits im Vorfeld zu beantworten wie zum Beispiel:

• Welche Ziele habe ich? Was will ich erreichen mit dem Gespräch?
• Welche Argumente habe ich?
• Welche Daten habe ich?
• Was kann ich verhandeln?
• Welche Argumente hat der Lieferant?
• Was weiß ich über den Lieferanten (Umsätze, Marktentwicklung, Konkurrenz etc.)?
• Welche Personen nehme ich mit in die Verhandlung?
• Wer kommt von Lieferantenseite zu dem Termin?
• Welchen Ort wähle ich für die Verhandlung?
• Welche Strategie verfolge ich in der Verhandlung?

ZIELE ALS LEITPLANKEN

Zur Verhandlungsvorbereitung gehört es, die Zielsetzung zu definieren. Auch hier gilt die »s-m-a-r-t«-Regel. Vor allem aber müssen die Ziele realistisch sein. Sie legen vor jeder Verhandlung sowohl Ihr Minimalziel als auch Ihr Maximalziel fest.

Beispiel: Ein Kaffeelieferant kündigt sich an. Es geht um eine Preiserhöhung von 6 Prozent. Die will er mit Ihnen besprechen. Der Marktpreis für Kaffee hat, wie Sie recherchiert haben, sich um etwa diesen Prozentsatz erhöht. Sie sind ein wichtiger Kunde für diesen Lieferanten, aber nicht der größte.

Ihr Maximalziel könnte sein, dass Sie eine Preiserhöhung in Höhe von höchstens 2 Prozent akzeptieren Ihr Minimalziel könnte sein, dass Sie eine Preiserhöhung in Höhe von bis zu 4Prozent akzeptieren

Stellen Sie sich eine Autobahn vor: Ihr Maximalziel und Ihr Minimalziel sind Ihre Leitplanke in der Verhandlung. Sie sollten in der Verhandlung nicht verschoben werden, wenn sich abzeichnet, dass sie nicht zu erreichen sind. Sollte sich ein Nichterreichen der Ziele abzeichnen, ist es klüger, die Verhandlung zu unterbrechen oder gar zu vertagen, um die Zielsetzungen dann in Ruhe zu überprüfen.

PROFILING

Bereits vor der Verhandlung müssen Sie wissen, wer da zu Ihnen kommt. Was ist das für eine Person? Wie sieht sie aus? Was hat sie für Hobbys? Oder kommen mehrere Personen und wenn, welche?

Sammeln Sie auch Details vom Lieferanten an sich:

• Wie hoch ist Ihr Umsatz mit dem Lieferanten und was kaufen Sie alles ein?
• Wann wurden die letzten Bestellungen getätigt?
• Welche Probleme gab es zuletzt zwischen Hotel und Lieferant?
• Wie entwickelt sich das Marktumfeld des Lieferanten?
• Welche Wettbewerber gibt es und wie entwickeln sich die?

- Welche Wachstumsziele verfolgt der Lieferant?
- Welche Kunden hat der Lieferant?
- Wie hoch ist aktuell sein Umsatz insgesamt?

Die Unternehmenswebsite, Linkedin, Xing, Facebook, Instragram, Google & Co. liefern in der Regel diese benötigten Informationen und noch viel mehr, sodass Sie vorab ein perfektes Gesamtbild haben.

WER FRAGT, FÜHRT

Wer fragt, führt: Das gilt auch für Verhandlungen. Die Fragestellung sollte offen sein, weil man so am meisten Informationen erhält. Beispiele unter anderem:

- Wie sieht Ihr Angebot aus, wenn wir uns zeitnah für Sie entscheiden?
- Was können Sie noch für uns tun, wenn wir das Volumen an Sie vergeben?
- Was können Ihre Mitbewerber besser als Sie?
- Was können wir gegen die Preiserhöhung tun?
- Welchen Spielraum haben Sie?
- Wie haben unsere Mitbewerber auf die Preiserhöhung reagiert?
- Welche Neuverträge haben Sie abgeschlossen?

Diese Fragen lassen sich unendlich fortsetzen. Sie sollten Sie ebenfalls im Vorfeld formulieren und mit dem Verhandlungsteam abstimmen. Auch um zu definieren, wer wann welche Frage stellt.

VERHANDLUNGSZEIT UND -ORT

Überlassen Sie nichts dem Zufall: Machen Sie sich auch Gedanken über die Verhandlungszeit und den Verhandlungsort. Legen Sie den Wochentag und die Uhrzeit fest und stimmen Sie das Timing mit Ihrer taktischen Maßnahme Ihrer Verhandlungsstrategie ab. Beispiel: Sie haben es mit einem Lieferanten zu tun, der den Markt beherrscht, von dem Sie aber wissen, dass Sie mit Ihrem Haus ein wichtiger Neukunde sein würden. Und Sie wissen, dass der Verkäufer ein Gourmet ist, was Sie seiner Facebook-Seite entnommen haben. Laden Sie ihn zu sich ins Hotel ein. Vielleicht mit Übernachtung und seiner Begleitung. Platzieren Sie den Lieferanten zum Gespräch im Restaurant anstatt in einem einfachen und emotionslosen Büro. Eventuell öffnen Sie diesen Menschen mehr, als wenn Sie ihn ganz normal wie jeden anderen Lieferanten behandelt hätten. Oder: Sie wissen, dass Ihr Lieferant immer frühzeitig ins Wochenende will. Es handelt sich um einen Anbieter, der viel Konkurrenz hat, so dass Sie die Strategie »Druck« einsetzen können. Und so laden Sie diesen Lieferanten zum Beispiel für einen Termin am Freitagnachmittag zu sich ins Hotel ein. Andere Terminfenster haben Sie leider die kommenden Wochen nicht und Sie wollen doch endlich den Auftrag vergeben, bei dem auch noch zwei weitere Anbieter im Rennen sind. Diese Situation kann durchaus bei diesem Verkäufer Druck aufbauen, was ihn vielleicht zu dem einen oder anderen Zugeständnis hinreißen lässt – weil ihm das Wochenende hoch und heilig ist.

Eine Möglichkeit ist auch, zu dem Lieferanten hinzufahren und dort die Verhandlung durchzuführen. Das kostet zwar mehr Geld, hat aber den Vorteil, dass Sie sich auf der Fahrt zum Lieferanten nochmals gedanklich vorbereiten und einstimmen können. Zudem sehen Sie vor Ort auch direkt seine Geschäfts- und Produktionsräume, was durchaus hilfreich sein kann in Ihrer Entscheidungsfindung.

VERHANDLUNGSSTRATEGIEN – VON DRUCK BIS KOOPERATION

»Strategie ist der Sieg der Einfälle in der Vorbereitung über die Zufälle in der Durchführung der Verhandlung« (Frieder Gamm, www.friedergamm.de).

Gerade im Vorfeld kommt es darauf an, schon die richtige Strategie festzulegen. Die Strategie muss, je nach Ausgangs- und Gesprächslage entsprechend ausgearbeitet werden. Zu den Verhandlungsstrategien gehören:

• Druck
• Kooperation
• Ausweichen
• Nachgeben

Druck: Die Strategie Druck kann dann angewendet werden, wenn Sie hundertprozentig überlegen sind. Das ist zum Beispiel dann der Fall, wenn der Lieferant, in dem der Lieferant aktiv ist, ein Käufermarkt ist und es dort viele Anbieter gibt, die austauschbar sind. Oder wenn Sie in Ihrem Markt eine besondere Spitzenposition haben und jeder Lieferant sich darum reißt, mit Ihnen zusammenzuarbeiten.

Kooperation: Die Strategie Kooperation kommt dann zur Anwendung, wenn beide auf Augenhöhe sind, sich gegenseitig respektieren und akzeptieren, wissen, was sie voneinander haben und die Zusammenarbeit prinzipiell beidseitig suchen.

Ausweichen: Die Strategie Ausweichen wird in unangenehmen Situationen verwendet. Ein Lieferant plant eine Erhöhung der Einkaufspreise oder die Veränderung des Sortiments – zu Ihrem Nachteil. Oder er will gewisse Leistungen nicht mehr erbringen. Diese Strategie wird vor allem auch bei Anbietern angewendet, die in oligopolistischen Märkten zuhause sind – wenn es sich also um Anbieter handelt, bei denen es wenige Mitbewerber aber viele Käufer gibt.

Nachgeben: Die Strategie Nachgeben – die kommt zum Einsatz, wenn Sie keine Chancen haben und mit dem Rücken zu Wand stehen, weil der Anbieter so mächtig ist oder es keinen anderen Lösung gibt, als nachzugeben. Das Finanzamt als Verhandlungsgegenüber könnte hier als exzentrisches Beispiel dienen.

Jede dieser Strategien hat seine eigenen taktischen Elemente, die ebenfalls bereits in der Vorbereitung der Verhandlung festgelegt werden können.

Taktische Maßnahmen bei der Strategie Druck unter anderem: Schreien, Schweigen, Wegschauen, Tür zuschlagen, Drohen

Taktische Maßnahmen bei der Strategie Kooperation unter anderem: Lachen, aufeinander zugehen, zuhören, ausreden lassen, Verständnis zeigen

Taktische Maßnahmen bei der Strategie Ausweichen unter anderem: Termin absagen, mangelnde Entscheidungskompetenz verdeutlichen, vertrösten auf späteren Zeitpunkt

Taktische Maßnahmen bei der Strategie Nachgeben unter anderem: Da bleibt nur die Zustimmung und nichts anderes

TEAMZUSAMMENSETZUNG

Plus 1 – nimm eine Person mehr dazu, als sie dein Verhandlungspartner hat! Wir fühlen uns, gerade auf der Abnehmerseite, meistens total überlegen. Der Lieferant will ja etwas von uns und nicht umgekehrt. Diese Haltung ist im Geschäftsleben riskant, denn Sie wissen nicht immer, welche Punkte in der Verhandlung besprochen und angerissen werden, auch wenn Sie sich noch so gut vorbereitet und sich im Vorfeld mit dem Lieferanten auf eine Tagesordnung verständigt haben.

Definieren Sie in Ihrem Verhandlungsteam die Rollen und verteilen Sie sie – wer stellt Fragen und anderes mehr. Gerade wenn es um die Vergabe großer Projekte oder Volumen geht, empfehlen wir folgende Zusammensetzung:
- Eine kaufmännisch verantwortliche Person
- Eine fachlich kompetente Person
- Ein Verhandlungsführer

Wenn Sie der Entscheider im Hotel sind (CEO. Eigentümer, GM), sind Sie keine dieser drei Personen. Dies gibt Ihnen und dem Verhandlungsteam die Möglichkeit, sich auf Sie zu beziehen und ggf. im ausgewogenen Sinn eine Anpassung der Entscheidungen zu erhalten. Setzen Sie sich mit Ihrem Team vor dem Termin oder besser noch einen Tag vorher zusammen und durchdenken Sie »Ihr Storyboard«. Spielen Sie die Verhandlung durch. Kreieren Sie Ausstiegsszenarien und Alternativen nach dem Prinzip »was wäre wenn«.

Beispiel: Eine internationale Hotelgruppe hat einen Mitarbeiter, der für den Bereich Werbung und Kataloge verantwortlich ist. Ein wunderbarer Mensch. Fachlich sehr versiert. Und hoch emotional. Dieser Mitarbeiter hat lange Jahre selber Verhandlungen geführt. Mit allen besten Absichten und guten Ergebnissen. Aber nicht immer mit den besten Resultaten. Denn, er hat eines gezeigt in den Verhandlungen: Begeisterung! Begeisterung ist der Verhandlungskiller Nummer 1. Signal an den Lieferanten: »Mein Produkt oder meine Leistung ist verkauft, die Verhandlung ist gelaufen. Ich muss, obwohl ich den Spielraum gehabt hätte, im Preis nicht runtergehen oder Leistung aufstocken.«

Der Mitarbeiter hat daraus gelernt. Inzwischen führt er von sich aus die Verhandlungen nur noch mit zwei weiteren Kollegen durch und ist seitdem noch erfolgreicher. Im Vorfeld jeder Verhandlung wird das Thema »Begeisterung« angesprochen, so dass alle sensibilisiert sind und sich in der Verhandlung nicht selbst eines möglichen, wirtschaftlichen Vorteils berauben.

DURCHFÜHRUNG DER VERHANDLUNG

Gleich, um welche Themen es geht, ist es ratsam, mental auf der sogenannten Meta-Ebene zu bleiben. Die Metaebene ist die Sachebene. Auf dieser Ebene kann man agieren und unbefangen reagieren. Emotionen bleiben außen vor, was für jede Verhandlung der zentrale Schlüssel ist.

Der Ton macht die Musik – zu jeder Verhandlung gehören auch grundlegende, formale Umgangsregeln. Uns sitzen Menschen gegenüber. Wir wissen nicht immer, welchen Einfluss oder welches Netzwerk oder welchen beruflichen Schritt sie als nächstes vorhaben. Vielleicht steht ja ein Wechsel zu einem unserer wichtigsten und größten Lieferanten bevor, mit dem wir uns unbedingt gut stellen müssen. Auch diese Möglichkeiten sollten wir stets im Auge behalten.

Zu den Formalregeln gehören:
- Pünktlichkeit – Nicht zu lange warten lassen
- Begrüßung und Wertschätzung

- Platz anbieten, Getränk / Essen anbieten
- Einleitung zum Thema, worum es bei dem Gespräch geht
- Besprechung der Punkte und Ausloten der Argumente
- Zusammenfassung der Ergebnisse
- Verabschiedung

Es ist immer wieder erstaunlich, wie »herablassend« mit Lieferanten umgegangen wird: Lange Wartezeiten / Unpünktlichkeit, abfälliges Verhalten / Überheblichkeit, mangelhafte Gastfreundschaft und anderes mehr. Eine solche Behandlung birgt ein großes Risiko: Der Lieferant ist »verletzt« oder gar »bockig« und ist nun alles andere als zur bedingungslosen Aufopferung bereit, die allerbesten Einkaufsvorteile zu gewähren. Ganz problematisch wird es, sollten sich in der Zukunft die Kräfteverhältnisse verschieben.

Ein solches Verhalten, das gerade im Einkauf häufig vorkommt, kann auch mal schnell nach hinten losgehen, wie dieses Beispiel aus dem Handel zeigt: Der Geschäftsführer eines sehr großen Anbieters von Süßwaren und Kaffeeprodukten fuhr zu einem großen und wichtigen Kunden. Der Einkaufschef saß breitbeinig und lässig auf seinem Schreibtischstuhl und sagte, ohne den Gast zu begrüßen: »Wenn Sie wegen eine Preiserhöhung hier sind, dann können Sie gleich gehen!« Der Lieferant sagte: »Ja, ich bin wegen einer Preiserhöhung hier, denn ich kann die Preise einfach so nicht mehr halten, wenn ich nicht die Qualität nach unten korrigieren soll.« Der Einkäufer wiederholte, dass er, der Geschäftsführer dann gleich gehen könne. Der Geschäftsführer fragte daraufhin, weil er kein Telefon bei sich hatte – gehört sich ja auch nicht in Verkaufsterminen –, ob er kurz telefonieren dürfe. Der Einkäufer willigte ein. Der Gast wählte und sagte nur drei Worte am Telefon: »Es geht los!« Kurz darauf setzen sich alle Mitarbeiter des Herstellers in Bewegung und räumten in allen Ladengeschäften des Kunden die komplette Ware aus den Regalen und nahm sie mit. Das ging vor allem deswegen, weil der Kunde vom Lieferanten stets verlangte, dass die Ware erst nach 60 Tagen bezahlt werden müsse. Da bis dahin die Ware unter Eigentumsvorbehalt steht und somit nach wie vor dem Hersteller gehört, war die Abholung der Ware also machbar. Dieses extreme Beispiel soll verdeutlichen, dass wir in der Sache durchaus hart sein und verhandeln können. Stil, Benimmregeln, Verhalten und ein Stück weit gegenseitige Wertschätzung sind jedoch kaufmännische Elementartugenden für alle Verhandlungsparteien.

OHNE WORTE – MENSCHEN »LESEN« LERNEN
»Man lügt wohl mit dem Munde; aber mit dem Maule, das man dabei macht, sagt man doch noch die Wahrheit.«
Friedrich Nietzsche

93 Prozent unserer Kommunikation – auch in der Verhandlung – ist non-verbal oder para-verbal.

Das Problem: Es kann durchaus sein, dass uns ein Mensch gegenüber sitzt und etwas sagt, was er so gar nicht meint. Und jetzt wird's natürlich schwierig, denn wir wollen ja alle am Ende der Verhandlung das nahezu sichere Gefühl, dass wir nicht betrogen und über den Tisch gezogen wurden.

Von daher gehört zur Verhandlung auch, in der Verhandlung den Menschen zu »lesen«. In MACHT EINKAUF streifen wir deswegen auch diesen Komplex. Jedoch nur an der Oberfläche, da es dazu sehr gute vertiefende Fachliteratur gibt, die wesentlich detaillierter das Feld der »non-verbalen« Kommunikation beleuchtet.

VERARBEITUNG INFORMATIONSMENGE / SEKUNDE

SINNESORGAN	BANDBREITE IN BIT / SEK. (GERUNDET)
Augen	10.000.000
Haut	1.000.000
Ohren	100.000
Geruch	10.000
Geschmack	1.000

Mit den Augen erfassen wir 10mal mehr Informationen als über die Ohren.

Die non-verbale und para-verbale Kommunikation läuft in Bruchteilen von Sekunden ab. Das Auge nimmt zum Beispiel in der gleichen Zeit zehn Mal mehr Informationen auf, wie wir über das Ohr aufnehmen. Wir sehen also mehr als wir in der gleichen Zeit hören. Das, was wir sehen, sind kleinste Veränderungen in der Mimik und Gestik. Die registrieren wir und diese Informationen tragen zu unserer Kommunikation bei. Kennen Sie das Gefühl, dass Sie sich mit jemandem unterhalten haben – alles, was der- oder diejenige sagte, hatte Hand und Fuß – aber irgendetwas hat nicht gestimmt? Es gibt massenweise prominente Beispiel, bei denen die Körpersprache mit den verbalen Aussagen nicht übereinstimmen. Wenn es sich um Fernsehaufnahmen handelt, sieht man diese Unstimmigkeiten erst nach der dritten oder vierten Wiederholung – und dann auch manchmal nur in Zeitlupe. Beispiel: Schauen Sie sich an, wie Bill Clinton auf die Frage, ob er mit Monica Lewinsky ein sexuelles Verhältnis hatte, »non-verbal« antwortet. Oder Sebastian Edathy, der sich vor der Öffentlichkeit zu der Frage äußern musste, ob er kinderpornografisches Material besessen hat. Uli Hoeneß zur Steuerhinterziehung. Horst Held bei der Verneinung der Trainerentlassung von Jens Keller bei Schalke 04. Interessant: Als Zuschauer liegt man mit dem Gefühl und dem Eindruck meistens ziemlich richtig. Aber man kann es sich eben nicht erklären, warum.

Die Lösung: Wir müssen lernen, Menschen besser zu lesen und Signale leichter wahrzunehmen – und zu deuten. Dazu braucht es ein Achtsamkeitstraining.

KOMMUNIKATIONSANTEILE

VERBAL	**7 %**
PARA-VERBAL: z. B. Stimmlage, Sprechpausen	**38 %**
NON-VERBAL: z. B. Körpersprache, Raumsprache	**55 %**

NON-VERBALE UND PARA-VERBALE KOMMUNIKATION

Um seine Achtsamkeit zu trainieren und die Sinne zu schärfen, hilft nur eins: Praxis, Praxis, Praxis. Und am Anfang ein paar theoretische Grundlagen.

Unter die para-verbale Kommunikation fallen Kommunikationsbestandteile wie Stimmhöhe, Stimmtiefe, Räuspern, Stottern oder zum Beispiel Sprechpausen. Hier wird also direkt auch das Ohr angesprochen als Sinnesorgan. Daneben – und die geht einher – gibt es die non-verbale Kommunikation. Die »Stilelemente« sind die Körper- und die Raumsprache, also zum Beispiel die Mimik oder Gestik, sich breitbeinig in den Stuhl setzen, Hände in den Hosentaschen zu platzieren oder die Hände in die Hüften stemmen und den Körper groß machen. Eine in diesen Jahren in Deutschland am häufigsten erwähnte Gestik ist die rautenförmige Händehaltung von Bundeskanzlerin Angela Merkel. Unter die Rubrik non-verbale Kommunikation fallen auch Düfte.

BEWUSSTE INSZENIERUNG

Die non-verbale und die para-verbale Kommunikation können bewusst aber auch unbewusst ablaufen. Bewusst bedeutet, dass ich gezielt diese Mittel einsetze. Denken Sie an Wladimir Putin, wie er mit freiem Oberkörper auf einem Pferd durch die Steppe reitet. Bewusste non-verbale Kommunikation. Bewusst bedeutet in diesem Fall, dass der Kommunikator auch seine Emotionen im Griff hat und die Elemente eben ganz zweckgebunden zur Entfaltung bringt.

UNBEWUSSTE HANDLUNGEN

Der Gegensatz dazu ist, wenn die non-verbalen und para-verbalen Kommunikationselemente unbewusst Signale aussenden. Das passiert immer dann, wenn wir unsere Emotionen nicht im Griff haben. Beispiel: Sie liegen nachts im Bett und Sie hören ein Knacken an der Tür. Sie erschrecken. Sie bekommen vielleicht Atemnot und Schweißausbrüche. Sie haben Ihre Emotionen nicht im Griff, weil ein Ereignis unerwartet aufgetreten ist. Sie haben Stress, den Sie in diesem Moment nicht beherrschen! Spannend zu beobachten ist die unbewusste non-verbale und para-verbale Kommunikation auch bei Bewerbungsgesprächen. Je mehr der Bewerber sich unter Stress fühlt, umso mehr ist das auch optisch und akustisch wahrzunehmen: Rote Flecken und Verfärbungen rund um den Halsbereich, roter Kopf, leichter Schweißfilm auf der Stirn, unruhiges Sitzen auf dem Stuhl, brüchige Stimme bei Unsicherheit, Räuspern, Vermeidung von Augenkontakt. Klar, gerade in einem Bewerbungsgespräch herrscht besondere Anspannung. Man will sich von seiner besten Seite zeigen und natürlich die Stelle bekommen. Weiteres Beispiel: Sie sind in Hektik. Sie müssen dringend aus dem Haus, haben verschlafen. Das sind die Momente, die wir wirklich lieben: Der Schlüssel fällt uns natürlich genau jetzt aus der Hand. Die Schnürsenkel wollen nicht zugehen und man würgt zwei Mal das Auto ab.

KÖRPERSPRACHE IST DER ÄUSSERE AUSDRUCK DES INNEREN BEFINDENS!

In Situationen – wie den oben beschriebenen stehen wir unter Stress und haben unsere Emotionen nicht mehr im Griff. Wir sind nicht auf das vorbereitet gewesen, was passiert ist. Der Körper schaltet seine Fluchtinstinkte ein – ein Millionenjahre alter Reflex: Die Flucht vor überraschend aus dem Nichts angreifenden Tieren, die Angst vor anderen Lebewesen, die mir »ans Leder« wollen, ohne dass ich damit gerechnet habe. Ich muss flüchten, wegrennen, mich verteidigen. Wenn wir heute in Stress geraten, dann rütteln die uralten Instinkte in unserem Körper. In dieser Stress-Phase übernimmt das limbische System die Kontrolle über unseren Körper ohne, das wir akut etwas dagegen unternehmen können. Der Körper konzentriert sich jetzt auf alle grobmotorischen Abläufe – da er im Falle von Stress nach wie vor im Hinterkopf »Flucht und Verteidigung« hat. Und wenn Sie fliehen müssen von dem zum Beispiel viel zitierten Säbelzahntiger, der Sie verfolgt, dann ist der filigrane Laufstil mit Ihrem freundlich entspannten Lächeln auf dem Gesicht Geschichte: Denn jetzt heißt es: Action und Überleben!

Beispiel: Bei der Polizei wurden in einigen Bundesländern vor einigen Jahren die Handfeuerwaffen ausgetauscht gegen Waffen mit Drucksensor am Griff. Bis dahin waren Pistolen im Einsatz, die manuell entsichert werden mussten. Man stellte fest, dass Polizisten, die im Einsatz waren und sich überraschend und unvorbereitet plötzlich in einer extrem bedrohlichen Lage befanden, wo es direkt nur noch um Leben und Tod ging, teilweise nur schwer in der Lage waren, ihre Waffe schnell zu entsichern. Eine unerwartete Situation. Die Emotionen waren außer Kontrolle durch den Stress. Das limbische System hat übernommen und die Feinmotorik abgeschaltet. Es gab deswegen einige Todesfälle auf Seiten der Polizei zu beklagen. Um dies zu vermeiden und sie Sicherung der Handfeuerwaffen in solchen Gefahrensituationen zu erleichtern, werden nunmehr Waffen mit Drucksensor eingesetzt. Sobald der Beamte in Stress gerät – das limbische System übernimmt – verkrampft sich die Hand und entsichert somit automatisch die Pistole, so dass er sofort schießen kann. Einige Bundesländer sind inzwischen noch weiter gegangen und haben in ihrer Dienstanweisung festgeschrieben, die besagt, dass kein Beamter mehr im Einsatz ohne entsicherte Waffe sein darf.

Alle Beispiele laufen auf eine Botschaft hinaus: dass wir uns in Extremsituationen nicht gegen unsere Körperreaktionen wehren können. Das steckt in uns drin weil Teil der Evolution. Je weniger Emotionen beherrscht werden, umso **unbewusster** entstehen und zeigen sich Regungen!

Von daher gilt die Erkenntnis: Körpersprache ist der äußere Ausdruck der inneren Befindung!

FOR YOUR EYES ONLY

Eine aus unserer Wahrnehmung große Rolle spielen im Zusammenhang mit der non-verbalen Kommunikation die Augen. Es gibt leider keine hundertprozentige Anleitung, durch die Beobachtung der Augenbewegung zu erkennen, ob jemand flunkert oder nicht. Allerdings gibt es Bewegungsmuster, die Rückschlüsse zulassen, denn Denken ist auch eine Handlung. Und diese Handlung zeigt sich zum Beispiel in den Augenbewegungen.

Stellen Sie sich einen Menschen vor. Sie stehen vor ihm. Sie stellen ihm eine Frage zu etwas
Erlebtem – was hast Du im Urlaub gemacht?
Gehörtem – was erzählt man über mich?
Gefühltem – wie fühlt es sich an, betrogen worden zu sein?

Wenn nun die Augen von Ihnen ausgesehen nach rechts wandern, um Erinnerungen, Gehörtes oder Gefühle »abzurufen«, so könnte das darauf hindeuten, dass die Antworten richtig und ehrlich sind. Und umgekehrt – die Augen wandern von Ihnen aus gesehen nach links – so könnte das darauf hindeuten, dass die Antworten nicht richtig oder nicht ehrlich oder nicht vollständig und somit konstruiert sind. Es gibt, wie schon gesagt, keine Garantie für diese Lesart.

Und daher folgender Tipp für jede Ihrer Verhandlungen:
Stellen Sie sich ein Fragengerüst im Vorfeld zusammen. Fragen, die in die Kategorie Small Talk fallen, die aber bereits den Zweck verfolgen, den Menschen gegenüber zu beginnen

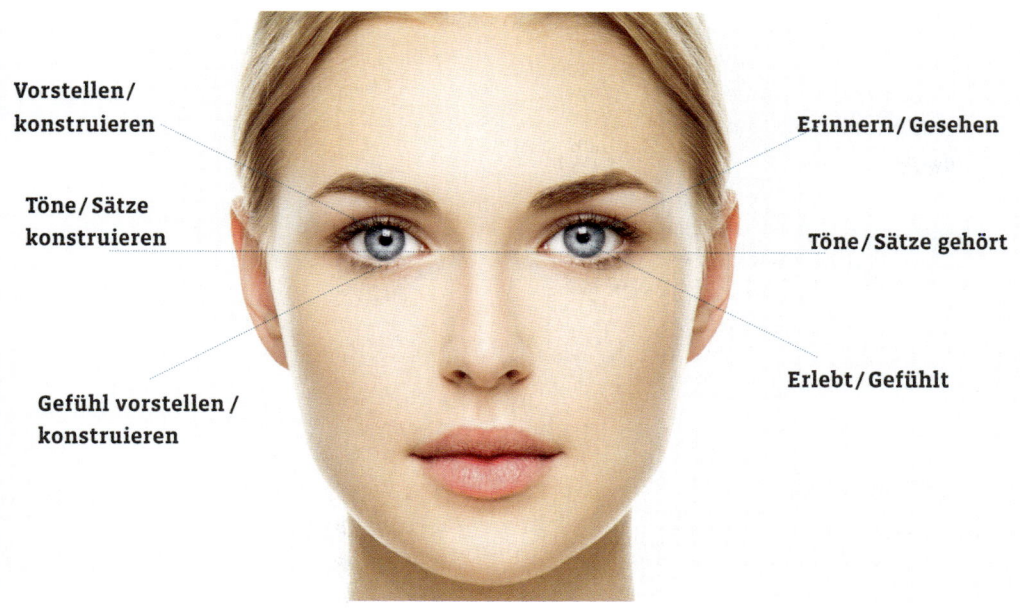

Vorstellen/ konstruieren

Töne/Sätze konstruieren

Gefühl vorstellen / konstruieren

Erinnern/Gesehen

Töne/Sätze gehört

Erlebt/Gefühlt

Die Augenbewegung kann – muss aber nicht – ein Indiz sein, ob Aussagen konstruiert oder echt sind.

zu »lesen«. Einfache und unverfängliche Fragen verursachen, auch wenn Sie unerwartet kommen, keinen Stress. Somit haben Sie vor Start der Verhandlung schon ein Muster für sich gelernt, wie Ihr Gegenüber auf welche Fragen reagiert – non-verbal und paraverbal. Man spricht hier von der so genannten Baseline. (Dirk W. Eilert)

In der Verhandlung setzen Sie nun weitere Fragen an, die direkt mit Ihrem Verhandlungsthema zu tun haben, und die vom Aufbau der Frage sehr vergleichbar zu den »Bagatellfragen« zu Gesprächsbeginn sind. Einige Fragenbeispiele, mit denen in der Verhandlung unbewusst non-verbale-Reaktionen provoziert werden könnten, wenn der Lieferant zum Beispiel eine Preiserhöhung durchführen möchte:

- Wie kommen Sie zu der Preiserhöhung?
- Haben Sie das durchkalkuliert und uns das beste Angebot gemacht?
- Wie haben andere Kunden auf Ihre Preiserhöhung reagiert?
- Bei welchen Kunden haben Sie die neuen Preise schon umgesetzt?
- Was haben die anderen Kunden zu der Preiserhöhung gesagt?
- Wie fühlt es sich für Sie an, mit so einem Vorschlag zu uns zu kommen?
- Was wäre, wenn wir die Zusammenarbeit sofort beenden?
- Welche Möglichkeiten sehen Sie, die Preiserhöhung zu vermeiden?

Es ist nun für Sie wesentlich leichter, weil Sie durch vorangegangene Fragen die Antwort- und Verhaltensmuster (Baseline) Ihres Gegenübers schon einstudiert haben, Sicherheit zu bekommen, ob die Aussagen Ihres Verhandlungspartners der Wahrheit entsprechen könnten oder nicht.

NACHBEREITUNG

Zur Nachbereitung gehört die Dokumentation des Gesprächs. Und zwar durch den Einkaufsverantwortlichen des Hotels und nicht durch den Lieferanten! So wird sichergestellt, dass nichts vergessen wird, was besprochen wurde und der Einkaufsverantwortliche den Lieferanten kontrollieren kann, ob er seinen Verpflichtungen nachgekommen ist. Zudem ist somit die Transparenz im Unternehmen sichergestellt.

Die Ergebnisse des Gespräches müssen dann im Hotel kommuniziert werden, so dass jeder Mitarbeiter einschließlich der Geschäftsführung oder Direktion informiert ist: Gibt es neue Preise, welche Kosteneinsparungen wurden erzielt, was wurde an Änderungen und

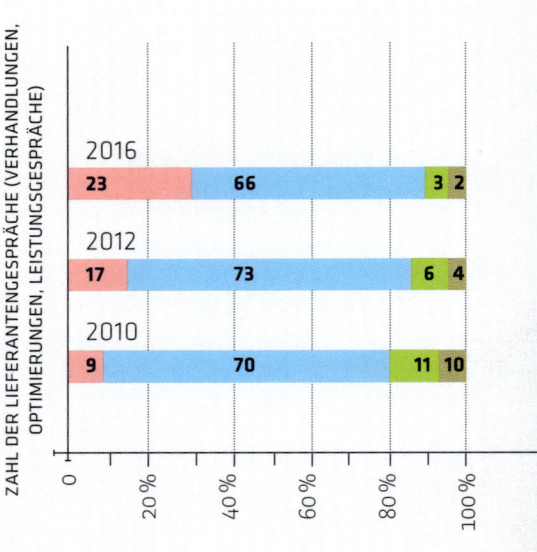

LIEFERANTENGESPRÄCHE:
DER KONTAKT ZWISCHEN HOTEL
UND LIEFERANTEN

- 66 % der Hotels führen Ø pro Monat zehn »Lieferantengespräche«, die durchschnittlich 15-30 Minuten pro Gespräch dauern.
- 29 % der Hotels **führen keine Lieferantengespräche!**
- 37 % der Lieferantengespräche werden **selte**n bzw. **nie** protokolliert!

Zehn Lieferantengespräche führt ein Hotel im Durchschnitt pro Monat durch. Jedes dieser Gespräche, auch wenn sie nicht den Anschein haben, weil der Lieferant ja nur auf einen Kaffee vorbeikommen wollte, ist eine Verhandlung. Und nur zwei von drei dieser Treffen wird schriftlich festgehalten.

DIE LIEFERANTEN

● KEINE ● BIS 10 ● 11–20 ● 21–30 ● ÜBER 30

Verbesserungen beschlossen? Wann werden neue Lieferantenabkommen umgesetzt und was ist im Haus alles vorzubereiten?

NEVER SAY NEVER AGAIN – DIE VORNEHME PFLICHT DER ABSAGE

Gerade im Falle von Ausschreibungen wird es stets auch zweite und dritte Gewinner geben. Nicht selten ist der Wettkampf um den Auftragsgewinn ein echtes Kopf-an-Kopf-Rennen, getreu dem Motto – die Hoffnung stirbt zuletzt, wird alles gegeben. Die meisten Lieferanten und Dienstleister, die Ihre Produkte und Lösungen anbieten, machen sich bei der Angebotsausarbeitung große Mühe, investieren viel Zeit und Hirn. Wenn ein Pitch dann verloren geht, ist das natürlich enttäuschend und ärgerlich für den Lieferanten. Das kann so weit gehen, dass er sich überlegt, das nächste Mal kein Angebot mehr abzugeben. Gerade bei sich immer stärker konzentrierenden Märkten auf der Lieferantenseite kann das negative Effekte für das Hotel in Zukunft haben. Zum guten Ton eines Hoteliers und ordentlichen Kaufmanns gehört daher die vornehme Pflicht, Lieferanten, die angeboten aber trotz aller Mühe keinen Auftrag bekommen haben, offen und verständlich abzusagen. Gute Lieferanten erkennen Sie daran, dass sie nicht eingeschnappt reagieren, sondern sportlich mit der Mitteilung des Ergebnisses umgehen. Gute Lieferanten erkennen Sie daran, dass diese nachfragen, was sie hätten besser machen müssen, um zu gewinnen. Gute Lieferanten erkennen Sie daran, dass sie im Moment der Absage auch nachfragen, ob und wann sie sich wieder an der nächsten Ausschreibung beteiligen können. Wenn diese drei Faktoren gegeben sind, dann sollten Sie sich diesen Lieferanten und Kontakt echt warm halten, denn vielleicht ist das irgendwann doch Ihr besserer Partner für die Zukunft.

SELBSTSCHUTZ, NICHT WAFFE

»Das Geheimnis der Verhandlung liegt darin, die wirklichen Interessen der betreffenden Parteien in Einklang zu bringen«

Francois des Callieres, 1645–1717

Um nichts anderes ging es in diesem Kapitel. Die Tipps und Anregungen verfolgen nicht den Zweck, Ihren Lieferanten vorsätzlich zu täuschen oder zu übervorteilen. Ein toter Lieferant ist ein schlechter Lieferant! Mit diesem Wissen, was wir hier – zugegeben aus

Platzgründen etwas oberflächlich – dargelegt haben, können Sie Menschen in der Verhandlung viel einfacher »lesen« und somit besser erkennen, ob Ihr Gegenüber versucht, Sie zu übervorteilen, und sich im Zweifelsfalle effektiver schützen.

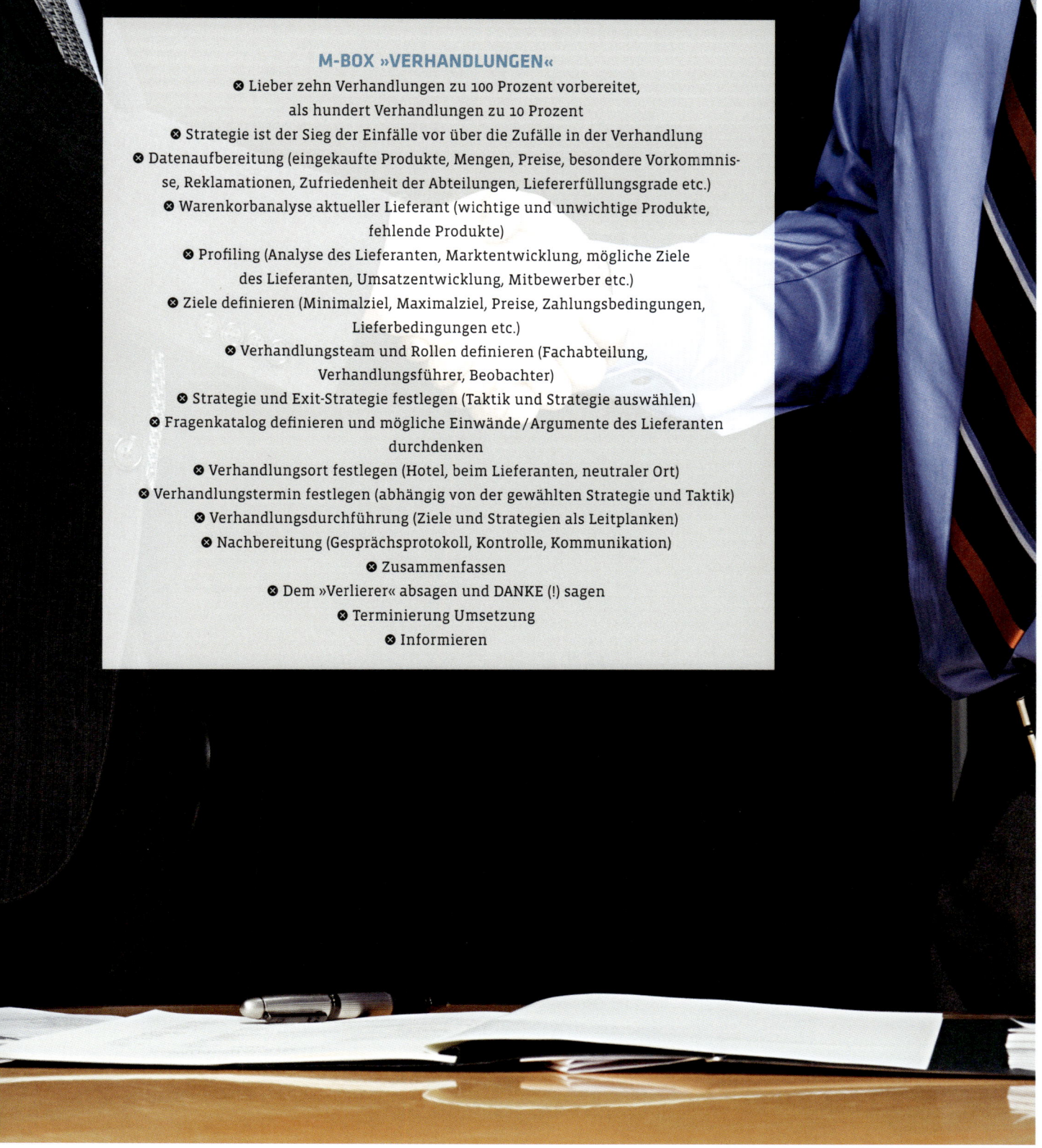

M-BOX »VERHANDLUNGEN«

- Lieber zehn Verhandlungen zu 100 Prozent vorbereitet, als hundert Verhandlungen zu 10 Prozent
- Strategie ist der Sieg der Einfälle vor über die Zufälle in der Verhandlung
- Datenaufbereitung (eingekaufte Produkte, Mengen, Preise, besondere Vorkommnisse, Reklamationen, Zufriedenheit der Abteilungen, Liefererfüllungsgrade etc.)
- Warenkorbanalyse aktueller Lieferant (wichtige und unwichtige Produkte, fehlende Produkte)
- Profiling (Analyse des Lieferanten, Marktentwicklung, mögliche Ziele des Lieferanten, Umsatzentwicklung, Mitbewerber etc.)
- Ziele definieren (Minimalziel, Maximalziel, Preise, Zahlungsbedingungen, Lieferbedingungen etc.)
- Verhandlungsteam und Rollen definieren (Fachabteilung, Verhandlungsführer, Beobachter)
- Strategie und Exit-Strategie festlegen (Taktik und Strategie auswählen)
- Fragenkatalog definieren und mögliche Einwände / Argumente des Lieferanten durchdenken
- Verhandlungsort festlegen (Hotel, beim Lieferanten, neutraler Ort)
- Verhandlungstermin festlegen (abhängig von der gewählten Strategie und Taktik)
- Verhandlungsdurchführung (Ziele und Strategien als Leitplanken)
- Nachbereitung (Gesprächsprotokoll, Kontrolle, Kommunikation)
- Zusammenfassen
- Dem »Verlierer« absagen und DANKE (!) sagen
- Terminierung Umsetzung
- Informieren

5_So viel wie nötig, so wenig wie möglich – Lieferantenmanagement

Unter dem Begriff Lieferantenmanagement wird die »Steuerung und Organisation der Zusammenarbeit mit dem Lieferanten« verstanden, nachdem ein Listungs- oder Rahmenvertrag abgeschlossen wurde oder es eine lose Zusammenarbeit gibt und der Lieferant auch damit zum Lieferantenstamm des Hotels gehört.

LIEFERANTENKONZENTRATION

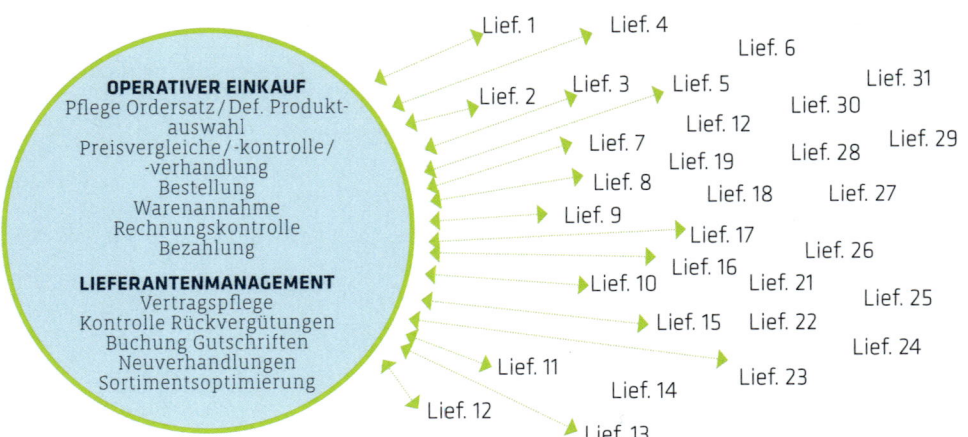

Mehr Lieferanten verursachen mehr direkte und indirekte Einkaufskosten und umgekehrt. Es gibt jedoch kein richtig und kein falsch – jedes Hotel muss passend zu seiner Unternehmens- und Marketingstrategie hier das richtige Maß finden.

Jedes Hotel muss für sich entscheiden, mit wie vielen Lieferanten es zusammenarbeiten muss, um einen bestmöglichen wirtschaftlichen Erfolg zu haben. So wenig wie möglich, so viel wie nötig – das ist für die meisten Hotels die optimale Formel. Durch Konzentration der Einkaufsvolumina auf wenige Anbieter, also Lieferantenkonzentration, entstehen viele Vorteile. In der Regel erzielt man auf diese Weise nicht nur bessere Konditionen, sondern erhält auch durch den Lieferanten eine höhere Aufmerksamkeit und Wahrnehmung, was sich wiederum positiv auf die Geschäftsbeziehungen auswirkt. Doch auch den geringeren Verwaltungsaufwand sowie die dadurch entstehende bessere Steuerung und Kontrolle seitens des Managements sind positive Pluspunkte.

Lieferantenkonzentration bedeutet heute weder Einschränkung in der Auswahl noch das Aufgeben regionaler Partnerschaften oder die Erhöhung des Risikos bei einem Belieferungsausfall. Meistens ist das Gegenteil der Fall, denn viele Zulieferer und Dienstleistungspartner – darunter nationale sowie regionale Anbieter (!) – entwickeln ihre Sortimente und damit ihren Leistungsumfang nach modernsten Gesichtspunkten stetig weiter. Zudem gibt es in den meisten Sortimentsbereichen genügend Alternativen, auf die zumindest temporär im Notfall zurückgegriffen werden könnte. Auch deswegen spricht vieles dafür, den Schritt hin zur Lieferantenkonzentration zu wagen und auch zu beschreiten.

Dass das funktioniert zeigt unter anderem die europaweit erfolgreiche Hotelkette motel one (www.motel-one.com), die im Kern mit weniger als zehn Lieferanten insgesamt auskommt. Klar, hier handelt es um ein hoch standardisiertes Hotelprodukt mit sehr klar und sauber definierten Sortimenten, Produkten und Abläufen. Bei einem individuellen Privathotel mit Gastronomie greift dieses Beispiel natürlich zu kurz. Aber eine Anregung zur Optimierung und Konzentration des Lieferantenstamms ist es allemal.

DIE LIEFERANTEN IN EINEM HOTEL
- Die Sortimentsbreite »Lebensmittel« hat in Relation zu »Getränke« höhere Bedeutung = **Effizienzsteigerung im Getränkebereich**
- Im Schnitt hatte jedes Hotel 2012 **90 Lieferanten. In 2016 hat sich dies auf Ø 45 Lieferanten halbiert!**
- Die **Bandbreite** der Anzahl der Lieferanten je Hotel lag zwischen 3 und 220 Lieferanten

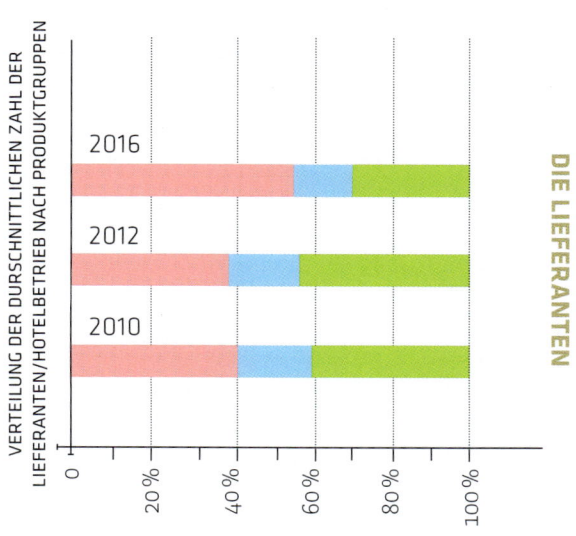

Rund die Hälfte der Lieferanten eines Hotels entfallen auf Food & Beverage. Im Durchschnitt haben Hotels rund 45 Kernlieferanten, mit denen sie arbeiten.

● LEBENSMITTEL   ● ALKOHLFREIE GETRÄNKE   ● ALKOHOLHALTE GETRÄNKE

Vertiefend zu erwähnen sind als Folgen mangelhafter Lieferantenkonzentration neben der Verwirkung bestmöglicher Konditionen auch die hohen Zeitverluste, die durch eine überhöhte Zahl an Lieferantengesprächen entstehen können. Diese dauern im Durchschnitt jeweils 30 Minuten. Je höher die Zahl der Lieferanten, umso höher demnach der Gesamtaufwand an Lieferantengesprächen.

Vorteile der Lieferantenkonzentration:
- Bessere Einkaufskonditionen
- Höhere Aufmerksamkeit und Wahrnehmung beim Lieferanten inkl. Schulungsunterstützung
- Mehr Flexibilität seitens des Lieferanten
- Bessere Einkaufsprozesse – geringer Aufwand Bestellwesen, Verringerung Aufwand Warenannahme
- Weniger Verwaltungsaufwand – Verringerung Belegflut / Rechnungen / Inventuraufwand
- Zeitersparnis bei allen einkaufsverantwortlichen Mitarbeitern
- Vorbeugung vor Fehlkäufen durch verbindlich definierte Ordersätze
- Leichtere Einarbeitung neuer Mitarbeiter
- Bessere und leichtere Vergleichbarkeit mit anderen Anbietern
- Bessere Steuerung und Kontrolle seitens des Managements

VERTRAGSMANAGEMENT STATT KOPFMONOPOLE

Welche Laufzeit hat noch mal der Vertrag mit unserem Fleischlieferanten? Zu wann ist er kündbar? Verlängert sich der Vertrag automatisch? Haben wir Rückvergütungen oder andere Leistungen vereinbart, und wann sollen die fließen? Und wie ist das nochmal mit den Mindermengenzuschlägen geregelt?

Dies sind nur wenige Fragen, aber sehr wichtige, die wir in der Zusammenarbeit mit dem Lieferanten laufend haben.

Mit Ihren fest gelisteten und absolut wichtigsten Lieferanten sollten Sie daher schriftliche Verträge schließen, die alle vereinbarten Punkte klar und sauber zusammenfassen.

Das ist in Ihrem eigenen wirtschaftlichen Interesse. Diese Verträge definieren Leistungen, Konditionen, Zahlungsbedingungen bis hin zu Zusatzleistungen wie Listungsgebühren oder Werbekostenzuschüsse.

In den meisten Hotels ist das selbst noch heute noch so (wir schreiben das Jahr 2017), dass es kein zentrales Vertragsmanagement gibt. Unterlagen per Knopfdruck und für alle wichtigen Personen auf Zugriff verfügbar? Das Kopfmonopol lässt grüßen.

Das lässt sich aber ändern. Dazu braucht es die Überwindung des »inneren Schweinehundes« und ein bisschen EDV. Dank der tollen Möglichkeiten, die uns die IT bietet, ist Vertragsmanagement ein Kinderspiel. Ausreden gibt's keine!

Lösen Sie also alle manuellen Kopfmonopole in Ihrem Hotel auf und fangen Sie an, die getroffenen Vereinbarungen zu dokumentieren und verfügbar zu machen: Scannen Sie Vertragsunterlagen und Gesprächs-Protokolle (dazu müssen Sie natürlich erstmal welche gemacht haben ...), legen Sie sie auf einem zentralen Laufwerk ab – und erfassen Sie die wesentlichsten Informationen. Die kleine Lösung für die Erfassung der wichtigsten Eckdaten heißt Word oder Excel. Die etwas komfortableren Lösungen sind webbasierte Vertragsmanagementmodule, die smarte Features bieten wie automatisierte Erinnerungsfunktionen, wann zum Beispiel Verträge auslaufen und neu verhandelt werden müssten.

MAVERICK BUYING – DER EINKAUF AM EINKAUF VORBEI

Von Maverick-Buying wird gesprochen, wenn Einkaufsverantwortliche eigenmächtig Lieferanten beauftragen, die nicht zum festen Lieferantenstamm gehören. Es handelt sich also um den Einkauf vorbei am Einkauf. Hier ist das Problem, dass geltende Compliance-Regeln Ihres strategischen Einkaufsmanagements gegebenenfalls – bewusst oder unbewusst – missachtet und somit bestehende Rahmenverträge nicht genutzt werden. Meistens passiert das unbeabsichtigt, weil die einkaufsverantwortliche Person nicht informiert war. Ein anderer Grund kann aber auch sein, dass die Fachbereiche den Einkaufsbereich als ineffizient betrachten und der Meinung sind, es besser regeln zu können; auch Kompetenz- oder Machtspiele können eine Ursache sein. Eine Unterbindung durch Sanktionen oder Zwangsmaßnahmen ist möglich, oftmals aber nicht zielführend. Vielmehr muss ergründet werden, weshalb Bereiche die zentralen Abkommen umgehen, um das Problem in Gänze zu beheben (Krampf 2014, S.7).

Das Maverick Buying schadet dem Hotel und damit dem gesamten Team! Zum einen gehen Volumen verloren, was die Einkaufskonditionen direkt belastet. Zum anderen werden alle strategischen Zielsetzungen wie Prozessvereinfachung von der Bestellung bis zur Buchhaltung torpediert. Hotelketten gehen daher den Weg, dass sie über digitale Systeme nur die Lieferanten freischalten, bei denen bestellt werden darf. Andere fordern von dem betreffenden Mitarbeiter vor Bestellauslösung eine schriftliche Begründung, weshalb bei einem nicht gelisteten Lieferanten gekauft werden soll. Extremfälle, von denen wir hörten, gehen so weit, dass sie die Rechnungsbeträge von Einkäufen bei nicht gelisteten Lieferanten zum Beispiel vom Bonus des Mitarbeiters abziehen oder um einen Teilbetrag sein Gehalt kürzen. Ob das nur Gerüchte sind und ob das überhaupt arbeitsrechtlich korrekt ist, vermögen wir hier nicht zu sagen. Klar ist, dass Maverick Buying absolut unterbunden werden muss, sofern es nicht eine plausible Erklärung gibt, außerhalb des festgelegten Lieferantenstamms einzukaufen.

Die gemeinsame Verkostung und Bewertung von Produkten kann bessere Entscheidungsklarheit schaffen.

Gelegentliche Besuche der Lieferanten vor Ort werden von den meisten Herstellern positiv aufgenommen und als Chance verstanden.

LIEFERANTEN KONTROLLIEREN – ABER RICHTIG

Zum Lieferantenmanagement gehört auch immer wieder die unterjährige Verprobung der vertraglich vereinbarten Leistungen (Preise, Liefererfüllungsgrade, Qualitäten etc.). Das findet ja logischerweise täglich bei der operativen Arbeit statt, wenn zum Beispiel Lieferungen von Frischeprodukten auf einmal oder mehrfach hintereinander in der Qualität von Ihren Erwartungen abweichen. Klar, dass Sie dann umgehend das Gespräch suchen und den Lieferanten auffordern, zukünftig nachzubessern.

Diese Kontrolle im operativen Geschäftsablauf können und kennen Sie. Doch was ist mit Verbrauchsartikeln, die unregelmäßig bestellt werden? Wie ist das mit technischen Produkten, die Sie immer wieder nachkaufen? Werden die Qualitäten und Verpackungsgrößen dauerhaft erfüllt? Wer prüft das und wann und wie?

SPOT CHECKS UND PRODUKTTESTS

Es gibt unzählige Beispiele aus der Praxis, bei denen Mengen oder Qualitäten von den Herstellerangaben abweichen. Frischhaltefolie, die anstatt 150 Meter nur 120 Meter auf der Rolle hatte. Brenndauern von Kerzen und Sternos, die um 30 Prozent abgewichen sind von den Angaben des Lieferanten. Minibars, deren Stromverbrauch deutlich höher ausgefallen ist als angegeben, sodass dieser Anbieter unter Hinzurechnung der zusätzlichen Verbrauchskosten mit seinen Minibars dann doch nicht der günstigste Lieferant für das Hotel war.

LIEFERANTEN VOR ORT BESUCHEN

Gelegentliche Besuche bei den wichtigsten Lieferanten vor Ort können die Beziehung zwischen Kunde und Lieferant sehr vital halten. Bei diesen Besuchen bekommt man sehr schnell einen Eindruck, wie sich der Lieferant insgesamt weiterentwickelt oder wie genau er es mit seiner Lagerordnung oder Hygiene nimmt.

Nun muss man nicht mit Kanonen auf Spatzen schießen: Zum einen sind die meisten Lieferanten sehr ordentlich in der Erfüllung der vertraglich vereinbarten Leistungen; zum anderen kostet der zusätzliche Prüf- und Verprobungsaufwand ja auch Zeit. Und Zeit ist Geld.

Kurzum: Aufwand und Ergebnis müssen sich rechnen. Planen Sie daher nur für Ihre wichtigsten Sortiments- und Produktbereiche regelmäßig Stichproben ein. Wichtig ist ein Sortiments- und Produktbereich dann, wenn diese Produkte konzeptionell für Ihr

Hotel Relevanz haben oder es sich um hohe Kostenbereiche handelt. Die Zeitfenster für diese Kontroll-Aktivitäten können in Ihrem Maßnahmenkatalog sogar schon im Vorfeld terminiert sein. Genauso wie Sie festlegen können, wer für die »Spotchecks« zuständig sein soll.

M-BOX »LIEFERANTENMANAGEMENT«

- ⊗ Konzentrieren Sie die Zahl Ihrer Lieferanten – so viele wie nötig, so wenige wie möglich
- ⊗ Dokumentieren Sie die Verträge mit Laufzeit und Kündigungsfristen
- ⊗ Kontrollieren Sie Ihre Lieferanten unterjährig immer wieder
- ⊗ Überwachen Sie die Einhaltung von Liefer- und Leistungsverträgen sowie möglichen Rückvergütungen
- ⊗ Nutzen Sie zur Dokumentation elektronische Tools, die es am Markt dafür gibt
- ⊗ Informieren Sie Ihr Team über die bestehenden oder ausgelistete Lieferanten und erklären Sie die Gründe

6_Gewusst wie · Schulung, Coaching, Wertschätzung, Information

Über 30 Prozent vom Umsatz sind Kosten, die direkt auf den Einkauf entfallen. Und dieses Kostenmanagement übertragen wir nicht selten komplett und eigenständig in die verantwortlichen Hände unserer Mitarbeiter. Die schalten und walten nach besten Wissen und Gewissen. Eines unserer extremsten Beispiele handelt von einer leitenden Hausdame eines sehr großen Hotels. Ihre Ausgaben in Ihrem Bereich beliefen sich pro Jahr auf mehr als 1 Million Euro. Zu ihren Aufgaben gehörte – nebenbei, also neben ihrem eigentlichen Aufgabenfeld, für saubere Etagen und Zimmer zu sorgen – das Neu- und Nachverhandeln mit Lieferanten, Ausschreibungen und Vergabegespräche. Sie war stolz darauf, dass sie sich alle Fertigkeiten im Einkauf in den letzten zwei Jahren selbst beigebracht hatte, denn eine Schulung in Sachen Einkaufsmanagement, ein Verhandlungsseminar oder ähnliches hatte sie nie besucht oder von ihrem Betrieb geboten bekommen. Wer weiß, welche Kostenvorteile in den letzten Jahren »vergeigt« wurden, nur weil an der Schulung gespart wurde. Vielleicht ist sie aber auch ein Naturtalent und alles ist bestens. Ob es das Risiko wert ist, darauf zu vertrauen, bei diesem Einkaufsvolumen?

Alle Mitarbeiter mit Einkaufsverantwortung brauchen zur perfekten Ausübung ihrer Einkaufsmanagementfunktion mehrere Kompetenzen: Sie benötigen Produkt- und Marktkompetenz, Prozesskompetenz, Methodenkompetenz, Kaufmännische Kompetenz. Wir müssen umdenken und unseren Mitarbeitern durch Schulungen und Coachings Hilfestellungen geben, damit diese, wenn wir ihnen schon große Kostenbereiche anvertrauen, auch bestmöglich und im absoluten Interesse des Hotels handeln können.

VERKÄUFER LERNEN VIER MAL MEHR VERKAUFEN ALS EINKÄUFER EINKAUFEN

Ein Verkäufer, der einen Lieferanten vertritt, wird mehrmals im Jahr geschult, seine Produkte und Dienstleistungen bestmöglich zu verkaufen und auf Kundeneinwände einzugehen. Er kommt so auf sechs bis acht Trainingstage im Durchschnitt. Auf der Seite der Abnehmer, also der Hotellerie, zeigt sich ein anderes Bild: Nur knapp die Hälfte aller Hotels bieten ihren einkaufsverantwortlichen Mitarbeitern einmal im Jahr maximal ein- bis zweitägige Weiterbildungsmaßnahmen zur Verbesserung ihrer Einkaufsperformance an. Ergebnis: Die eine Partei »kämpft« mit einem scharfen, die andere mit einem stumpfen Schwert.

BESTEHT DAS BEWUSSTSEIN FÜR DEN EINKAUF?
- Mehr als die Hälfte der befragten Betriebe bieten eine Weiterbildung im Einkauf an.
- Das Bewusstsein für den Einkauf ist unverändert!

ANGEBOT FÜR WEITERBILDUNGSMASSNAHMEN DER HOTELS ZUR ERHÖHUNG DER EINKAUFSKOMPETENZ

2016
2012
2010

0 20 % 40 % 60 % 80 % 100 %

DIE OPTIMIERUNG – HERAUSFORDERUNG DER AUS- UND WEITERBILDUNG

Die Hotellerie bildet sich in Sachen Einkauf noch verhalten weiter – über 40 Prozent der Hotels bieten ihren Mitarbeitern keine Weiterbildungsmaßnahmen dazu an.

● ANGEBOT AN WEITERBILDUNG ● KEIN ANGEBOT AN WEITERBILDUNG

Die Hotellerie hat im Bereich Schulung strategischen Einkaufsmanagements einen sehr großen Nachholbedarf. Bei der Höhe des direkten Kostenblocks von 30 Prozent und mehr muss der einkaufsverantwortliche Mitarbeiter entsprechend ausgebildet und geschult sein: Von der Verhandlungsführung bis hin zum Preiscontrolling.

Das bleibt dem Hotelier nicht erspart, denn auch die Abgänger von zum Beispiel Berufs- oder Hotelfachschulen weisen nach wie vor große Wissens- und Anwendungsdefizite im Einkaufsmanagement auf. Denn faktisch gibt es das Fach strategisches Einkaufsmanagement nicht! Mit ein bisschen Wareneinsatzermittlung, Kostenrechnung und Produktkunde ist's im strategischen Einkauf nicht getan. Als erste geht jetzt die Hotelfachschule Heidelberg voran. Sie hat das Thema als wesentlich für sich erkannt und hat deshalb ab dem Schuljahr 2016/2017 »Einkaufsmanagement« als Fach für die »Heidelberger« etabliert. Es gibt weitere Lichtblicke: Unter den Hochschulen hat die Hochschule Heilbronn im Zweig Hospitality Management im Wintersemester 2015 Supply Chain Management als prüfungsrelevantes Fach an der Fakultät eingeführt. Also, es tut sich was im Lande – und das ist auch gut so, denn wir müssen auf das Kostenmanagement, das unmittelbar mit dem Einkauf in Verbindung steht, ein viel strategischeres Augenmerk werfen, als wir es bis dato tun.

Veranstaltungen wie der Pop-Up-Kongress Top Supply mit dem Schwerpunkt Einkaufsmanagement oder Messen sind immer eine ideale Plattform, Wissen zu sammeln.

VERANSTALTUNGEN, MESSEN, TRENDTOUREN

It's a people business – trotz aller Digitalisierung, Snapchat, Instagram, Facebook & Co. braucht's den persönlichen Kontakt. Das persönliche Treffen. Das persönliche Gespräch. Die persönliche Inspiration.

Messen, Veranstaltungen, Netzwerktreffen und exklusive Trendtouren sind dafür eine perfekte Plattform – geradezu ideal für alle Ziele und Interessen rund um den Einkauf und Ihre strategische Weiterentwicklung. Schneller, günstiger und einfacher geht Trend- und Ideenfindung nicht! Sie sind damit ebenfalls eine Form der persönlichen »Weiter-Bildung«, was man seinen Mitarbeiter auch durchaus so »verkaufen« kann. Tipp: Sind Sie im Falle von Reisen – GROSSzügig! Sparen Sie nicht an den Reisekosten oder am Hotelzimmer für Ihre Mitarbeiter, sondern nutzen Sie das als Inspirations- und Motivationsmittel; zudem sind zum Beispiel Messen, wenn sie intensiv besucht und bearbeitet werden, nicht unbedingt ein Zuckerschlecken. Definieren Sie mit Ihrem Team, das dann Veranstaltungen wie die unten selektiv aufgeführten besucht, im Vorfeld, welche Erwartungshaltung & Ziele Sie haben. Somit hat der »Trip« einen seriösen Hintergrund und ist nicht nur eine Vergnügungsreise. Auch eine Zusammenfassung und Präsentation nach der Veranstaltung mit den wichtigsten Punkten, die entdeckt wurden und die für Ihr Hotel als Idee übernommen werden könnten, ist sinnvoll. Und dann haben alle was davon.

Für Ideenfinder und Trendaufspürer – eine kleine und feine Übersicht an lohnenswerten Veranstaltungen und Messen:
- Ambiente, Frankfurt, www.ambiente.messefrankfurt.com
- Deutscher Hotelkongress, Berlin, www.hotelkongress.de
- Equip Hotel, Paris, www.equiphotel.com
- Fibo, Köln, www.fibo.com
- Gast, Salzburg, www.gastmesse.at
- Gastro-Trendtouren, Pierre Nierhaus Hospitality & Change Consulting, Frankfurt, www.nierhaus.com
- Gastro-Trendtouren, Ploner Hospitality Consulting, Frankfurt, www.ploner-partner.de
- Gastro Vision, Hamburg, www.gastro-vision.com
- Heilbronn Hospitality Symposium, Heilbronn, www.heilbronn-hospitality-symposium.de
- Heimtextil, Frankfurt, www.heimtextil.messefrankfurt.com
- IGEHO, Basel, www.igeho.ch
- Intergastra, Stuttgart, www.messe-stuttgart.de/intergastra/
- Internorga, Hamburg, www.internorga.com
- Internationale Funkausstellung, Berlin, www.ifa-berlin.de
- IMM Cologne Internationale Einrichtungsmesse, Köln, www.imm-cologne.de
- ITB, Berlin, www.itb-berlin.de
- Light & Building, Frankfurt, www.light-building.messefrankfurt.com
- Top Supply, nur alle 2–3 Jahre in loser Folge / wechselnde Orte, www.topsupply.de

Durch Schulung, Coaching, Netzwerktreffen, Messebesuche oder Trendtouren entsteht neues Wissen, was ein substanzieller Beitrag zur finanziellen Absicherung und der Wettbewerbsfähigkeit des Hotels ist.

WERTSCHÄTZUNG FÜR EINKÄUFER

In den meisten Hotels herrscht eine hybride Form der Einkaufsorganisation: Ein Mix aus Zentraleinkauf und Einkauf durch die Abteilungsleiter wie Hausdamen, Küchenchefs, Haustechniker, Marketingleiter, Verkaufsdirektor, General Manager, F&B- oder SPA-Chef. In ihren Händen liegen zusammen über 30 Prozent der Kosten des Hotels – die direkten Einkaufskosten. Welche Mittel und Werkzeuge geben wir diesen Menschen an die Hand, damit sie optimale Ergebnisse erzielen können? Wie sieht die Gestaltung des

Arbeitsplatzes aus und wie die technische Ausstattung? Wie gehen wir generell mit den Personen um, die bei uns im Hotel zum Beispiel hauptverantwortlich den Einkauf leiten? Und wie ist die Ausstattung unserer Verkäufer im Verhältnis dazu? Es gibt genügend Hotels, in denen der Verkauf in schicken Büros sitzt, Smartphone und Tablet hat und dazu noch einen schönen Firmenwagen. Und der Einkäufer, der vielleicht ein Volumen von 1.000.000 EUR und mehr managt? Was ist mit dem? Unser Tipp: Werten Sie diese Positionen auf. In der Industrie und großen Dienstleistungsunternehmen ist der der Einkauf seit langem im Vorstand oder der Geschäftsführung angekommen. Nicht nur Produktion, Verkauf, Marketing und Controlling. Durch eine Aufwertung bekommen wir im Bedarfsfalle auch bessere Mitarbeiter, weil der Job dann insgesamt »spannender« wird. Es geht um einen sehr großen Kostenblock, der maßgeblich das Betriebsergebnis beeinflusst. Und denjenigen, der am Erfolg großen Einfluss trägt, sollten wir entsprechend würdigen – in Form von Aus- und Weiterbildung, aber auch in Form von Wertschätzung, die auch bei der Ausstattung des Arbeitsplatzes anfängt.

Im gesamten Einkaufsmanagement bietet ein Element besondere Potenziale: Die Kommunikation und Information. Es gibt eine Menge an News, die das ganze Hotelteam interessieren können:

Welche Lieferanten sind neu gelistet? Warum wurden Lieferanten ausgelistet? Welche neuen Einkaufsziele werden verfolgt? Welche Ergebnisse wurden erzielt und wie haben sich die Ergebnisse auf das Hotel ausgewirkt? Diese Informationen sind wichtig und interessant für alle Mitarbeiter im Hotel. Sie geben der Einkaufsstrategie einen Sinn.

Über Einkaufsergebnisse und -erfolge lohnt es sich auch nach außen zu kommunizieren: Dazu können Gesellschafter, Banken oder auch die Presse zählen. Wenn zum Beispiel die Umsetzung einer Nachhaltigkeitsstrategie im Einkauf besonders gut funktioniert hat, so kann dieses Ergebnis perfekt für gute PR herhalten. Davon haben sowohl das Hotel und vielleicht sogar der Lieferant etwas, der dies wiederum mit optimierten Einkaufskonditionen honoriert. Auch Banken oder andere potenzielle Investoren schätzen eine offene und klare Kommunikation von strategischen Erfolgen sehr und wissen das bei ihrer Kreditvergabepolitik eventuell zu würdigen. Zudem geben Sie hier ein klares Signal, dass Sie auch »Back of the house« perfekt organisiert und strategisch gut aufgestellt sind.

M-BOX »SCHULUNG & COACHING«

⊗ Verkäufer durchlaufen vier Mal mehr Schulungen, um Produkte zu verkaufen als
einkaufsverantwortliche Mitarbeiter lernen, professionell einzukaufen

⊗ Schaffen Sie »Waffengleichheit«, in dem Sie Ihre einkaufsverantwortlichen
Mitarbeiter weiterbilden

⊗ Erhöhen Sie den Stellenwert einkaufsverantwortlicher Mitarbeiter in Ihrem
Team – auch in Bezug auf die Außenwirkung

⊗ Schaffen Sie Freiraum und Angebote, dass sich Ihr Team auf Messen
und Veranstaltungen weiterbilden und informieren kann

⊗ Verbessern Sie ggf. die Arbeitsplatzsituation und Ausstattung,
um bessere Resultate bei den Einkaufskosten zu erzielen
und erklären Sie die Gründe

KONTROLLE & FEINJUSTIERUNG – ALLES VON VORNE

Um den Erfolg Ihres Supply Chain Managements und seine Auswirkungen auf Ihr Unternehmen überprüfen zu können, muss eine regelmäßige Kontrolle stattfinden. Die geschieht mindestens einmal im Kalenderjahr. Hierbei werden die Ergebnisse mit den gesteckten Zielen verglichen wie zum Beispiel erzielte Kosteneinsparungen, Reduzierung der Lieferanten etc. Fehler oder unerreichte Ergebnisse sollten gesammelt und in die zukünftige Strategieplanung und Zielsetzung für die Folgeperiode übernommen werden.

Alle quantitativ messbaren Ziele können perfekt in Score Cards nachgehalten und mit dem Ist-Ergebnis verglichen werden. Wurde die Senkung der Lieferantenzahl erreicht? Wie haben sich die Einkaufspreise entwickelt? Wie funktionieren die Prozessabläufe und sind die Genehmigungsworkflows sinnvoll?

Und dann geht die strategische und operative Arbeit von vorne los, mit allen oben genannten Bestandteilen. Riesenvorteil: Einmal gemacht und in Gang gesetzt, nimmt der Aufwand von Jahr zu Jahr rapide ab und der »Prozess« etabliert sich als fester Qualitätsstandard in Ihrem Haus und Ihrem Team.

Jeden Tag ist Markt

Jeden Tag ist Markt – das bedeutet, dass jeden Tag alle Ihre marktrelevanten Parameter neu gemischt werden: Wettbewerber haben neue Ideen, Lieferanten schließen sich zu neuen Konglomeraten zusammen oder entwickeln neue, verführerische Produkte, Preise verändern sich und anderes mehr. Daher darf mit der erstmaligen Einführung eines Einkaufsmanagements in Ihrem Hotel nicht Schluss sein in dem Sinne, dass Sie sich nicht mehr intensiv darum kümmern. Die Halbwertzeiten für ein eingeführtes und nicht stetig optimiertes Einkaufsmanagement betragen drei bis vier Jahre. Nach Ablauf dieser Zeit ist die ganze Arbeit, die Sie einst investiert haben, für die Katz gewesen!

M-BOX »SUPPLY CHAIN MANAGEMENT«

- ⊗ Ist-Analyse – der Anfang von allem
- ⊗ Ziele – schaffen Orientierung für Sie und Ihr Team
- ⊗ Maßnahmen – hier legen Sie vieles fest, und hier findet einiges statt, was zum Erreichen Ihrer Ziele führt
- ⊗ Einkaufsorganisation
- ⊗ Bedarfsspezifikation
- ⊗ Ausschreibungen
- ⊗ Verhandlungen
- ⊗ Lieferantenmanagement
- ⊗ Schulung und Weiterbildung
- ⊗ Information und Kommunikation
- ⊗ Kontrolle und Feinjustierung
- ⊗ Neuausrichtung für den Folgezeitraum
- ⊗ Einkaufsmanagement zu optimieren ist ein laufender Prozess

AUTOMATISIERUNG DANK DIGITALISIERUNG

Die Industrie tut es. Der Handel tut es. Automatisierung dank Digitalisierung. Prozesse verbessern und verschlanken. Nicht, um Mitarbeiter freizusetzen und zu entlassen, sondern um sie zum einen von lästigen manuellen Prozessen zu befreien und sie für sinnvollere, zum Beispiel gastnahe und somit umsatzwirksame Tätigkeiten oder ein verbessertes Controlling einzusetzen. Auch hilft uns die Automatisierung dank Digitalisierung, leichter neue Mitarbeiter einzuarbeiten und sie optimiert unseren Personaleinsatz dahingehend, wenn wir für gewisse Tätigkeiten keine Mitarbeiter finden. Automatisierung, um Prozesse zu verschlanken und zu vereinfachen, wirkt unmittelbar positiv auf unser Betriebsergebnis, da die Kostensenkungseffekte größer als die Investitionsaufwendungen sind.

Robotic und Automatisierung in allen Administrationsbereichen schafft mit seinen Eigenschaften für uns als Hotellerie große Vorteile und Ressourcen: Standardisierte Bestelllisten, die mit wenig Einarbeitung einfach und intuitiv einsetzbar sind, Digitalisierung von Rechnungen inklusive vollautomatisierter Vorkontierungen sowie Preiserkennungen oder die Inventur dank Servicerobotern.

Procure-to-Pay – von der Bestellung bis zur Rechnung

Procure-To-Pay ist der komplette Arbeitsprozess – von der Beschaffung bis zur Bezahlung der Rechnung. Der grüne Bereich steht für einige Prozesse im Bestellmanagement, der blaue Bereich für die Warenwirtschaft und der gelbe Bereich steht für einige Prozesse Rechnungsmanagement.

Einer der mit Sicherheit wichtigsten Prozesse, der dank Automatisierung in vielen Bereichen innerhalb des Einkaufs vereinfacht werden kann, lautet »procure-to-pay«. Das ist also der gesamte Arbeits-Strang von der Beschaffung (procure) bis zur Bezahlung (pay). Procure-to-Pay beinhaltet also die beiden Perspektiven Bestellung/Beschaffung und die Rechnungsbearbeitung/Abrechnung. Wie macht das die Hotellerie überwiegend heute mit dem bestellen und Rechnungsprüfen, und welche Lösungen zeichnen sich am Trendhimmel ab?

Bestellung erstellen | Freigabe(n) der Bestellung | Aus-lösen Bestellung | Lieferung / Kontrolle | Bestands-erfassung | Inventur | Rechnung prüfen | Buchen / Splitten | Zahlungs-freigabe | Procure-to-Pay Prozess

DER ZEITAUFWAND DER BESTELLPROZESSE ...

- ist bei einem »manuellen Prozess«, mit Rahmenverträgen ca. 25 Prozent größer als bei einem »vollautomatisierten Prozess«
- und wurde bei einem manuellen und personenintensiven Prozess pro Bestellung bis zu 3,7 Stunden (inkl. Warenkontrolle) berechnet.

Für einen Bestellvorgang wurde Ø 1 h 24 veranschlagt. Betriebe mit einem systematisierten automatisierten Prozess verwenden Ø 49 min. und damit 42 Prozent weniger Zeit.

1	Bedarfsermittlung & Bestandskontrolle: Erkennen von Versorgungslücke
2	Antrag auf Einkauf; Prüfen auf Budget-Verfügbarkeit
3	Auswahl von Angeboten / Angebotsvergleiche
4	Lieferantenauswahl – Verhandlung des Preises (individueller Preis)
5	Bestellung
6	Bestellüberwachung / Warenannahme / Abgleich von Bestellung inkl. Qualität mit gelieferten Waren
7	Warenerfassung / Verarbeitungsprozess
8	Rechnungs- und Lieferscheinprüfung
9	Zahlungsabwicklung / Kreditorenmanagement

Eine studentische Praxisarbeit an der Hochschule Heilbronn im Jahr 2016 hat im Vergleich mit drei unterschiedlichen Hotels ergeben, dass die Prozesse rund um die Bestellung, Warenannahme und anschließender Rechnungsbearbeitung in Häusern mit elektronischen Hilfsmitteln wie Bestell- und Kreditorenmanagementsystemen fast 60 Prozent weniger Zeit in Anspruch nehmen.

Bestellmanagement (Procurement)

Laut BME Benchmarking Report TOP-Kennzahlen im Einkauf 2012 (BME, Bundesverband für Materialwirtschaft und Einkauf) betragen die Bestellkosten durchschnittlich 102 EUR pro Bestellung. Dieser Benchmarking Report wird seit sechs Jahren erstellt und umfasst die Auswertung von 200 »Best-in-Class-Unternehmen« unterschiedlicher Branchen.

Die günstigsten Kosten pro Bestellung lagen bei dieser BME-Studie bei ca. 50 EUR. So ist das Bild in anderen Branchen, vor allem auch in der Industrie, wo es überwiegend größere Bestellvolumen und dahingehend auch höhere Bestellkosten gibt. Durch deutlich höhere Volumen pro Bestellung, sind die prozentualen Kosten für jeden Bestellprozess niedriger als in der Hotellerie.

DIE PROZESSKOSTEN EINER BESTELLUNG SIND ABHÄNGIG VOM GRAD DER AUTOMATISIERUNG:

- Hotels mit größer gleich fünf Genehmigungsstufen, die diese Bestellung mehrheitlich manuell ausführen, haben Prozesskosten von bis zu 74 EUR / Bestellung
- Hotels mit teilautomatisierten Bestellprozessen und geregelten Einkaufsrichtlinien haben Ø Prozesskosten von 28 EUR / Bestellung. Diese Kosten reduzieren sich um bis zu 28 %, wenn der Einkaufsprozess mittels systematisierter automatisierter E-Procurement erfolgt (ergibt Ø 20 EUR / Bestellung).
- Lag in früheren Prozesskostenanalysen das Bestellvolumen durchschnittlich bei 313 EUR / Bestellung, so liegt in aktuellen Erhebungen dieser bei 342 EUR / Bestellung.
- So stehen die Prozesskosten zum durchschnittlichen Bestellvolumen in einem Verhältnis mit einer Bandbreite von 6–22 Prozent.

Bei einer kleineren studentischen Forschungsarbeit in der Hotellerie im Jahr 2016 wurden Kosten pro Bestellprozess spezifisch untersucht. Die ermittelte Bandbreite reichte von 20 EUR bei systematisch automatisierten Abläufen bis zu 74 EUR bei manuellen Prozessen. Die durchschnittliche Bestellgröße lag bei 342 EUR pro Bestellung. Das bedeutet, dass der in dieser Arbeit ermittelte Prozesskostenanteil zwischen 6 und 22 Prozent lag.

Wegen der hohen Kosten im Einkauf aber auch vor dem Hintergrund eines zunehmenden Fachkräftemangels, durch den Zeit nochmals knapper wird, muss das Bestellmanagement voll in die Einkaufsstrategie eingebettet sein. In Ihren Einkaufspolicies befinden sich idealerweise klare Aussagen zu Bestellformen, -wegen, -verfahren, -höhen und -häufigkeiten, um auf dieser Basis einen effektiven und effizienten, finanzorientierten Einkaufsprozess umzusetzen.

Wie welche Bestellformen wann und in welchen Fällen eingesetzt werden, richtet sich nicht nur nach der Einkaufsstrategie des Hotels, sondern auch nach den zu beschaffenden Sortimenten und Produktgruppen. Die Bestellformen müssen in jeder Hinsicht effizient, transparent und damit wirtschaftlich sein sowie die Ziele der Einkaufskonzentration unterstützen. Die Abstimmung der Bestellformen sollte bei Kernlieferanten durchaus mit dem Lieferpartner zusammen erfolgen, um bestmögliche Beschaffungskosten zu erzielen.

Zu unterscheiden sind bei den Bestellungen wiederkehrende Bestellungen (meistens bei festen Lieferanten) und Einmalbestellungen (variable Lieferanten). Die Einmalbestellungen fallen oft im Bereich Investitionsgütern oder Erst- oder Ersatzbeschaffungen an. Den Großteil der Bestellungen, die ein Hotel veranlasst, sind wiederkehrende Bestellungen. Von daher liegt auf deren Prozessorganisation und Professionalisierung der Fokus.

WIE WIRD IN DEN HOTELS EINGEKAUFT?
· Die »Recherche-Methode« = »Bestell-Methode« (E-Mail, Telefon, Internet) wird zunehmend durch Order-Online-Shop und E-Procurement abgelöst.
· Hotels nutzen »immer«, »häufig« bzw. »manchmal« die Hilfsmittel für den Einkauf zu 75 % E-Mail und 58 % das Internet, 56 % Telefon und 52 % E-Procurement, 50 % den Order-Online-Shop, 32 % das Fax, 18 % Selbstabholung und 3 % Brief

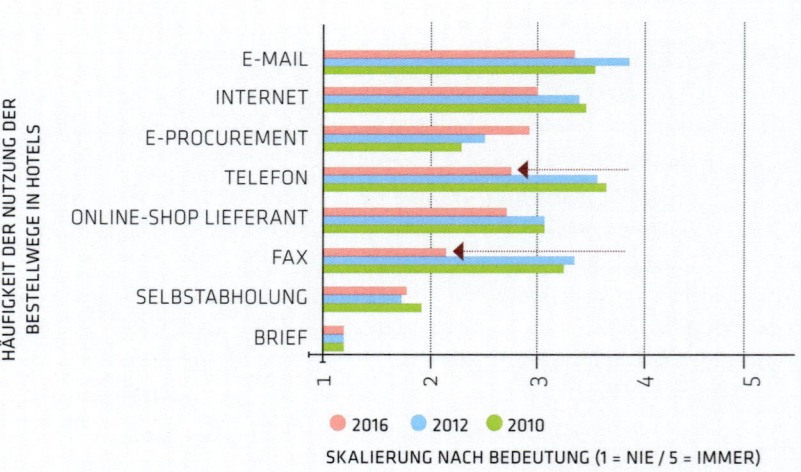

DIE BESTELLPROZESSE

Elektronische Bestellungen gewinnen an Boden gegenüber analogen Methoden.

Die Bestellauslösung wird bereits in der Hotellerie mehr und mehr elektronisch durchgeführt. Dabei gibt es verschiedene Ausprägungen der elektronischen Bestellung:
· E-Mail
· Online-Marktplätze
· Firmeneigene Web-Shops
· E-Procurement-Systeme

Die elektronische Bestellung per E-Mail oder aber auch die über Online-Markplätze oder lieferanteneigene Webshops haben den Vorteil, dass sie die Bestellabwicklung erleichtern und dies zu tagesaktuellen Preisen beziehungsweise den zwischen Hotel und

Lieferant vereinbarten Rahmenkonditionen. Der Nachteil: Die Bestellungen sind alle lieferantenbezogen. Das hat zur Folge, dass Datenkonsolidierung über mehrere Lieferanten nicht so einfach möglich ist, sondern man sich von jedem einzelnen Lieferanten Statistikdaten für weitere Einkaufsverbesserungen anfordern muss. Und es hat den Nachteil, dass der Lieferant über die Plattform, die er dem Hotel – meist kostenfrei – zur Verfügung stellt, auch Angebote einstellen wird, die seinen Absatz verbessern. Somit ist die Versuchung durchaus gegeben, mehr oder etwas anderes als das geplante zu kaufen, was wiederum die Einkaufskostenentwicklung beeinflusst.

Eine weitere elektronische Alternative sind E-Procurement-Systeme, die die oben geschilderten Nachteile ausgleichen, weil sie aktuell der »Königsweg« sind. Von den ca. 7 Mrd. Euro an Einkaufsvolumen pro Jahr in der klassischen Hotellerie in Deutschland, werden schätzungsweise bereits 500 Millionen Euro über E-Procurement-Lösungen abgewickelt.

Es gibt also schon seit Längerem eine attraktive Auswahl sinnvoller und praxistauglicher Lösungen für die Hotellerie, die entweder lokal auf dem Rechner des Bestellers oder im Netzwerk installiert werden können oder – das ist bereits die Mehrzahl – auf die online über das Internet zugegriffen wird (webbasierte Lösung).

Über das E-Procurement-System wird die individuelle Bestellung direkt an die verschiedenen Lieferanten übermittelt, was einem Auftrag gleichkommt. Der besondere Charme: Es sind lieferantenübergreifende Bestellungen möglich. So legen sich Hotels, die mit E-Procurement-Systemen arbeiten, optimalerweise lagerbezogene Bestelllisten an, was einfacher für die Bestellabwicklung ist als die lieferantenbezogene Bestellung. Denn: Die Waren nahezu aller Lager in der Hotellerie sind nicht nach Lieferanten, sondern nach Themen sortiert! Auf Knopfdruck werden dann Bestellungen an mehrere Lieferanten zeitgleich ausgelöst, was deutlich Zeit und Aufwand erspart. Die Systeme zeigen in Echtzeit Mindestbestellwerte, Preise, Rezepturen oder auch Liefertermine an. Durch die Bestellabwicklung über E-Procurement-Systeme werden alle Bestellungen schriftlich festgehalten, so dass die Kontrolle sowie die Auswertung wesentlich erleichtert und beschleunigt wird. Zudem lassen sich auf diese Weise Warenkörbe auf Basis von Vergangenheitswerten für lieferantenübergreifende Ausschreibungen einfach und schnell erstellen, was die Unabhängigkeit zu Lieferanten fördert. Eine elektronische Schnittstelle zu ERP-Systemen auf Lieferantenseite bietet zudem den Vorteil der effizienteren Auftragserfassung beim Anbieter, was sich wiederum preisreduzierend beim Hotel auswirken kann.

Der Freigabeprozess erfolgt online und ist mehrstufig darstellbar. Abteilungsübergreifende Bestellzusammenfassungen sind ebenfalls möglich.

Die Kostensenkungseffekte durch den Einsatz von E-Procurement-Lösungen werden im Bereich der Einkaufsprozesse sowie bei den direkten Einkaufskosten in der Hotellerie auf über 30 Prozent geschätzt. Neuere E-Procurement-Systeme haben ihren Leistungsbereich um digitale Warenwirtschaftssysteme erweitert, so dass auch warenwirtschaftstypische Dinge wie Inventur oder Bestandsverwaltung online abgebildet werden können. Um dies zu verdeutlichen.

Vor der Einführung eines E-Procurement-Systems steht die Organisation / Reorganisation und Strukturierung des gesamten Einkaufs eines Betriebes. Hierbei sollte sichergestellt werden, dass komplette Sortimente bestellbar sind, da anderenfalls Bestellbrüche entstehen, die sich negativ auf die Einkaufs- und Prozesskosten auswirken könnten. Ferner sollten Artikeldaten und Preise stets aktuell sein, da sonst Mehraufwand bei der Bestellung, beim Lieferanten oder bei der Steuerung, Kontrolle und Auswertung betriebswirtschaftliche Nachteile verursacht werden.

Merkmale E-Procurement-Systeme (Bestellung / Warenwirtschaft)
- Lieferantenübergreifend – Produkte von unterschiedlichen Lieferanten in einem System
- Eine Benutzeroberfläche / Usability
- Lagerbezogene Bestelllisten – auch nach Lieferant machbar
- Bei Schnittstellen Pflege Produktdaten, Preise, Lieferdaten automatisiert durch Lieferanten – Kontrolle und Preisfreigaben durch Hotel
- Mehrstufige Freigabestufen bei Bestellungen
- Auswertungen und Berichte
- Dokumentation aller Bearbeitungsschritte
- Bestandsverwaltung
- Rezepturen
- Inventuren – per App, Tablet, Scanner
- Mandantenfähig und mehrsprachig
- Schnittstellen zu Finanzbuchhaltung, Bestellsystem, Warenwirtschaft, Kasse
- Keine Investition in Hardware (außer ggf. Tablet, Scanner)

E-Procurement-Systeme erlauben die lieferantenübergreifende Bestellerfassung und -abwicklung. Die Erfassung erfolgt via Tablet oder per Scanner. Die meisten E-Procurement-Systeme sind webbasiert. Ein Hotel benötigt demnach keine eigene, lokale Software.

Digitale Kreditorenmanagement-Systeme

In einem Hotel mittlerer Größe fallen im Jahr gut und gerne 1.500 bis 2.000 Rechnungen und mehr an. Meist gehen die Rechnungen per Mail und PDF-Anhang ein oder klassisch – per Briefpost. Der manuelle Aufwand, der mit der Rechnungsverarbeitung verbunden ist, ist ein Kostenbooster erster Klasse wegen der vielen manuellen Arbeitsschritte (siehe auch Kapitel »Total Cost of Ownership«)

Arbeitsschritte bei der Rechnungsbearbeitung:
- Post öffnen
- Werbung entsorgen
- Datums- und Kontierungsstempel
- Eintrag im Rechnungseingangsbuch
- Beleg ins Postfach des Bestellers legen
- Besteller holt Rechnung
- Besteller holt Lieferschein
- Besteller prüft Rechnung mit Lieferschein
- Besteller macht Freigabevermerk
- Besteller legt Rechnung ins Postfach der Finanzbuchhaltung
- Buchhaltung kontiert und bucht die Rechnung
- Zahlungsvorschlagsliste und Vorlage zur Zahlungsfreigabe
- Finale Prüfung der Rechnung und Zahlungsfreigabe durch den »Chef«
- Ablage der Rechnung
- Erstellen Zahllauf und DTAUS-Datei für electronic banking

Und das waren nur die Schritte, wenn alles optimal läuft und es keine Fragen zu den einzelnen Rechnungen gibt. Die Dauer der Bearbeitung einer Rechnung auf konventionellem Weg kann – alles in allem – bis zu 20 bis 25 Minuten dauern. Pro Rechnung – denn die Laufwege müssen ja auch gerechnet werden.

Digitale Kreditoren- oder Rechnungsmanagementsysteme reduzieren den manuellen Arbeits- und Zeitaufwand bei der Rechnungsbearbeitung bis hin zur Ablage um mehr als 50 Prozent!

Auch diese manuellen Rechnungsbearbeitungsprozesse, die unmittelbar mit dem Einkauf zusammenhängen (ohne Einkauf keine Rechnung), lassen sich über Web-Technologien optimieren. Man bezeichnet diese Technologien als digitale Kreditoren- oder Rechnungsmanagementsysteme.

Alle Eingangsrechnungen eines Hotels werden hierbei zentral an einer Stelle erfasst, digitalisiert und auf artikelebene ausgewertet. Dabei spielt es keine Rolle, ob die Eingangsrechnung auf Papier oder per Mail eingegangen ist. Die Rechnungen werden nunmehr in einem verschlüsselten Webportal dem Hotel tagesaktuell zur Verfügung gestellt, wobei alle Rechnungen bereits vorkontiert sind. Die einzelnen Rechnungsbearbeitungsschritte finden Online statt. Jeder Bearbeitungsschritt wird in einer Historie dokumentiert. Da die Rechnungen alle auf Artikelebene ausgelesen sind, ist die Einzelpreiskontrolle schnell und einfach möglich. Wurden Produkte schon einmal gekauft, so zeigen die Systeme Preisänderungen an, sollte der neue Einkaufspreis abweichen. Die Rechnungsdaten können ferner automatisch in die Finanzbuchhaltungen übernommen werden, so dass dort keine Rechnungserfassung oder Kontierung mehr nötig ist.

Merkmale digitale Kreditorenmanagement-Systeme (Rechnungsmanagement-Systeme)
- Erfassung aller Eingangsrechnungen durch Dienstleister oder selbst
- Vollautomatisches Auslesen bis auf Artikelebene
- Vorabprüfung Richtigkeit Rechnungsangaben und Vorkontierung
- Abbildung kompletter Rechnungsbearbeitungs-Workflow
- Dokumentation aller Bearbeitungsschritte
- Preisänderungswarnung / -information
- Mandantenfähig und mehrsprachig
- Auswertungen und Berichte
- Zahlungsvorschläge
- Online-Archiv aller Eingangsrechnungen
- Keine Investition in Hardware
- Schnittstellen zu Finanzbuchhaltung, Bestellsystem, Warenwirtschaft, Kasse

Procure to pay – komplett digital

Wir haben jetzt einzelne webbasierte Systemlösungen näher beleuchtet. Zum einen aus der buchhalterischen Perspektive (Kreditorenmanagementsysteme), zum anderen aus der Einkaufs- und Bestellperspektive (E-Procurement-Systeme). Es gibt Hotels, die jeweils bei dem einen oder bei dem anderen Themenfeld ihren Handlungsschwerpunkt sehen.

Ein Trend, der sich seit etwa 2010 in der Branche abzeichnet, ist die Kombination beider »Welten« und deren Vernetzung. Also procure-to-pay komplett digital. Das ist die derzeit höchste Entwicklungsstufe bei der elektronischen Einkaufs- und Prozessoptimierung. Gemeint ist also der gesamte digitalisierte Workflow – von der elektronischen Bestellung über den elektronischen Lieferschein bis hin zur elektronischen Rechnung.

Vorreiter sind hier vor allem Hotelketten oder auch die Systemgastronomie, denen schlanke Prozesse und somit eine schlanke Administration sehr wichtig sind um schnell und einfach wachsen zu können.

Digitales Procure-to-pay ist also machbar durch die Verbindung von E-Procurement-Systemen mit digitalen Kreditorenmanagementsystemen. Teilweise gibt es schon Systeme, die beide Funktionen in einem System abbilden können. Durch die vollständige Digitalisierung aller mit der Bestellung in Zusammenhang stehenden Dokumente werden automatisierte Abgleiche erreicht. Diese reduzieren den Kontrollaufwand sowie die Fehlerquote bei der Bestellung und Prüfung. Sie erhöhen aber auch die Transparenz und sind somit ein optimales Werkzeug zur Optimierung von Einkaufskosten, auch weil sehr umfassendes Datenmaterial angesammelt wird, was für ein gesteuertes Einkaufsmanagement unverzichtbar ist. Die »Vorgänge« rund um Bestellung, Lieferung und Rechnung werden revisionssicher online archiviert, so dass eine vollständige Dokumentation sichergestellt und die Suche nach historischen Unterlagen oder Daten damit besonders einfach ist.

Vorteile digitales procure-to-pay

- Reduzierung Arbeitsaufwand in Buchhaltung und Einkauf – ca. 40 bis 50 Prozent
- Optimierung Einkaufskosten ca. 10 bis 15 Prozent
- Verbesserung Ausschöpfung Skonti
- 100 Prozent Kontrolle und Ermittlung zustehender Rückvergütungen
- Transparenz
- Vollständige Dokumentation
- Einheitliche und vereinfachte Bestellabwicklung
- Bessere Wareneingangskontrolle und Bestelldokumentation
- Leichtere Preiskontrolle
- Leichtere Einhaltung gesetzlicher Vorgaben (z. B. LMIV)
- Erfüllung Compliance Vorgaben
- Sicherung der Umsetzung der Einkaufsrichtlinien
- Vermeidung oder Vorbeugung Maverick Buying
- Verringerung Abhängigkeit Zulieferer – in Bezug auf Datenmaterial
- Keinen Investitionsaufwand, da meistens »SAS« – Software-as-a-Service-Lösungen

Voraussetzung für die Umsetzung ist auch hier: Sie brauchen einen Plan! Und Sie brauchen finanzielle Voraussetzungen, da für die Nutzung Kosten für Monats- oder Jahreslizenzen anfallen. Diese Investition amortisiert sich sehr schnell – allein durch die Preiskontrolle oder durch die papierlose Dokumentation und Archivierung aller Vorgänge. Der personelle Aufwand ist ganz klar da, wenn Sie Procure-to-Pay-Lösungen integrieren. Darüber sollten Sie sich bewusst sein. Die Integrationsdauer beträgt in der Regel zwischen drei bis maximal sechs Monaten. Der Aufwand, der am Anfang auf Ihrer Seite anfällt ist zum Beispiel das Einrichten von Bestelllisten, die Erfassung von Rezepturen, die Abstimmung der Schnittstellen mit Ihrer Kasse oder Finanzbuchhaltung, Einarbeitung aller Mitarbeiter zusammen mit dem Anbieter oder Information Ihrer Lieferanten und Kreditoren.

Es lohnt sich, sich mit diesen Lösungen auseinanderzusetzen und eine Einführung zu prüfen. Nahezu alle am Markt verfügbaren Systeme sind erprobt und haben ihre volle Marktreife, so dass niemand befürchten muss, »Testkaninchen« zu sein. Hunderte von Hotels haben diese Anwendungen bereits im Einsatz – sei es nur als E-Procurement- oder als Kreditorenmanagement-Lösung – oder in Kombination.

OUTSOURCING IM EINKAUF

Aufgaben im Einkaufsmanagement können im Bedarfsfalle auch outgesourct werden. In Teilen oder sogar in der großen Variante, dass ein Dienstleister für Hotels oder Hotelketten den kompletten strategischen Einkauf übernimmt. Damit besteht eine Möglichkeit, Ihren Einkauf, Ihre Kosten und Prozessabläufe ohne eigene oder mit weniger eigener Manpower zu optimieren. In Deutschland gibt es rund ein Dutzend Einkaufsgesellschaften und nochmals etwa so viele Beratungsunternehmen, die Dienstleistungen im Bereich des Einkaufs anbieten.

Helfer im Einkaufsmanagement

Grundsätzlich gilt es zwei Varianten am Markt: Zum einen die so genannten reinen Einkaufsverbünde oder auch Pools. Und zum anderen reine Einkaufsberater. Teilweise gibt es auch Anbieter, die sowohl Poollösungen als auch Beratung aus einer Hand anbieten.

Allerdings sind Einkaufsverbünde, Einkaufsgesellschaften und Einkaufsberater nicht für jedes Hotel gleichermaßen geeignet, was man bei der Auswahl berücksichtigen muss. Jeder Hotelier muss für sich entscheiden, wie viel »Einkaufsqualität und –tiefe« er haben und was er alles abgeben möchte.

Eine sehr einfache Variante, Einkaufskosten kurzfristig zu optimieren, ohne sich groß anstrengen zu müssen, kann der Anschluss an einen Einkaufspool sein. Der Einkaufspool bündelt das Volumen von mehreren Mitgliedern, oder versucht es bestmöglich zu bündeln, und verhandelt auf dieser Basis dann Konditionen für die Mitglieder des Einkaufspools. Die Mitglieder des Einkaufspools sind in der Regel nicht zum Einkauf verpflichtet, sondern können sich frei entscheiden, welche Konditionsabkommen sie nutzen wollen und welche nicht. Hinzu kommen teilweise weitere Leistungen wie operative Einkaufsberatung, Zugriff auf digitale Bestell- und Kreditorenmanagementsysteme oder zentrale Abrechnung und Rückvergütungskontrollen.

Blind Date – Partnerwahl

Welcher Partner schafft die beste Lösung für mich? Da die Auswahl an Anbietern inzwischen recht groß aber teilweise noch zu intransparent ist in Bezug auf was der jeweilige Anbieter »wirklich« kann und was nicht, haben wir hier einen Kriterienspeicher zusammengestellt, der bei der Suche und späteren Selektion des richtigen Anbieters eventuell hilfreich sein kann, so dass Ihr »blind date« zum Erfolg wird:
• Wie ist die Einkaufskompetenz generell?
• Wie ist Lieferantenstrategie gestaltet?
• Welche Qualitätskriterien gibt es bei der Lieferantenauswahl?
• Wie sieht die Preisstrategie aus?
• Wie umfangreich ist die Sortimentsbreite und -tiefe
• Welche Art von Lieferanten sind gelistet und wie viele?

- Wie stark sind die Leistungsfelder ausgebaut?
- Wie sieht die Transparenz in Bezug auf Kosten-Nutzen aus?
- Welche Einkaufsservices und -beratungen gibt es?
- Wie ist die Kommunikation gestaltet?
- Welche Einkaufsunterlagen werden geboten?
- Gibt es ein Regulierungsmanagement oder Zentralregulierungssystem (Online/Offline)?
- Wie sind Rückvergütungssysteme aufgebaut?
- Wie betriebsindividuell können im Bedarfsfall Konditionen abgebildet werden?
- Wie ist die Mitarbeiterzahl und -qualifikation des Anbieters?
- Wie sieht die Betreuung vor Ort aus?
- Gibt es eine Einarbeitung, Integration oder Schulung auf das System
  und wie umfangreich ist sie?
- Gibt es bei Bedarf Einkaufsberatungen über den Standard hinaus?
- Welche Referenzen liefert der Anbieter?
- Welche Verpflichtungen gibt es?
- Wie vielfältig sind die digitalen Lösungen und gibt es ggf. weitere Ausbaustufen?

Bei den Einkaufsverbünden oder Pools handelt es sich um standardisierte Systeme. Für die Zusammenarbeit mit Einkaufsgesellschaften und auf Einkauf spezialisierte Beratungsunternehmen sprechen in der Regel im optimalen Fall:
- Kostenoptimierung durch den Zugang zu allen zentral verhandelten Preisen und Konditionen
- Laufende Optimierung und zentrale Kontrolle der Konditionsentwicklung
- Vorbeugung oder Abfederung von Preissteigerungen
- Laufender Ausbau der Lieferantenabkommen
- Relative Kostensicherheit durch Volumenwachstum
- Schneller Zugriff auf Lieferantenportfolio
- Bessere Vorbeugung von Fehlkäufen durch gezielte Vorauswahl und Beratung
- Einkaufsverzeichnisse (Online/Offline)
- Arbeitserleichterung durch Angebots-Services
- Erleichterung der Abrechnungen/Sammelrechnungen
- Erhöhung der Transparenz
- Verbesserung der Kontrolle

Im Gegenzug dazu kann der Einkauf im Hotel durch den Anschluss an einen Einkaufspool oder Nutzung eines Beraters nur dann Erfolg haben, wenn das Hotel das System und die Lösungen auch konsequent nutzt und die empfohlenen Maßnahmen umsetzt.

Um sich einem Einkaufspool oder Einkaufsverbund anzuschließen, werden entweder Dienstleistungsverträge unterschrieben oder es müssen Genossenschaftsanteile erworben werden. In einigen Fällen gibt es Mindesteinkaufsvolumen, die erbracht werden müssen. Was alle Einkaufsverbünde eint ist, dass die angeschlossenen Hotels keinen Kaufzwang in dem Sinne haben. Sie können wählen, bei welchen Lieferanten des Pools eingekauft wird. Ausnahmen gibt es dann, wenn es gezielte Bündelungsmaßnahmen gibt, bei denen sich der Hotelier aus freien Stücken zugunsten nochmals besserer Konditionen verpflichtet, über einen gewissen Zeitraum ein bestimmtes Sortiment bei einem ausgesuchten Lieferanten zu beschaffen.

Wer anstrebt, dass im eigenen Haus mit Hilfe Dritter auch die individuellen Einkaufsprozesse und -regeln überprüft und erneuert werden oder sogar das gesamte

Vertragsmanagement oder der strategische Zentral-Einkauf outgesourct werden soll, dem reicht in der Regel der Anschluss an einen Einkaufspool oder einen Verbund nicht. Hierzu muss man sich weiterführend an Komplettanbieter im Einkauf oder Berater wenden.

Bei der Zusammenarbeit mit Beratungsunternehmen im Einkauf liegt üblicherweise ein Beratungsvertrag zugrunde. Dieser regelt die Leistungen. Die Leistungen sind individuell abgestimmt und komplett zugeschnitten auf das jeweilige Hotel. Dazu können unter anderen zählen:

• Bestandsaufnahmen durch Istanalysen und Audits
• Erstellung von Dokumentationen und Handlungsempfehlungen
• Coaching und Training
• Entwicklung von Einkaufspolicies (Einkaufsregeln) für das jeweilige Hotel
• Erstellung von Ordersätzen, Transferbelegen, Bestellvorlagen
• Einführung eines E-Procurement Systems und/oder einer Warenwirtschaft
• Durchführung von Ausschreibungen und Optimierung von Sortimenten
• Verhandlungsführung und Kostenoptimierung
• Vertragsverwaltung und -kontrolle
• Komplettübernahme Zentraleinkauf (Outsourcing)

Die Honorierung erfolgt Aufwandsbezogen oder nach Erfolg. Nach Erfolg bedeutet, dass der Berater zum Beispiel 50 Prozent der erzielten Kosteneinsparungen für sich einstreicht. Bei der erfolgsorientierten Variante ist jedoch sehr sorgfältig auf die Formulierungen zu achten. Allein an den Cost Savings (Kosteneinsparungen) den Vertrag fest zu machen, kann deswegen riskant sein, weil der Berater natürlich versucht sein wird, das maximale an Kosteneinsparungen zu erzielen, um somit ein Maximum an Honorar zu bekommen. Daher sollte zum einen das Honorar auf jeden Fall nach oben hin »gedeckelt«, also fixiert sein. Zum anderen muss bereits im Vorfeld durch ein Pflichtenheft festgelegt werden, welchen Bedarf das Hotel hat und welche Qualitätsanforderungen prinzipiell nicht zu unterschreiten sind.

DIE K.O.I.-STRATEGIE

11.

K.O.I. – KLEINE FORMEL,
GROSSER ERFOLG

Wir steigen jetzt zusammen auf einen Berg und schauen von dort oben auf MACHT EIN-KAUF. Vor uns liegt das Buch aufgeschlagen. Wir gehen Kapitel für Kapitel und Seite für Seite nochmals durch. Wenn wir alle Informationen, Tabellen, Bilder und Beispiele, Strategieansätze und Berechnungen zusammenfassen und versuchen, auf einen einfachen, merkbaren Strategie-Nenner zu bringen – dann lautet der: K.O.I.

Konzentration

Organisation

Information

Mit dem Begriff K.O.I. Strategie als Synonym werden alle wesentlichen Aspekte und Kriterien des strategischen Einkaufsmanagements klar und verständlich auf den Punkt gebracht:
• **Konzentration** – konzentrieren Sie sich, konzentrieren Sie Ihre Einkaufsvolumen, konzentrieren Sie Ihre Lieferanten
• **Organisation** – organisieren Sie sich, organisieren Sie Ihr Team, organisieren Sie Ihre Prozesse, organisieren Sie Ihre Kontrollen, organisieren Sie Ihre Systeme
• **Information** – informieren Sie über Ziele, informieren Sie über Erfolge, informieren Sie über Fehler, informieren Sie über Änderungen, informieren Sie Ihr Team über neues Wissen

Sie können daher mit dem Begriff »K.O.I.-Strategie« synonymhaft als Metapher arbeiten, durch die Sie stets Ihr Management-Ziel und Big Picture im Kopf haben, ohne sich an alle Details erinnern zu müssen. Und dieses Big Picture hilft auch sehr gut, als Stichwortgeber im Tagesgeschäft bei Ihrem Team das Bewusstsein hoch zu halten.

Mach's einfach – dieser Projektplan funktioniert

Wenn Sie per »morgen« ein strategisches Einkaufsmanagement einführen und die Früchte ernten wollen, die damit verbunden sind, dann bedeutet das Veränderung. Der Veränderungsprozess vom operativen zum strategischen Einkauf wird seine Zeit brauchen. Und wird Geduld fordern. Setzen Sie sich realistische Umsetzungsziele, die Sie zusammen mit Ihrem Team erarbeitet haben. Unrealistisch ist es, sollten Sie glauben, ein solches Projekt in wenigen Monaten umgesetzt und auf die Erfolgsspur gebracht zu haben.

rechts: Die Einführung eines strategischen Einkaufsmanagements im Hotel dauert – inklusive erster Ergebnisse – rund ein Jahr in der Umsetzung. Das Auftaktjahr ist das komplexeste. Danach wird's leichter und die ersten starken Ergebnisse sichtbar.

PROJEKT: SUPPLY CHAIN MANAGEMENT	Beschreibung	MO 1	MO 2	MO 3	MO 4	MO 5	MO 6	MO 7	MO 8	MO 9	MO 10	MO 11	MO 12
INITIALZÜNDUNG	• Auftaktmeeting mit Entschei-dungsträgern; sensibilisieren • verarbeiten lassen	▓											
PROJEKT AUFSETZEN	• Aufgaben • Teams • Zeitplan • Strategie		▓										
KOMMUNIKATION	• Team informieren • Ziele erläutern • Vorteile herausstellen • Zeitplan		▓										
IST-ANALYSE	• Task Force • Check pro Abteilung • Interviews • Daten sammeln			▓									
AUSWERTUNG IST-ANALYSE	• Matrix/Übersicht • Daten auswerten • Vergleichen • Rückschlüsse/Interpretation				▓								
ZIELE	• Ziele festlegen • Synchronisieren mit Unternehmenszielen • Ausformulieren					▓							
EINKAUFSRICHTLINIEN	• Redaktions-Team definieren • Inhalte • Umfang • Zeit						▓	▓					
VORBEREITUNG KOSTENOPTIMIERUNG	• Sortimente gewichten • Warenkorbdesign • Ausschreibungsbedingungen • Lieferanten						▓	▓					
AUSSCHREIBUNG	• Versand Unterlagen • Auswertung • Vergleiche • Verhandlung/Vergabe								pro Sortiment etwa 3 Monate planen				
VERTRAGS-MANAGEMENT	• Dokumentation • Wiedervorlage terminieren • Kommunikation • Schulung											ab Start Vertrag	
LIEFERANTEN-MANAGEMENT	• Kontrolle Lieferanten • Konditionskontrolle • Qualitätskontrolle • Jahresgespräche											ab Start Vertrag	
KONTROLLE	• Zielerreichung • Rechnungen • Abläufe • Nachjustierung												▓
TECHNOLOGIE / DIGITALISIERUNG	• Marktrecherche Systeme • Vergleichen/Testen • Ausschreiben/Vergeben • Implementieren								nach erstem laufendem Jahr				

MO = Monat

Zwölf Monate bis zur Champagnerparty

Ein Zeitrahmen, den wir aus der Praxis heraus beobachtet haben, und der funktioniert, geht von zwölf Monaten aus, bis Sie Ihre erste Erfolgsparty in Sachen strategisches Einkaufsmanagement feiern können. Vielleicht feiern Sie das auch wirklich. So bekommt Einkaufsmanagement Emotion und strahlt positiv auf Ihr Team aus.

In dieser Zeit von einem guten Jahr ist es trotz Tagesgeschäft machbar, Einkaufsrichtlinien implementiert, die ersten Ausschreibungen und Verhandlungen abgeschlossen, Kostenvorteile erzielt sowie grundlegende procure-to-pay-Technologien definiert und ausgesucht zu haben.

»Change« Dich – dank Veränderung zum Erfolg

Im Zentrum der Umstellung von operativ auf strategisch stehen Sie – und Ihr Team. Das Team wird, je nachdem, wie weit Sie schon heute im strategischen Einkauf entwickelt sind, eventuell Teile seiner Arbeitsweise und seines Denkens ändern müssen. Das wird dem einen oder anderen leichter – den meisten wohl eher schwerer fallen. »Das einzige Wesen, das Veränderungen will, ist ein Baby in nassen Windeln« (Klaus Kobjoll). Aber es gibt keinen Weg daran vorbei, offen zu sein für die Veränderung, wenn Sie den Erfolg als Ganzes für Ihr Hotel haben wollen. Allein schon deswegen ist Offenheit für Veränderung eine moralische Grundhaltung progressiver, leistungsbereiter Menschen und Teams, die den Erfolg suchen.

Das Führbein wechseln

Leistung, Erfolg und Wettbewerb – da gibt es viele Parallelen zum Sport: Sportler wollen ihre Ziele erreichen, sich gegen ihre Konkurrenten durchsetzen, Sie wollen gewinnen und siegen. Und diese Sportler trainieren Tag für Tag dafür. Edgar Itt war zum Beispiel einer der schnellsten Hürdenläufer der Welt und einer der erfolgreichsten Deutschlands. Deutscher Meister. Europa Cup-Sieger. Olympiamedaillengewinner. Als ehemaliger Spitzensportler weiß Edgar Itt – Träger des Silbernen Lorbeerblatts – was es bedeutet, ständig an sich selbst zu arbeiten, um wettbewerbsfähig zu bleiben. Zu einer Zeit, als er mal wieder weltweit unter den absolut besten Hürdenläufern der Welt war, sagte sein Trainer zu ihm: Edgar, du wechselst ab heute dein Führbein. Das Führbein ist das Bein, das zuerst über die Hürde geführt wird. Hintergrund: Edgar Itt sollte nicht mehr nur über die 110 Meter Hürden laufen, sondern über die 400 Meter. Das hieß aber auch: Er musste zum ersten Mal beim Hürdenlauf eine Kurve laufen. Jeder, der schon einmal in einem Leichtathletik-Stadion war, weiß, dass die komplette Runde 400 Meter lang ist, mit zwei langgestreckten Kurven. Um schnell und vor allem regelkonform über die Hürden laufen zu können, musste Edgar Itt sein anderes Bein zum Führbein machen. Es dauerte Monate, bis er das hinbekam. Er trainierte intensiv die Veränderung seines Verhaltens, was weitere große Erfolge mit sich brachte.

Dieses Bild müssen wir ins Team transportieren, dass die Änderung vom operativen zum strategischen Einkauf harte Arbeit bedeutet, später aber leichter Erfolge bringt.

EINKAUF 2025 – DER BLICK IN DIE KRISTALLKUGEL

Die vorhergehenden Ausführungen haben verdeutlich, dass ein strategisches Einkaufsmanagement bzw. Beschaffungsmanagement nicht nur sinnvoll ist, sondern jetzt im »Management-Auftrag« jedes Hoteliers steht. Allein der Gewinnturbo des Einkaufs, die Sorge vor höheren Rohstoffpreisen, die weiter steigende Produktkomplexität und anderes mehr sind Treiber, die Ihrer Entscheidung Flügel verschaffen sollten.

Doch wie wird sich der Hoteleinkauf darüber hinaus verändern? Was kommt auf ihn zu und welche Formen nimmt er an?

Wir sind überzeugt: Die Hotellerie wird innerhalb der gesamtem Palette der unterschiedlichen Hotelprodukte und -dienstleistungen in den nächsten Jahren den Weg der »Industrialisierung« des Einkaufs- und Bestellprozess als Standard verstehen und damit werden wir hier eine Phase der weiteren »Professionalisierung« feststellen. Im Mittelpunkt steht die radikale Verschlankung vor allem in den Prozessabläufen. Rationalisierung und Effizienz – auch durch Digitalisierung – sind die Stichworte. Davon betroffen ist, weil strategisches Element, insbesondere der Einkauf.

Die großen Bausteine im Einkaufsmanagement 2025

- Prozesse & Regeln: Klare Definition von Einkaufs- und Bestellregeln sowie verständliche und effiziente Ablaufbeschreibungen – von der Bestellung, über die Warenannahme bis zur Inventur. Glück auf – Es wird zu keinem Regulierungswahn kommen. Gegen dieses Virus ist die Hotellerie von Natur aus immun. Dennoch wetzt sie mit einer sauberen Prozessdefinition ihre heutigen Schwächen der aus operativen Zwängen heraus begründeten Sprunghaftigkeit ihrer Entscheidungen und Abläufe aus.
- Outsourcing: Es wird häufige Praxis sein, dass Hotels aber auch Hotelketten mit Einkaufsgesellschaften/Einkaufsberater kooperieren oder dass sie ihren Zentraleinkauf – komplett oder in Teilen – von externen Dienstleistungsunternehmen führen lassen.
- Digitalisierung: Durch den technologischen Stand der Zeit werden Bestellungen und Rechnungsworkflows vielfach komplett digital laufen. Sie werden miteinander verzahnt sein, so dass Rechnungs- und Preiskontrollen vielfach automatisiert stattfinden können. Dies vereinfacht das Controlling, erhöht die Transparenz und verkürzt den Zeitaufwand. Eine halbe Generation weiter gedacht: Der Einkauf selbst im Sinne des erkannten Bedarfs von Verbrauchs- und Gebrauchsgütern, wird voll automatisiert erfolgen. Im Konsumentenbereich sprechen wir vom »selbstbestellenden Kühlschrank«. In der Autoindustrie werden die Zulieferung von Bauteilen mit der Bestellung des Fahrzeuges, sprich der Unterschrift unter den Kauf-/Leasingvertrag ohne menschliches dazutun durchgeführt. Am Ende steht dort das Auto. Und dies werden wir mit Gebrauchs- und Verbrauchsgütern im Hotel auch bekommen (bspw. Reinigungsmittel, Beverages, teilweise Foodartikel, Hygienepapiere, Büromaterial etc.)
- Ausschreibungen: Mithilfe immer besser werdender Dateninformationen, werden Ausschreibungen in großen Sortimentsbereichen verstärkt zunehmen – auch bei kleineren Hotels.
- Bedarfsträger und Einkaufsverantwortliche werden vermehrt zwei unterschiedliche Personen. Trennung der Aufgaben von Bedarfsträger und Einkäufer

- Controlling: Dank Technologie und wachsender Transparenz wird das Einkaufscontrolling deutlich erleichtert und die Einkaufskosten optimiert werden. Der klassische Buchhalter wird zum Controller, da der Buchungsaufwand von Rechnungen deutlich geringer wird.
- Lieferantenkonzentration: Die Zahl der Lieferanten eines Hotels wird weiter schrumpfen.
- Investition in den Mitarbeiter (=Aus- und Weiterbildung) ist die Grundlage für ein optimierten Prozess
- Konzentration des Einkaufes auf wenige Personen durch Trennung von Bedarfsträger und Einkäufer. Der Bedarfsträger ist nur noch »Qualitätsmanager« innerhalb seiner Kerntätigkeit.

MACHT EINKAUF – FAZIT UND PLÄDOYER

In den vorangegangenen Kapiteln haben wir Sie in MACHT EINKAUF in die Welt des strategischen Einkaufsmanagements entführt. Es war eine Darreichung gepaart aus Erkenntnissen aus der Hotelpraxis, wissenschaftlichen Forschungsreihen, Beobachtungen, Best Practise-Ergebnissen und Erfahrungen, die aus »Fehlern« hervorgingen.

Umsetzbar sind die Lösungen und Vorschläge, die wir Ihnen gezeigt haben, für jeden Hotelier und jeden Gastronomen.

Anhand der Erläuterungen und vielen Berechnungen, können Sie für sich ablesen, welche Chancen für Sie als Hotelier oder Gastronom durch die strategische Ausrichtung Ihres Einkaufsmanagements bestehen.

MACHT EINKAUF – damit ist also nicht die düstere Seite von Einkauf und Machtmissbrauch gemeint: Lieferanten werden ausgequetscht auf den letzten Blutstropfen, Konzerne diktieren die Preise und sagen den Herstellern, »wo es langgeht«. Wir vertreten mit unseren Tipps & Ideen für Sie die Auffassung, dass der Umgang zwischen Hotel und Lieferant ein gesunder Mix sein muss aus respektvollem Umgang auf Augenhöhe miteinander und dem Sicherstellen wettbewerbsfähiger Einkaufskonditionen.

Der größte Batzen an Einkaufsvorteilen – und das ist die Quintessenz aus MACHT EINKAUF – liegt nahezu komplett bei Ihnen selbst!

Wir haben es als Hospitality Branche in der Hand, wie wir:
… unsere Strukturen effizienter machen
… unsere Warenkörbe designen und optimieren
… unser Lieferantenmix gestalten
… uns auf Verhandlungen vorbereiten
… unsere Liefer- und Leistungsverträge kontrollieren
… unsere Einkaufserfolge sichtbar machen und bewerten
… unsere Abläufe vereinfachen
… und somit unsere Einkaufs- und Prozesskosten locker um 10 Prozent oder mehr im ersten
   Schritt und nachhaltig verbessern

Durch diese Optimierung erhöht sich Ihr NOP – Net Operating Profit. Und mit diesem besseren Netto-Betriebsergebnis unmittelbar die Wettbewerbsfähigkeit und Investitionskraft Ihres Unternehmens.

Sie realisieren neue Zeit- und Finanzpotenziale, die Sie wiederum zur Verbesserung Ihrer gastnahen Dienstleistungen und somit mehr Umsatz oder der fachlichen Weiterentwicklung Ihrer Teams investieren können.

Bunt statt schwarz-weiß

Im Einkaufsmanagement, das sei noch gesagt, gibt es kein richtig oder falsch. So, wie das Leben nicht schwarz-weiß, sondern bunt ist, ist das der Einkauf auch. Es gibt unterschiedliche Ziele und Überzeugungen, unterschiedliche Voraussetzungen oder Vorgaben von Hotelier zu Hotelier. Der eine liebt billige Produkte, der andere nicht. Für den einen oder anderen ist die Fahrt zum Lieferanten und die Selbstabholung der Ware ein Stück Lebensqualität und Kontaktpflege, für den anderen maximale Zeitverschwendung. Von daher muss eben jeder auch seinen Weg finden und gestalten, wie er es für richtig erachtet und wie es am besten zu den Zielsetzungen des Unternehmens passt.

Konsequent oder gar nicht

Udo Lindenberg sagte in einem TV-Interview 2016: »Panikhistorisch gesehen gab's für uns immer nur – konsequent oder gar nicht.«

Übersetzt für Ihr Projekt »strategisches Einkaufsmanagement« bedeutet das »Wenn Sie was machen, muss es krachen.« Halbherzig und halbkonsequent ans Werk gehen bringt nichts! Das Scheitern und das große Gähnen sind vorprogrammiert. Und wie bei allen Projekten laufen Sie dann Gefahr, dass Sie mit dem Thema »strategisches Einkaufsmanagement« die kommenden Jahre bei Ihrem Team nicht mehr ankommen müssen. Verbrannte Erde. Das wäre extrem schade und wirtschaftlich bedauernswert, denn Sie schieben dann wieder etliche Zeit eine Gewinnlücke vor sich her, über die sich Ihre Mitbewerber natürlich freuen und die Hände reiben.

Unser Aufruf von daher:

»MACHT EINKAUF«!

CASE STUDY »HOSEN RUNTER« – DAS EINKAUFSOPTIMIERUNGSPROJEKT AM BEISPIEL DES SCHINDLERHOF, NÜRNBERG

Ausgangslage

Der Schindlerhof in Nürnberg verfügt über 91 unterschiedlich gestaltete Zimmer. Das Haus gehört seit Jahren zu den Spitzen-Tagungshotels und ist weit über die Grenzen Deutschlands bekannt für seine gelebte Herzlichkeit und große Individualität. Zum Schindlerhof gehört der einzigartige Tagungsbereich »denkArt« sowie eine Außen- und Innengastronomie. Der Umsatz des Hauses, das zwischen 65 und 70 Festangestellte Mitarbeiter hat, lag im Jahr 2015 bei rund 7 Millionen Euro (richtig???). Der Gewinn vor Steuern, NOP – Net Operating Profit, beträgt 700.000 EUR (richtig???). Der Einkauf läuft weitestgehend nebenher. Ausschreibungen, Verhandlungsrunden mit Lieferanten oder andere strategische Maßnahmen finden kaum statt. Man ist der Auffassung, dass die Einkaufskosten in Ordnung sind, was man auch am Wareneinsatz ablesen kann. Doch durch ein paar wenige Preisvergleiche im Jahr 2016 – auch bei langjährigen Stammlieferanten – wurde sichtbar, dass es sich lohnen dürfte, die Einkaufspreise des Schindlerhofs einmal näher unter die Lupe zu nehmen.

Zielsetzungen

1. Transparenz in die Einkaufskosten bringen und Überprüfung der Marktfähigkeit der Einkaufspreise des Schindlerhofs.
2. Optimierung der Einkaufskosten, sofern sich durch 1:1-Vergleiche bessere Einkaufskonditionen bie Lieferanten erzielen lassen

Vorgehensweise (in Stichworten)

- Sortimentsfestlegung: Food, Reinigungsmittel, Versicherungen
- Ermitteln aller wichtigen Daten wie Produkte/Leistungen, Mengen, Qualitäten, Preise, Rückvergütungen etc.
- Aufbereiten der Daten zur Bearbeitung
- Sortimentsstraffung und Definition zukünftiger Warenkörbe anhand Bedarf & Qualitäten
- Ausschreibung der Bedarfe bei verschiedenen Lieferanten inkl. aktuellem Stammlieferant
- Auswertung und Vergleich der Daten
- Verhandlungsgespräch – last call für aktuellen Stammlieferant – ggf. Verprobung/Verkostung

· Rahmenverträge geschlossen
· Bietenden Lieferanten abgesagt
· Information ans Team und Aktualisierung des Lieferantenverzeichnisses

Ergebnisse

· Optimierung der Lieferantenstruktur
· Bessere Einkaufskosten in Höhe von ca. 100.000 EUR/Jahr
· Gleiche oder bessere Qualitäten
· Mehr Leistungsumfänge

Rolf Westermann, Chefredakteur der Allgemeinen Hotel- und Gastronomiezeitung, und Jochen Oehler haben im Sommer 2016 im Schindlerhof mit Klaus Kobjoll ein Interview geführt, um alle Details zu seinem Einkaufsoptimierungsprojekt zu erfahren. Hier lesen Sie den Originalwortlaut. Zu finden ist das Interview in ganzer Länge auch auf Youtube »Hosen runter – Interview mit Klaus Kobjoll buy Top Supply 16«.

Erfolgreiche Senkung der Foodcost

Original-Wort-Interview mit Klaus Kobjoll, Unternehmer & Inhaber Schindlerhof

Herr Kobjoll die Hotelkonjunktur in Deutschland läuft ja weiterhin sehr gut, sie ist ziemlich robust, wie kann den ein privat geführtes Hotel wie der Schindlerhof da überhaupt mithalten?

Wir halten nicht mit, sondern wir liegen an der Spitze. Wir machen mit einem 4 Sterne Business Hotel, mittleres Preisgefüge mit einer Preisgarantie, das heißt jeder Gast zahlt den gleichen Preis, mit 91 Zimmern 7 Mio. Bruttoumsatz.

Aber warum kommen denn die Leute zu Ihnen hier an den Rand von Nürnberg. Was ist denn ihr Hauptpunkt, womit punkten Sie denn bei den Gästen?

Wir sind hochspezialisiert auf Tagungen und Seminare. Machen 1700 Tagungsveranstaltungen im Jahr. Wir sind keine eierlegende Wollmilchsau wo heute eine Tagung läuft und im gleichen Raum am nächsten Tag ein Bankett.

Der F& B Bereich ist bei Ihnen ja auch recht stark..

Ich komme aus der Szenegastronomie, wir machen etwa 4 Mio. F & B Anteil, das heißt unser Restaurant ist nicht abhängig, hängt nicht am Tropf von Hotelgästen, sondern ist quasi das Wohnzimmer der Nürnberger und jeder Hotelgast wird beim Einchecken, beziehungsweise bei der Buchung schon gefragt, möchten Sie bei uns essen oder nicht.

Der F & B Umsatz ist ja die eine Sache, aber was bleibt bei Ihnen unterm Strich hängen?

Also, wir haben ja totale Transparenz. Jeder Lehrling kennt meine Zahlen. Wir firmieren in Form einer GmbH & Co KG, der KG gehören alle Immobilien, zu 100 Prozent im Familienbesitz, die GmbH führt die Geschäfte,1,2 Mio ziehe ich Mieten und Pachten im Jahr von der linken in die rechte Tasche und dann bleiben etwa noch 7 Prozent vorläufiges Ergebnis in der GmbH hängen, das heißt wir haben einen GOP von etwa 33 Prozent.

Nun sind Sie ja Herr Kobjoll, eher für ihre mitreißenden Seminare und Vorträge zuständig, es geht bei Ihnen um Herzlichkeit, Unabhängigkeit, Mitarbeiterorientierung und trotz der guten Zahlen jetzt das etwas tröge Thema Kostenoptimierung. Wie kommen Sie dazu?

Na ja jede Medaille hat zwei Seiten. Auf der einen Seite »heart work« vom Herz, Softskills und auf der anderen Seite »hard work«, also die harte Seite der Medaille und dazu gehört eben eine Kostenoptimierung. Wir haben jahrelang nur die Ergebnisseite, die Umsatzseite angeschaut, weil es uns einfach sehr, sehr gut ging, 2009 haben wir natürlich auch einen Dämpfer bekommen in der Konjunktur, in dieser Konjunkturdelle und haben halt dann auch irgendwann mal gesagt da ist noch Potential, »room for improvement«, auf der Kostenseite.

Herr Kobjoll, wie sind Sie konkret vorgegangen bei diesem Projekt?

Die Ausgangslage war, dass wir jetzt, Gesamtbetrieb inklusive Logis, etwa 16,5 Prozent Wareneinsatzquote hatten und wir werden heuer mit 14,5 Prozent, also 2 Prozent darunter liegen, das heißt, wir werden nach Beginn dieses Kostenoptimierungsprojektes etwa 100.000 EUR einsparen. Pro Jahr.

Was war der Auslöser, warum haben Sie es angefangen?

Bei mir zahlt jeder Gast den gleichen Preis, Rack Rate ist Average Rate. Für mich ist Rabatt lediglich ein anderes Wort für Verzweiflung. Und ich bin blauäugig eigentlich immer davon ausgegangen, dass meine langjährigen Lieferanten genauso denken wie ich, ohne dass ich »nachkarteln« muss, einfach optimale Preise bekomme. Das erste Beispiel war Versicherungsmakler. Wir haben seit Jahrzenten mit einem neutralen Versicherungsmakler zusammengearbeitet und ich hätte mir nicht vorstellen können, dass diese Zahlen zu toppen sind.

Das waren die Versicherungsleistungen. Welche Kostenleistungen kamen bei Ihnen noch auf den Prüfstand?

Ich war einmal dabei, als unser Housekeeping Management über Reinigungsmittel, Profireinigungsmittel und Hygienepapier verhandelt hat. Nach einer Stunde war klar, 6.000 EUR Ersparnis pro Jahr und jetzt kommt der Hammer, bei den gleichen Marken und das hat mir dann doch zu denken gegeben, dass manche meiner Lieferanten möglicherweise sich doch eher als Sprinter sahen und nicht als Marathonläufer, dass Sie eher an kurzfristigen Gewinnen interessiert waren und nicht das Grand Design, die große Linie so gesehen haben wie ich.

Welche Tipps geben Sie an Lieferanten, Sie haben ja jetzt einiges an Erfahrung gesammelt, Sie haben Lieferanten zum Teil auch ausgelistet, was sind ihre Erfahrungen, die Sie hier gemacht haben?

Wir haben im Vorfeld, bevor wir die Kostenoptimierer von der Leine ließen, alle unsere Stammlieferanten informiert, dass ein solcher Preisleistungsvergleich stattfinden wird, das hat auch niemanden gestört. Gestört hat es dann, als rausgekommen ist, dass zum Beispiel ein Lieferant, der uns mit Molkereiprodukten beliefert hat, so deutlich teurer lag, dass ich keine Chance gesehen habe mit dem nochmal zu reden.

Wie haben ihre Mitarbeiter mitgewirkt, haben die mitgemacht oder gab es da am Anfang Widerstände?

Die waren von Anfang offen, lediglich in der Küche gab es natürlich ein bisschen Bedenken weil natürlich ein Küchenchef der jahrelang mit einem Lieferanten zusammen arbeitet, da baut sich auch eine emotionale Bindung auf und wenn es auch nur die Bindung zu den Fahrern ist und wenn da ein Wechsel ist …, jeder Wechsel tut zunächst weh. Also der einzige Mensch der Veränderung liebt, ist ein Baby das in nassen Windeln liegt.

Ich möchte noch mal fragen wie das Thema Kostenkontrolle zu einem Hotel wie dem Schindlerhof passt? Sie sind ja jetzt kein Dumping oder Low Budget Hotel und seit 1990 gilt ja bei Ihnen das Motto gleichbleibende Qualität und Lieferbereitschaft sind uns wichtiger als der Preis! Wie passt das jetzt mit ihrem Projekt zusammen?

In unserer Einkaufspolitik aus der Sie gerade zitieren, steht auch, dass wir immer familiengeführten Betrieben den Vorzug geben im Vergleich zu Konzernen und ich habe mich wohl dabei gefühlt bei diesem Projekt weil wir zunächst gesagt haben, es werden erstmal alle Konzerne auf den Prüfstand gestellt und nicht die Familienbetrieb.

Sie wollten ja auch Massentierhaltung bei ihren Produkten vermeiden, wie können Sie das kontrollieren?

Ich kann natürlich hier nur auf Vertrauensbasis arbeiten, wir verwenden kein Geflügel aus Massentierhaltung, wir wollen kein Kalbfleisch einkaufen wo die Kälber den Mutterkühen direkt nach der Geburt weggenommen werden. Unser Kalbfleisch kommt aus Mecklenburg Vorpommern, unser Rindfleisch ist zum Teil zumindest Simmenthaler Rind wo wir uns auch den Schlachthof anschauen in Erlangen gleich hier um die Ecke, die Bauern dürfen ja nicht mehr selber schlachten. Also wir nehmen auch hier bewusst höhere Kosten in Kauf um eben dem Tierwohl gerecht zu werden. Meine Tochter ist noch viel radikaler, Sie möchte das Kalbfleisch komplett aus der Küche verbannen. Von mir hat Sie grünes Licht!

Wie stark spielt Nachhaltigkeit bei Ihnen im Einkauf generell eine Rolle, also wie stark spielt es hinein, hat es für Sie einen reinen Marketingeffekt? Grenzen Sie es scharf ab, wie gehen Sie damit um?

Letztendlich will es der Kunde. Wir waren der erste Gastronomiebetrieb im Großraum Nürnberg, Biobier, Ökobier aus allen Rohren. Wir haben zwischen 20 und 25 Auszubildende, je jünger die Leute sind umso höher sind Sie sensibilisiert in Sachen Umwelt. Also ich hatte vor 30 Jahren noch eine Dienstwagenregelung für meine Führungskräfte, wo der Küchenchef auch mal mit einem Porsche oder einem 300 SL zur Arbeit fuhr. Das ist heute uninteressant. Den können Sie höchsten mit dem Tesla locken.

Darf ich nochmal ganz kurz anschließen, weil die Hotellerie und Gastronomie, die klagt ja auch unter dem Aspekt Mitarbeiter und Fachkräftemangel, ist das vielleicht ein Pluspunkt, wenn ich als Hotel sagen kann, ich bin auf der Schiene zum Beispiel Nachhaltigkeit unterwegs, um somit das eine oder andere Argument mehr zu liefern, Mitarbeiter zu kriegen?

Also es wird sicherlich ein kleiner Beitrag sein um zu einer noch stärkeren Arbeitgebermarke zu kommen.

Wie lange wollen Sie das Projekt jetzt noch fortführen, ist das eine dauerhafte Aufgabe, die Sie installieren wollen in ihrem Betrieb? Oder war das eine einmalige Aufgabe?

Es ist keine Daueraufgabe, aber alle Führungskräfte sind angewiesen immer das Angebot prüfen zu lassen.

Was war denn die Haupterkenntnis aus diesem Prozess, gab es Überraschungen, gab es Dinge mit denen Sie überhaupt nicht gerechnet haben?

Also die Haupterkenntnis war, dass ich bei 1. Million EUR Umsatz im Jahr , wenn ich ein volles Kalenderjahr nehme, eine Einsparung von 100.000 EUR erzielen kann und ich im Grunde genommen 1 Million EUR mehr Umsatz machen müsst um das gleiche Ergebnis zu erzielen, wenn Sie von einer vorläufigen Ersparnis von 10 Prozent ausgehen, und das ist schon eine gewaltige Zahl.

Dieses Interview werden nicht nur Hoteliers sehen sondern sehr wahrscheinlich auch der Ein oder Andere aus der Zulieferindustrie. Was sind Ihre Tipps, was sollte ein Lieferant, ein Verkäufer, da besser machen?

Er sollte die Zusammenarbeit mit dem Kunden langfristig sehen, er sollte es sehen wie eine Geschäftsfreundschaft, dass er nicht nur kurzfristige Rendite sieht und Dollarzeichen in den Augen hat, sondern langfristigen Erfolg.

Herr Kobjoll jetzt noch mal Hand aufs Herz: Was ist denn unter dem Strich wirklich dabei herausgekommen?

Zusammen, wie oben in Teilen schon angesprochen – auf Anhieb nach zwei Besprechungen bereits 10.000 EUR Jahresersparnis bei den Versicherungen bei gleicher Leistung, 6000 EUR an einem Nachmittag beim Einkauf von Profi-Reinigungsmittel und Hygienepapieren und geschätzte 50–60 Tausend EUR bedingt durch den Wechsel eines Voll-Sortimenters. Und wir sind noch nicht am Ende dieses Projektes.

Was ist ihre Einschätzung, a. für den Schindlerhof, und b. für den Markt generell? Wie schätzen Sie die Entwicklung in der Hospitalitybranche ein?

Also die Entwicklung wird gut bleiben, es wird immer gegessen und getrunken, es wird immer getagt und gefeiert und E-Learning wird nie das »face to face« ersetzen, das heißt, wir haben wunderbare Zukunftsaussichten, aber wir müssen uns natürlich entscheiden: Luxus oder No Name, also Marke oder nicht, Innovationsführerschaft, Serviceführerschaft oder Kostenführerschaft.

Sehen Sie sich da unter Druck gesetzt von Seiten der Kettenhotellerie?

Überhaupt nicht, weil es so viele Individualisten da draußen gibt, die es auch schätzen in einem privat geführten Betrieb einfach ein Erlebnis zu haben, wenn Sie dort übernachten. Also, ich kann in den meisten Kettenbetrieben sowieso nur übernachten, wenn ich Valium eingeschmissen hab.

DER ANHANG

DIE »GROSSE TREND-STUDIE EINKAUF IN DER HOTELLERIE '16«

Nach 2006, 2008, 2010 und 2012/2013 wurde im Herbst 2016 die »Große Trend-Studie Einkauf in der Hotellerie« mit den wichtigsten Eckdaten der Öffentlichkeit vorgestellt. Zum dritten Mal in Folge lag die Federführung bei der Hochschule Heilbronn.

Der Fokus der Studie liegt darauf, zu ermitteln, welchen Stellenwert der Einkauf für die Hotellerie hat, wie die Einkaufs- und Bestellprozesse etabliert sind und welches die Maßnahmen zur Optimierung sind. Die Analyse hat die Ergebnisse in Teilfragen mit den Vorjahreserhebungen abgeglichen und dadurch die aktuellen Trends aus den Hotels aufgezeigt. Die Studie gilt als »Fortführung« bisheriger Kernerhebungen und stellt damit die Vergleichbarkeit sicher.

In diesem Buch haben wir diese Studie im gesamten Umfang abgebildet. Dies ist vor allem für den Hotelier bedeutsam, der innerhalb seiner Prozesse feststellen möchte, ob der in den letzten Jahren sich bewusst für sein Einkaufsverhalten entschieden hat. Wir werden aus den Themenblöcke immer wieder Empfehlungen/Konsequenzen für den Hotelier formulieren!

Sehen Sie diese Ausführungen als »Themenblock von MACHT EINKAUF als wissenschaftliches Fundament. Nutzen Sie die Ergebnisse als Ihr »Benchmark«.

Vorgehensweise

Die Grundlage der Erhebung des Einkaufes ist die Befragung von Hotelbetrieben verschiedener Größe und Standorten. Dafür wurde der etablierte Fragebogen weiterentwickelt und an Mitglieder der FBMA, HDV, und IHA versendet, insgesamt also ca. 6000 Betriebe. Hiervon haben in der Studie von 2016 134 Hotelbetriebe an der Befragung teilgenommen, was einem Rücklauf von 2,3 Prozent entspricht und damit im Rahmen der bisherigen Befragungen liegt (3 bis 5 Prozent). Mit Hilfe dieser Daten werden nicht nur Hotelbetriebe bezüglich Einkaufsverhalten und Bestellmanagement untereinander verglichen; vielmehr können durch die vorangegangenen Befragungen auch Vergleiche über die Zeit durchgeführt und somit Trends herausgearbeitet werden.

Der Fragebogen
Der Fragebogen wurde auf Basis der Theorie und den Ergebnissen früherer Befragungen sowie aktueller Trends weiterentwickelt. Hierbei wurde darauf geachtet, möglichst wenig offene Fragen zu integrieren, um so eine statistische Auswertung und folglich einen validen Vergleich zu ermöglichen. Er ist in drei übergeordnete Abschnitte gegliedert gewesen.
- Allgemeine Informationen
- Generelle Einkaufsaspekte
- Lieferanten- Bestellmanagement

Die Auswertung

Erster Schritt nach jeder Erhebung ist die Prüfung der Datensätze auf Verwendbarkeit. Hierbei werden vor allem Doppelungen und gravierende Abweichungen bei einzelnen Antworten plausibilisiert. Der Prozess erfolgt in drei Antwortsätze, da diese nicht für ein einzelnes Hotel sondern vermutlich für eine ganze Kette / Gruppe beantwortet wurden, was anhand der Mitarbeiter- und Zimmerzahl naheliegend war. Diese wurden als Ausreißer gewertet und sind in die statistische Auswertung eingeflossen.

Nach der Einzelauswertung der Fragen erfolgt die Cross-Auswertung bzw. die Auswertung von Fragen durch Kombination der selbigen. Die bekanntesten Auswertungen sind die Analyse einzelner Antworten bezogen auf Soziodemografische bzw. unternehmensspezifische Kriterien. Die Konsumenten kennen den die bekanntesten Auswertungen nach Geschlechtern, was in der Hotellerie die Betriebsgröße, die Zahl der Mitarbeiter oder der Betriebstyp sein kann.

Die Ergebnisse wurden wiederum mit den Ergebnissen der Vorläuferstudien verglichen.

Als abschließende Hinweise sei zu der Betrachtung der Fragen zunächst zu beachten, dass die ursprüngliche Stichprobengröße N=131 beträgt, jedoch nicht alle Fragen von allen Teilnehmern beantwortet wurden, sodass n also von Frage zu Frage variieren kann und damit stets mitbeachtet. werden sollte. Außerdem sind die Korrelationsanalysen auf lineare Betrachtungen beschränkt.

»ALLGEMEINE INFORMATIONEN«

In diesem Abschnitt werden die allgemeinen Informationen zu den Hotelbetrieben von Größe bis hin zu Lage betrachtet. Mit Hilfe dieser Informationen sollen zunächst ein Überblick über die Stichprobe N gewährt und anschließend weitere Vergleiche durchgeführt werden. Hierbei ist N=131, die Größe der einzelnen Stichproben. »N« kann variieren und wird, wo abweichend, angegeben.

BETRIEBSFORM

Es werden die Betriebsformen (1) Privathotel ohne Markenanschluss, (2) Privathotel mit Markenanschluss, und (3) Kettenhotel unterschieden. Bei Nummer (1) handelt es sich um ein Individualhotel, in dem oftmals der Inhaber auch Eigentümer ist und die Managementfunktion ausfüllt; auch kann das Hotel von einem Pächter oder entsprechend eingestelltem Direktor geführt werden. Der Unterschied zu einem Privathotel mit Markenanschluss besteht darin, dass letzteres in einem Franchise-System ist oder Mitglied einer Kooperation ist, wobei die Vermarktung unter der übergeordneten Marke geschieht. Um ein Kettenhotel handelt es sich um mehrere Hotels, mindestens jedoch vier, unter derselben Geschäftsleitung (Freyberg, Gruner, & Lang, 2012). Auch bei einem Franchise-System kann von einer Kette die Rede sein, weshalb die Unterscheidung zwischen (2) und (3) mitunter schwer zu treffen ist. Die vorig genannte Unterscheidung soll daher für diese Arbeit angenommen werden.

24,4 Prozent (32) der Teilnehmer sind Privathotels ohne Markenanschluss, 21,4 Prozent (28) Privathotels mit Markenanschluss, und bei 54,2 Prozent (71) handelt es sich um Kettenhotels. Diese Verteilung entspricht der Aufteilung aus der 2012/2013 Erhebung.

ZIMMERZAHL (N=96)

Die Zimmerzahl der Hotels ist einer der Indikatoren, die die Größe eines Hauses bestimmt. Im Durschnitt hatten die Befragten 133 Zimmer in einer Bandbreite von 10 bis 387 Zimmer.

Die Befragung zeigt anhand der Verteilung der Zahl der Zimmer der an der Umfrage teilnehmenden Hotels eine »annähernde Normalverteilung«, was dem Branchenschnitt entspricht. In diesem Fall sprechen wir von einer annähernden repräsentativen Studie.

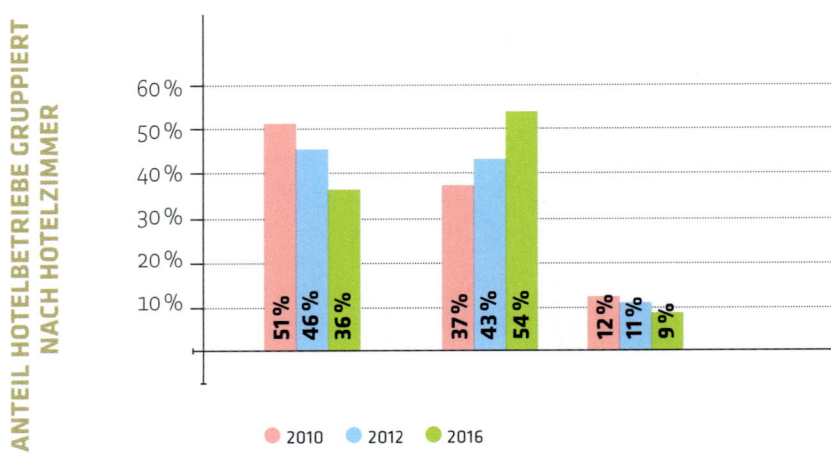

Welche Bedeutung hat das Verhältnis der Zahl der Zimmer zu der Zahl der Mitarbeiter? Diese Analyse wird auch Korrelationsanalyse genannt. In der Erhebung der Anzahl der Zimmer im Verhältnis mit der Anzahl der Mitarbeiter besteht ein positiver Korrelationskoeffizient von 0,57 was eine »mittlere positive Korrelation« entspricht; 33 Prozent der Abweichungen können durch die Regressionsformel erklärt werden. Fazit für das Hotel: Je mehr Zimmer ein Hotel hat, desto mehr Mitarbeiter werden benötigt, wobei die zusätzlich benötigte Zahl an Mitarbeitern mit steigender Zimmerzahl abnimmt. Was heißt dies für den Einkauf? Konzentration auf den Kern der Dienstleistung und optimieren des Einkaufes.

AUSRICHTUNG

Die befragten Hotels können in zwei grobe Kategorien unterteilt werden, die die Ausrichtung beschreiben. 11 Prozent (15) der Teilnehmer sehen sich als Business/Veranstaltungs-/Kongresshotels, 72 Prozent (94) sind Ferien-/Urlaubs-/Wellnesshotels. 9,9 Prozent (13) geben an, beide Zielgruppen anzugehen, die restlichen 15 Prozent (19) haben als Ausrichtung »andere« angegeben, dies jedoch nicht näher spezifiziert. Die Aufteilung 11 Prozent/72 Prozent für Business/Wellness ist nicht unbedingt repräsentativ für die Branche, was darauf zurückzuführen ist, dass nur ein kleiner Teil der potentiellen Teilnehmer die Umfrage ausgefüllt hat und dabei zufällig die hier vorliegende Verteilung entstanden ist. Zugleich haben nicht dieselben Betriebe wie 2012 an der Umfrage teilgenommen. Aufgrund dieser Verteilung wird die Ausrichtung der Hotelbetriebe nur bedingt bis gar nicht als Vergleichsgrundlage für die weiteren Fragen verwendet. Vielmehr werden die Größe der Betriebe (Umsatz und Mitarbeiterzahl) sowie Lage stattdessen verwendet. Letztlich konnte die Studie ermitteln, dass der Betriebstyp und das Verhalten im Einkauf keine positive Korrelationen hat; sprich – egal was für ein Betriebstyp das Hotel ist, ist das Verhalten im Einkauf- und Bestellmanagement nicht unterschiedlich!

SERVICELEVEL (N=92)

Die Frage nach dem Servicelevel unterteilt die Hotelbetriebe in solche mit Fullservice und solche, die Garni, Appartements oder Boarding anbieten. Erstere verkörpern 80,4 Prozent (74), letztere 19,6 Prozent (18) der befragten Hotels.

STERNE (N=130)

Hier wird nach der Zahl der Sterne gefragt. Die Verteilung der Sterne in den befragten Hotelbetrieben ist in der Abbildung unten zu sehen.

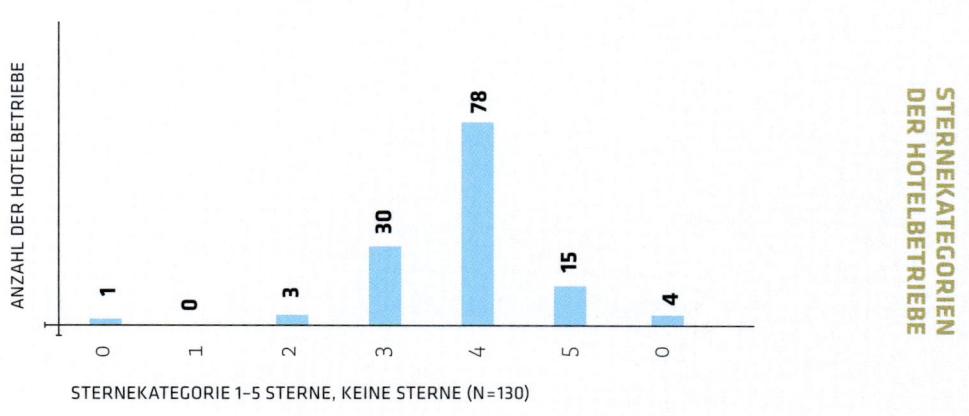

STERNEKATEGORIE 1–5 STERNE, KEINE STERNE (N=130)

STERNEKATEGORIEN DER HOTELBETRIEBE

Unter den Teilnehmern gab es vier Betriebe ohne Stern und einen, der keine Angabe gemacht hat. Die restlichen Betriebe verteilen sich auf zwei bis fünf Sterne, wobei kein solcher mit nur einem Stern vertreten ist. Vergleicht man diese Grafik mit derjenigen von hotelsterne.de (siehe unten), ist zu sehen, dass die Verteilung in der vorliegenden Arbeit um einen Stern nach rechts verschoben ist, die durchschnittliche Anzahl Sterne also höher ist. Die Verteilung selbst ist jedoch annähernd normal. In der vorangegangenen Einkaufsstudie (2012/2013) war die Verteilung der Sterne der hier vorliegenden sehr ähnlich, was die Vergleichbarkeit der beiden Studien unterstützt.

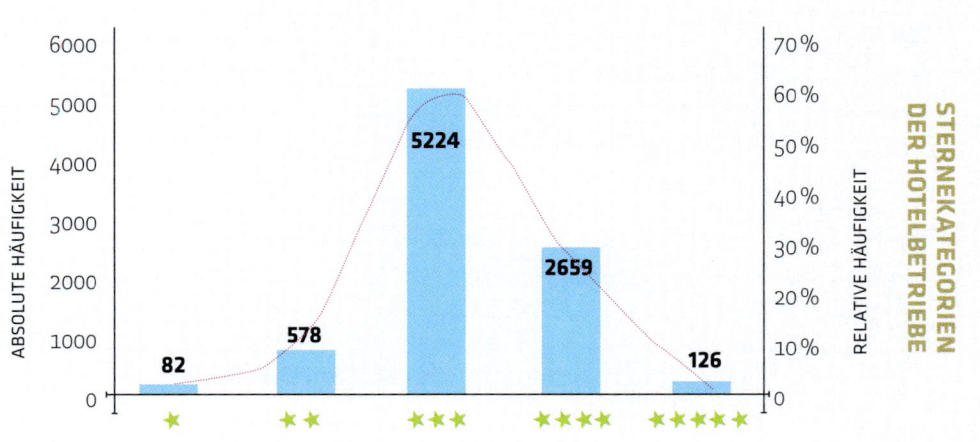

STERNEKATEGORIEN DER HOTELBETRIEBE

Wie bei den Betriebstypen gibt es keine positive Korrelation von Kategorisierung und Einkaufs- und Bestellverhalten.

SELBSTEINSCHÄTZUNG DES EINKAUFES

Auch diese Frage dient zur Schaffung eines Eindrucks über die Teilnehmer, in diesem Fall jedoch nicht die Hotelbetriebe sondern vielmehr diejenigen Menschen, die den Fragebogen tatsächlich ausgefüllt haben. Davon sind 61 Prozent (66) Geschäftsführer, Inhaber oder Direktoren; 33 Prozent (36) sind Abteilungs- oder Bereichsleiter, und bei 4 Prozent (4) handelt es sich um Mitarbeiter, eine Verteilung derjenigen der 2012/2013er Studie nahezu identisch. Die restlichen Teilnehmer haben zu dieser Frage keine Angabe gemacht. Diese Angaben sind in Verbindung mit der Selbsteinschätzung zum »optimalen Einkaufs- und Bestellverhalten« relevant: Sind Sie der Meinung, dass Sie optimal Einkaufen?

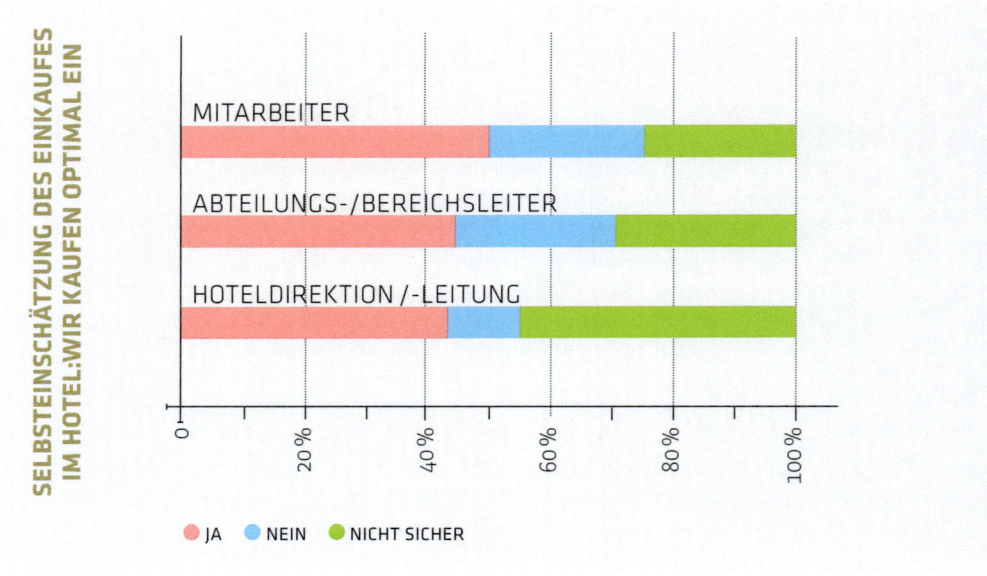

Auffällig ist in der Abbildung oben zu sehen, dass sowohl das Gros der Mitarbeiter als auch der Abteilungsleiter die Einkaufsqualität positiv sieht. Unter den Direktoren ist man sich hingegen eher nicht sicher. Jedoch liegt bei keiner Gruppe »nein« vorn – ein positives Zeichen.

Konsequenz für den Hotelier: Sich selbst fragen, ob er wirklich sicher ist, dass er optimal einkauft. Wenn hier schon eine Unsicherheit besteht wird es höchste Zeit sich dieser Frage zu nähern und eine Analyse der Prozesse und Methoden im Haus anzunehmen. Die Anleitung hierzu haben Sie in den früheren Kapiteln gelesen.

LAGE

Hierbei wird die Lage des Hotelbetriebes erfragt. Dafür werden die Stadtgröße, Stadttypus, sowie das Bundesland/Land betrachtet.

In der obigen ist die Verteilung der Teilnehmer auf die angegebenen Stadtgrößen abgebildet. Die Mehrzahl verteilt sich auf größere Städte (>250.000) und auf kleine Städte (<50.000). In Abbildung II.6 ist dagegen die Verteilung auf verschiedene Stadttypen von ländlichem Umfeld bis zur Wirtschaftsmetropole zu sehen.

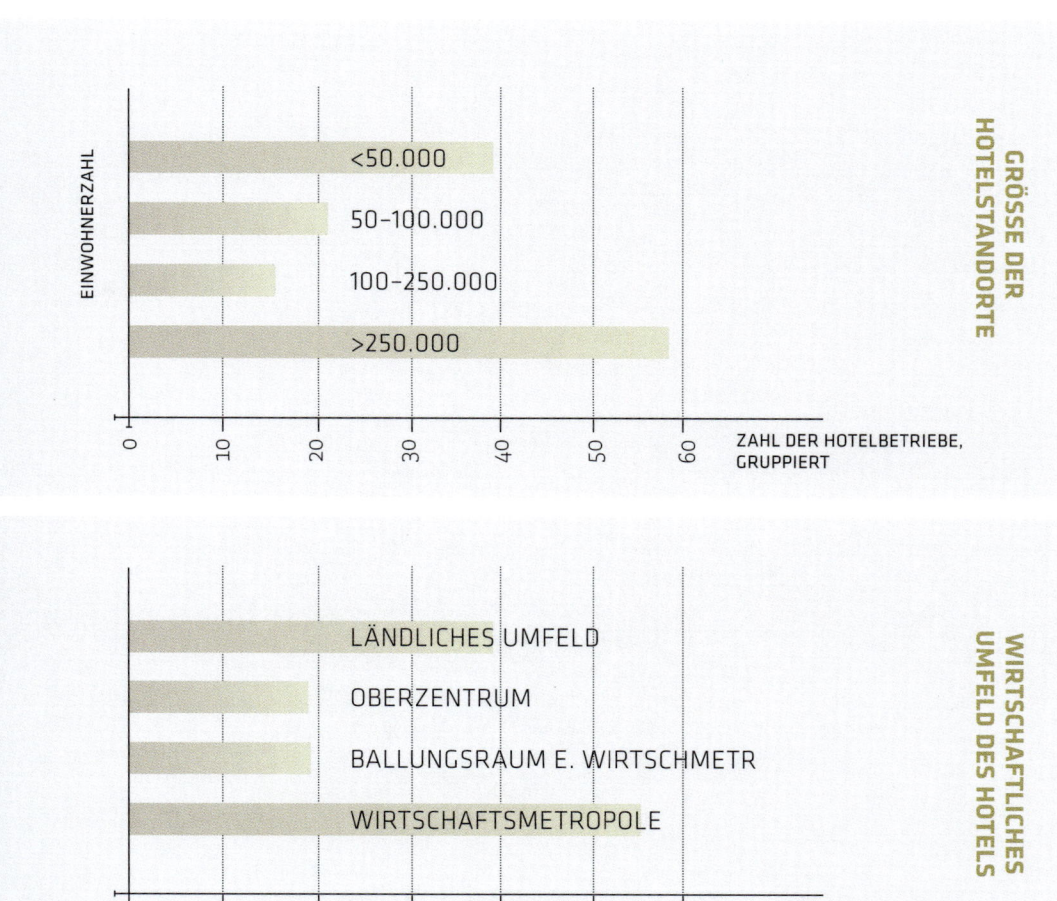

Hierbei ist auffällig, dass die Verteilung nicht die Gleiche ist, beispielsweise geben mehr Betriebe an, in ländlichem Umfeld angesiedelt zu sein, als solche in einer Stadt mit weniger als 50.000 Einwohnern. Mit knapp 70 Prozent, die in Städten liegen, ist die Verteilung hier derjenigen von 2012/2013 nahezu identisch. Da die Unterscheidung der Stadttypen aussagekräftiger ist – die Abgrenzung durch die Befragten ist hier eindeutiger – wird die Stadtart in weiteren Vergleichen als Merkmal für die Lage verwendet.

In der nächsten Abbildung ist die Verteilung der Hotelbetriebe auf die verschiedenen Bundesländer sowie zusätzlich Österreich und die Schweiz. Dabei ist zu erwähnen, dass aus dem Saarland wie aus Österreich keine Betriebe teilgenommen haben. Dafür ist die Mehrheit der Teilnehmer in Nordrhein-Westfalen angesiedelt. Bayern und Baden-Württemberg stellen gemeinsam ähnlich viele Teilnehmer; und auch aus den neuen Bundesländern sind mit 27 Teilnehmern ausreichend Betriebe vertreten. Damit ist die Erhebung für Deutschland relativ repräsentativ. Lediglich diejenigen Betriebe aus der Schweiz sind für die Schweiz natürlich nicht repräsentativ, sie gehen jedoch als Privathotels ohne Markenanschluss ebenso in die Vergleiche mit ein.

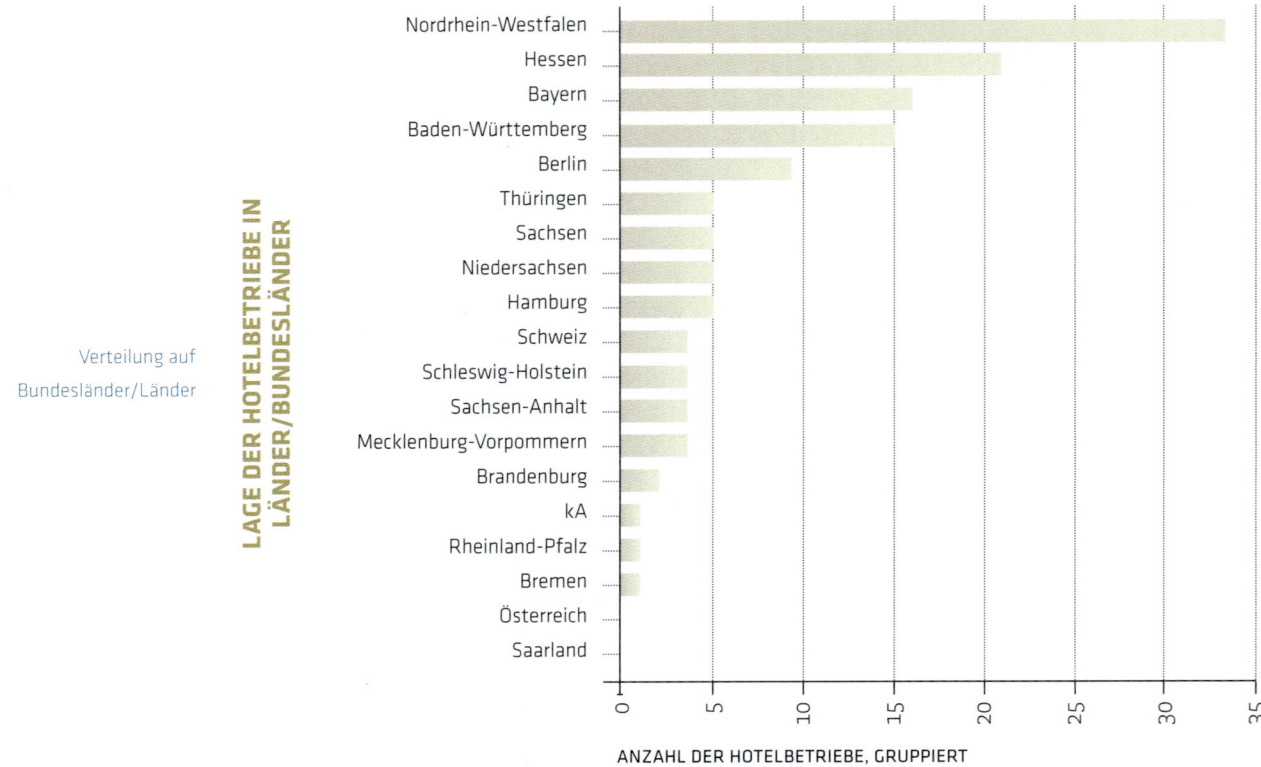

LAGE DER HOTELBETRIEBE IN LÄNDER/BUNDESLÄNDER

Verteilung auf
Bundesländer/Länder

ANZAHL DER HOTELBETRIEBE, GRUPPIERT

Konsequenz aus dem Standort: Es gibt keine Nach- und/oder Vorteile an welchem Standort eingekauft wird. Der Standort, die Lage und der Betriebstyp hat aufgezeigt, dass alle Hoteliers im gleichen Stil Einkaufen. Es gibt einfach keine besonderen Merkmale in der Korrelation der »Hotelfaktoren« zu den Fragen des Einkaufsverhaltens.

ZUSAMMENFASSENDE STATISTIK ZU LAGE, ZUORDNUNGEN UND BETRIEBSGRÖSSE

Nach Betrachtung der allgemeinen Informationen zur Lage der Teilnehmer sollen nun einige Zusammenhänger überprüft werden.

Zuerst stellt sich die Frage, ob die Stadtgröße oder der Stadttypus mit der Anzahl der Lieferanten eines Betriebes zusammenhängt. Es wurde jeweils die Anzahl der Lieferanten in Abhängigkeit von Stadtgröße bzw. Stadttyp untersucht. Dabei ergab sich in beiden Fällen ein Korrelationskoeffizient von annähernd 0, die Variablen sind also – ignoriert man die Möglichkeit einer dritten Variable die beides beeinflusst – unabhängig voneinander.

Auch die Untersuchung der Zimmerzahl in Abhängigkeit von der Stadtart ergab keine Korrelation, es besteht also auch hier kein direkter Zusammenhang. Dies ist möglicherweise auf die Tatsache zurückzuführen, dass insbesondere Wellnesshotels zum Teil zwecks Erholungsfaktors in ländlicher Umgebung gebaut werden – deshalb haben diese aber nicht weniger Zimmer als jene in städtischen Regionen.

Die durchschnittliche Zimmeranzahl in den Stadttypen kann diese Erklärung bestätigen:

	Ø ZIMMERZAHL	MIN. ZIMMERZAHL	MAX. ZIMMERZAHL
Wirtschaftsmetropole	138,7	40	387
Ballungsraum	105,6	35	229
Oberzentrum	113,0	1	204
Ländliches Umfeld	149,3	10	382

Die maximale Anzahl in Wirtschaftsmetropolen und ländlichem Umfeld sind annähernd gleich, die durchschnittliche Zimmerzahl ist in ländlichem Umfeld sogar höher. Die minimale Zimmerzahl unter den Befragten ist in ländlichem Umfeld jedoch deutlich geringer, was durch sehr kleine Privathotels oder Ferienapartments erklärt werden kann.

UNTERNEHMENSGRÖSSE

Mit der Frage nach der Umsatzgröße wird in erster Linie geprüft, ob es eine Relation zum Einkaufsverhalten gibt. Eigentlich müsste ein größerer Betrieb ein anderes Bewusstsein für den Einkauf haben, als dies die Kleinstbetriebe haben. Ein Ergebnis vor ab. Diese These kann nicht bestätigt werden. Die Größe der befragten Betriebe wird durch den Umsatz des Jahres 2014 und die Anzahl an Mitarbeitern definiert. Die Verteilung des Umsatzes der Teilnehmer ist in Abbildung II.8 zu sehen.

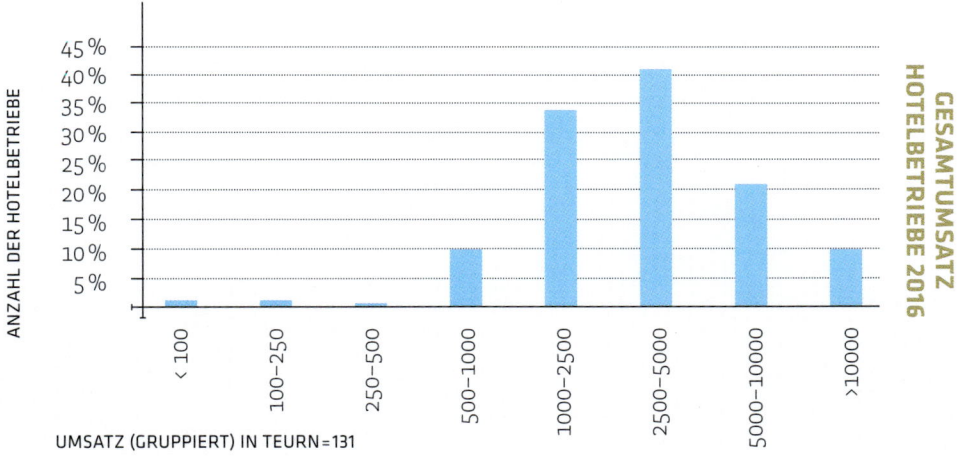

Der Umsatz ist annähernd normal verteilt, wobei 2016 wenige Betriebe unter 500.000 € Umsatz erzielten. Damit scheint die Stichprobe auch für dieses Merkmal repräsentativ zu sein.

In der obigen ist die Verteilung der Mitarbeiteranzahl abgebildet. Diese Verteilung ist im Gegensatz zu den bisherigen nicht normal verteilt. Die meisten an der Umfrage teilnehmenden Hotelbetriebe haben 10 bis 60 Mitarbeiter. Signifikant mehr Mitarbeiter haben nur die größeren Betriebe. Es wurden teils eventuell auch Mitarbeiterzahlen von kleinen Gruppen angegeben, was aus den Daten nicht ersichtlich wurde und daher nicht herausgefiltert werden konnte.

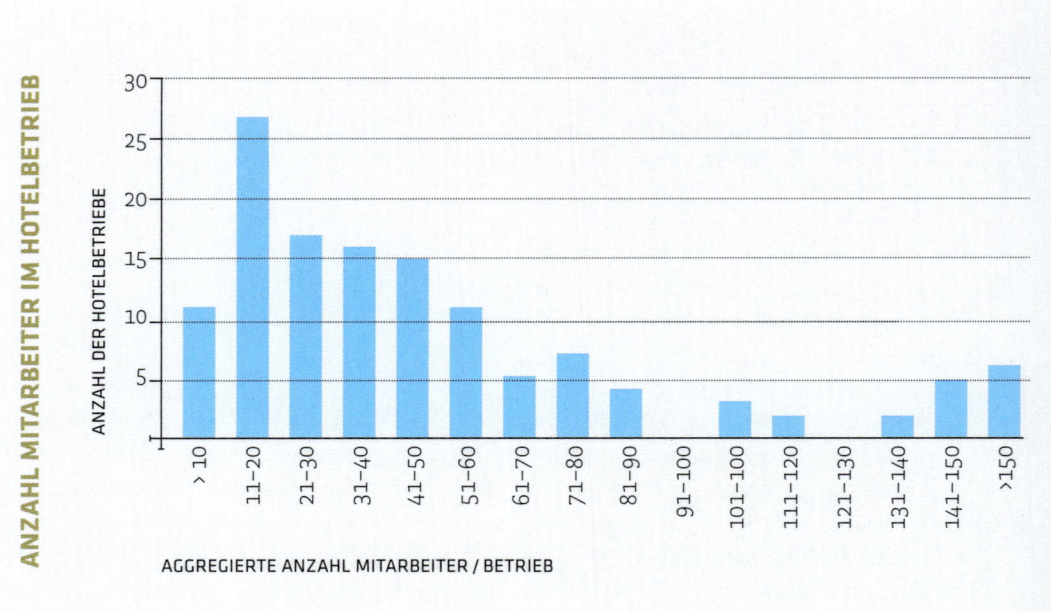

Die Untersuchung des Umsatzes in Abhängigkeit von der Mitarbeiterzahl ergab einen positiven Korrelationskoeffizienten von 0,49, d.h. es kann von einer mittleren positiven Korrelation ausgegangen werden und ca. 24 Prozent der Streuungen werden durch die Regressionsformel erklärt. Das bedeutet, dass ein Hotel tendenziell mehr absoluten Umsatz macht, je mehr Mitarbeiter er hat.

GENERELLE EINKAUFSASPEKTE

In diesem Abschnitt werden Informationen zur Einkaufsorganisation und dem Einkaufsverständnis gesammelt, um den Einkauf in den Betrieben besser verstehen zu können. Hierbei ist N=131, die Größe der einzelnen Stichproben **n** kann variieren und wird, wo abweichend, wieder angegeben.

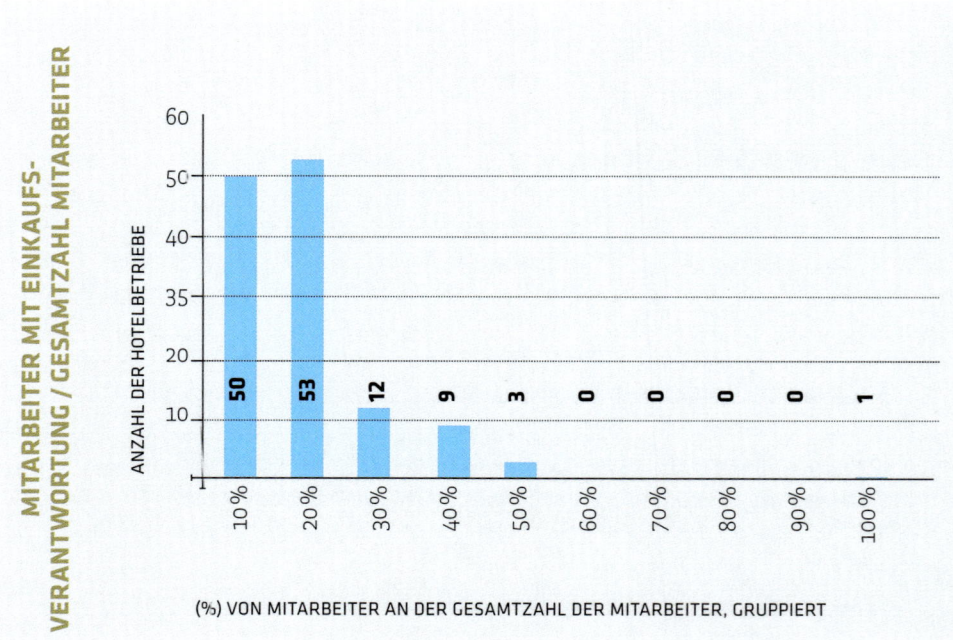

EINKAUFSMITARBEITER (N=128)

Wie viele Mitarbeiter haben Einkaufs- und Bestellverantwortung im Hotel und wie ist der Anteil zur Gesamtzahl der Mitarbeiter (Verteilung des Anteils an Mitarbeitern mit Einkaufsverantwortung in Abbildung II.10). Der Großteil der Betriebe hat zwischen 10 und 20 Prozent Mitarbeiter mit Einkaufsverantwortung. Hierbei ist folgendes zu beachten: Der Durchschnitt eben dieser Mitarbeiter liegt unter den 128 Angaben bei, absolut ausgedrückt, 4,6 Mitarbeitern, was bei einem Durchschnitt der Gesamtanzahl von ca. 58 Mitarbeitern etwa 8,4 Prozent entspricht. In der Studie von 2012/2013 hatten ca. 4,75 Mitarbeiter Einkaufsverantwortung. Die vier bis fünf Einkaufsmitarbeiter repräsentieren die Annahme, dass jeder Abteilungsleiter, etwa aus den Bereichen Küche, Service, Administration, Housekeeping, in einem Hotel Einkaufsverantwortung hat.

Bei einer Untersuchung der Einkaufsmitarbeiter in Abhängigkeit der Gesamtanzahl Mitarbeiter ergibt sich ein Korrelationskoeffizient von 0,342. Dies beschreibt eine geringe positive Korrelation, es ist also die Tendenz zu erkennen, dass mehr Mitarbeiter auch zu mehr Mitarbeitern mit Einkaufsverantwortung führen.

Konsequenz für den Hotelier: Überlegen Sie sich, wie viele Mitarbeiter bei Ihnen Einkaufsverantwortung haben und wie viele es wirklich haben müssen!!

Gibt es eine positive Korrelation der Betriebsgröße abgeleitet aus der Mitarbeiterzahl zur Zahl der Lieferanten? In der ersten Untersuchung – Anzahl Lieferanten in Abhängigkeit von der Gesamtzahl Mitarbeitern – ergibt sich ein Koeffizient von 0,613, also eine mittlere positive Korrelation. Somit hat ein Betrieb mit mehr Mitarbeitern tendenziell auch mehr Lieferanten!

Folglich haben größere Betriebe auch mehr Lieferanten, was gegen eine strikt organisierten bzw. standardisierten Einkauf mit wenigen Stammlieferanten (und damit Kostenoptimierung) spricht. Bei der Untersuchung von der Anzahl Lieferanten in Abhängigkeit von der Anzahl von Mitarbeiter mit Einkaufsverantwortung ergibt sich jedoch ein Koeffizient von 0,03, es besteht also kein Zusammenhang – mehr Einkaufsmitarbeiter führen nicht zu mehr Lieferanten.

🌀 **Die Folge für den Hotelier:** Es spielt keine Rolle wie viele Mitarbeiter für den Einkauf tätig sind. Die Zahl der Lieferanten wird bestimmt durch die Betriebsgröße, was jeder Betrieb für sich dringend prüfen muss. Es ist von der Logik nicht nachvollziehbar, dass ein großer Betrieb nicht effizienter Einkauft und gleichzeitig sogenannte Größenvorteile oder auch bekannt als Skalenerträge erzeugt!

EINKAUFSVERANTWORTUNG (N=90–107)

Wenn über die Einkaufsverantwortung gesprochen wird, ist zu prüfen, wo diese für verschiedene Produktgruppen liegt. Kandidaten sind jeweils der Einkäufer und der Vertreter der Fachabteilung als Verantwortlicher für den Einkauf.

Die Verantwortung für Investitionsgüter liegt bei dem zuständigen Einkäufer, was vor allem daran liegt, dass es sich hierbei um besonderes kapitalintensive und langfristige Investitionen handelt, die entsprechend aufwendige Betrachtungen und Entscheidungsprozesse erfordern. Dagegen liegt die Verantwortung bei Lebensmitteln hauptsächlich bei dem Vertreter der Fachabteilung, was bei Lebensmitteln vermutlich meist der Küchendirektor oder Küchenchef ist. Dieser bestellt kurzfristig und am ehesten adhoc, um die Leistung zu garantieren. Er kann dabei die Entscheidung am schnellsten und effizientesten treffen, der Prozess würde bei Überstellung an den Einkäufer zu lange dauern.

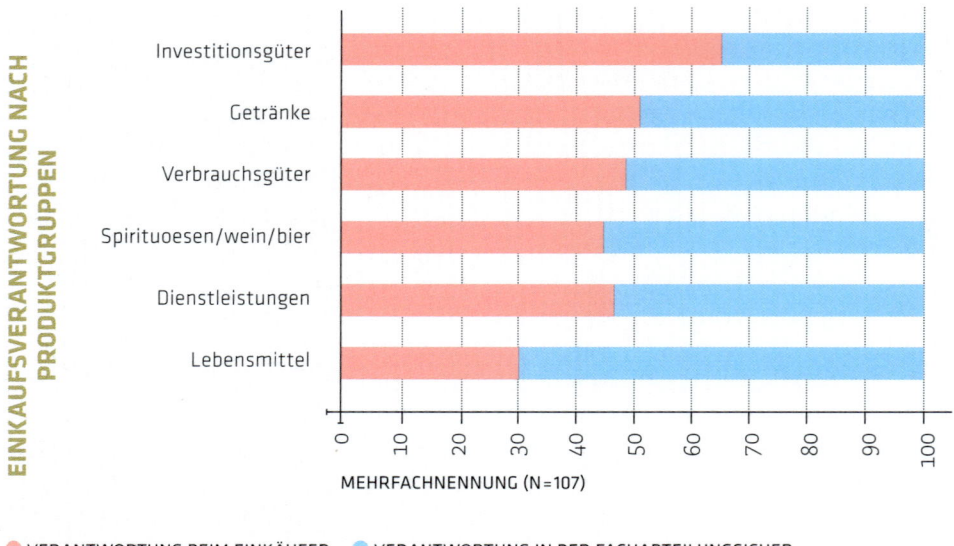

EINKAUFSVERANTWORTUNG NACH PRODUKTGRUPPEN

MEHRFACHNENNUNG (N=107)

● VERANTWORTUNG BEIM EINKÄUFER   ● VERANTWORTUNG IN DER FACHABTEILUNGSICHER

 Überlegung für den Hotelier: Prüfen Sie, ob die Einkaufsverantwortung wirklich beim Bedarfsträger sein muss! Die Qualitätsverantwortung ist bei der Fachabteilung; nicht zwingend die Einkaufsverantwortung!

EINKAUFSORGANISATION

Neben der Verantwortung für die einzelnen Einkäufe stellt sich auch die Frage, wie der Einkauf organisiert ist, also wer übergeordnet verantwortlich ist. Eine Aufstellung für die Betriebe findet sich in der nachfolgenden Abbildung, wobei zu beachten ist, dass eine Mehrfachnennung möglich ist, wenn mehrere der aufgeführten Elemente Teil der Einkaufsorganisation sind.

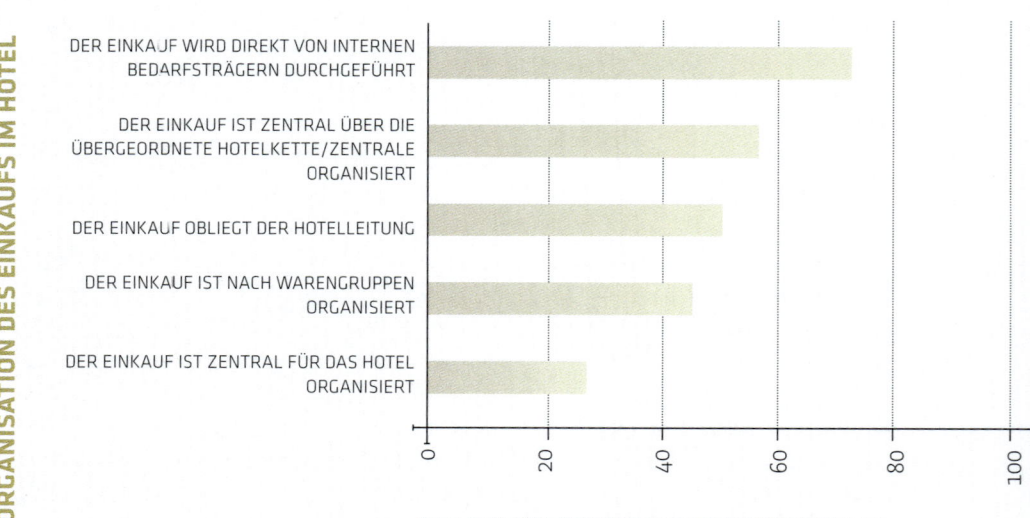

ORGANISATION DES EINKAUFS IM HOTEL

ZAHL DER HOTELBETRIEBE (MEHRFACHNENNUNG) N=131

Der Einkauf wird in der Mehrheit vom internen Bedarfsträger, also derjenige im Hotel, der das zu bestellende Produkt benötigt, durchgeführt. Das spricht für eine tendenziell dezentrale Organisation, in der jeder Bereich für sich selbst zuständig ist. An zweiter Stelle steht jedoch die Organisation über die Zentrale einer Gruppe oder Kette, was jedoch nur für diejenigen Hotels gilt, die in einer Kette sind oder Markenanschluss an ein Franchise-System haben. Auch das Topmanagement als Kopf der Einkaufsorganisation liegt weit vorn. Diese Verteilung ist vermutlich darauf zurückzuführen, dass der Einkauf zwar zentral geregelt bzw. vorgegeben ist, in einigen Produktgruppen wie vor allem Lebensmittel und Verbrauchsgüter die internen Bedarfsträger selbst die Bestellungen tätigen, um eine schnelle Leistungserstellung zu garantieren.

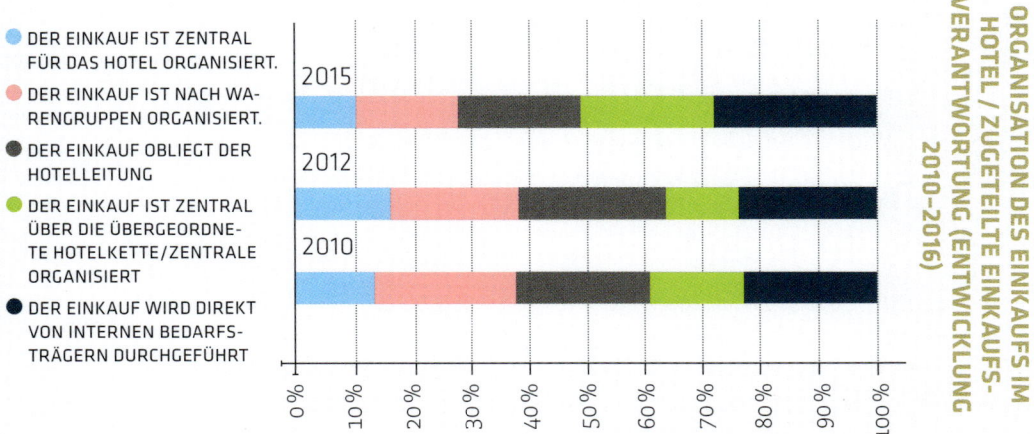

Der Vergleich der Einkaufsorganisation über die drei Untersuchungszeiträume hinweg zeigt auf, dass die zentralen Organisatin im Hotel an Bedeutung verliert und die Zuteilung zu den Bedarfsträger unter dem Aspekt der geregelten Einkaufsstruktur zunimmt. Des Weiteren ist erkennbar, dass vermehrt der Einkauf über zentral übergeordnete Organisationen im Sinne des zentralen Beschaffungs- und Procurement-Management zunimmt. Wenn bisher rund 60 Prozent der Verantwortlichkeiten bei der Zentrale, bzw. nach Warengruppen organisiert und Hotelleitung oblag ist jetzt dies bei der Befragung 2016 in der Verantwortung beim Bedarfsträger bzw. einer übergeordneten zentralen Institution.

🌀 **Für den Hotelier:** Prüfen Sie, wie zentrale und dezentral Sie sind und wo können Sie ggf. zentrale Dienste in Anspruch nehmen?

EINKAUFSZIELE (N=108)

Um die Einkaufsorganisation und Maßnahmen zur Optimierung zu verstehen, sind die Einkaufsziele, die von einem Betrieb verfolgt werden, Grundlage der Erhebung. Die Senkung der Kosten war bzw. ist wie bereits in der Erhebung von 2012/2013 das oberste Ziel. Die Ziele Vermeidung von Kostensteigerungen, Qualitätssteigerung, und Verbesserung von Abläufen sind gleich wichtig anzusehen. Nachhaltigkeit und Transparenz sind dagegen wie bei vergangenen Erhebungen nachrangig. Zur detaillierteren Auswertung der Ziele wurden die Teilnehmer in Gruppen entsprechend der Einkaufsorganisation aufgeteilt und in diesen Gruppen die Ziele ausgewertet. Die jeweiligen Balkendiagramme werden inklusive der Angabe der Stichprobengröße nachfolgend aufgeführt und kommentiert.

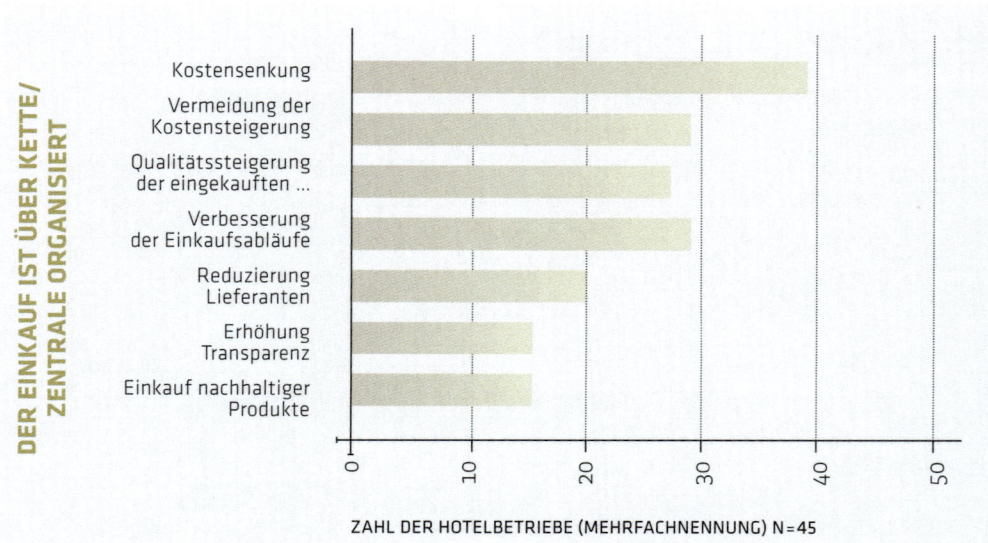

Die Kostensenkung ist bei Einkaufsorganisation über die Zentrale oder Kette priorisiert. Die Vermeidung von Kostensteigerungen, die Qualitätssteigerung und Verbesserung der Abläufe ist in der Bedeutung gleichwertig. Reduktion der Lieferanten und die Einführung nachhaltiger Produkte ist wiederum nachrangig. Die Verbesserung der Einkaufsabläufe und die Kostensenkung sind bei einem Zentraleinkauf im Hotel gleichbedeutend.

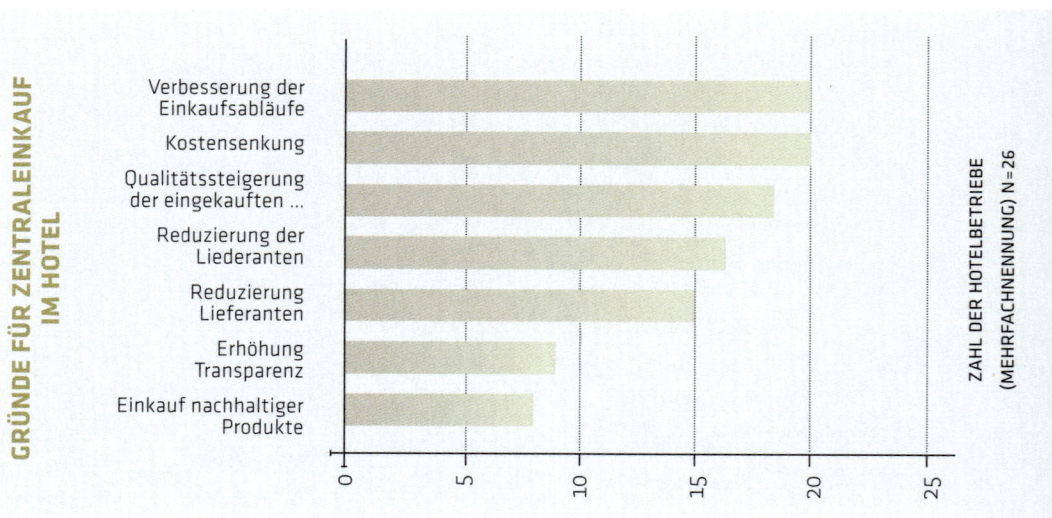

Ist der Einkauf über das Hotel dezentral in den Abteilungen organisiert, sind Kostensenkung und Verbesserung der Abläufe im Gegensatz zu den Hotels, die dezentral den Einkauf priorisieren, abweichend in der Bedeutung. Die Prozessoptimierung ist weiterhin hinter der Frage nach den Kosten! Auch hier ist die Nachhaltigkeit von einer untergeordneten Bedeutung.

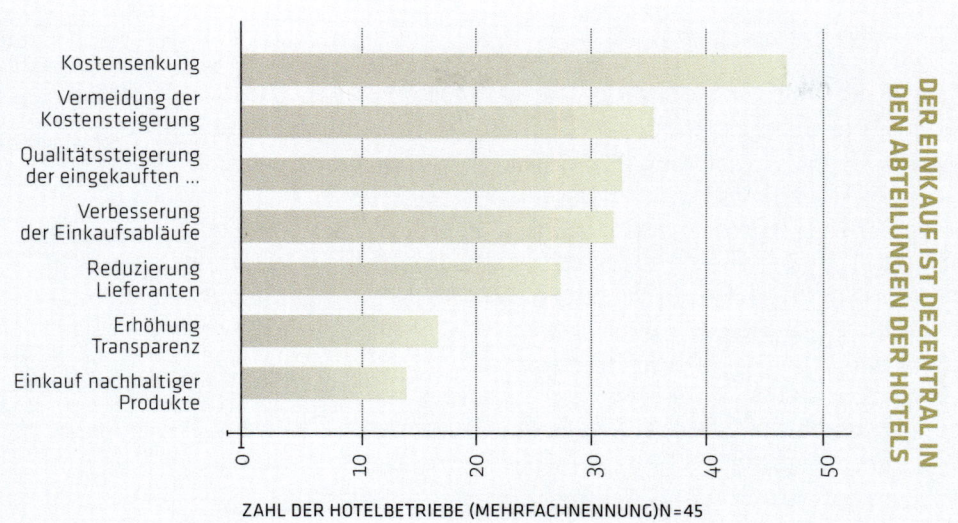

DER EINKAUF IST DEZENTRAL IN DEN ABTEILUNGEN DER HOTELS

ZAHL DER HOTELBETRIEBE (MEHRFACHNENNUNG)N=45

Bei einer Organisation des dezentralen Einkaufs in den Abteilungen ist die Kostensenkung primäres Ziel. Die Optimierung der Einkaufsprozesse hat ein geringeres Augenmerk. Dies beruht auf der Tatsache des in den Abteilungen unabhängig voneinander durchgeführten Bestellprozesses und Einkaufes (beispielsweise in der Küche).

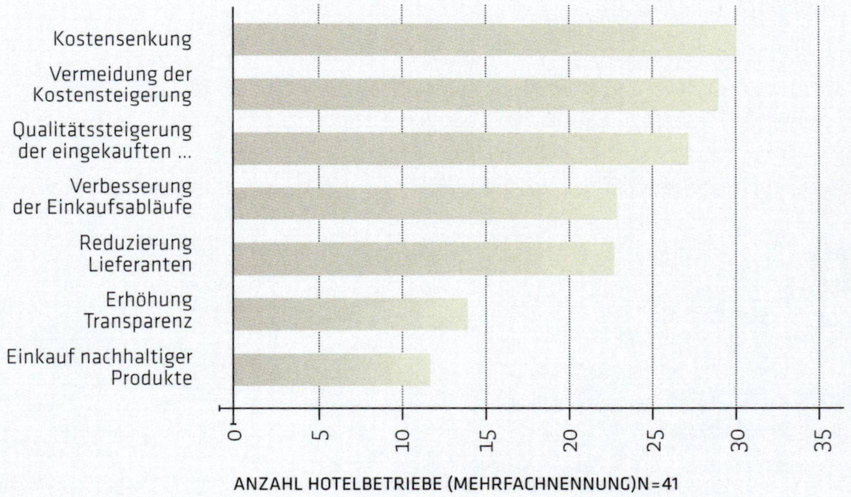

EINKAUF IN WARENGRUPPEN SORTIERT

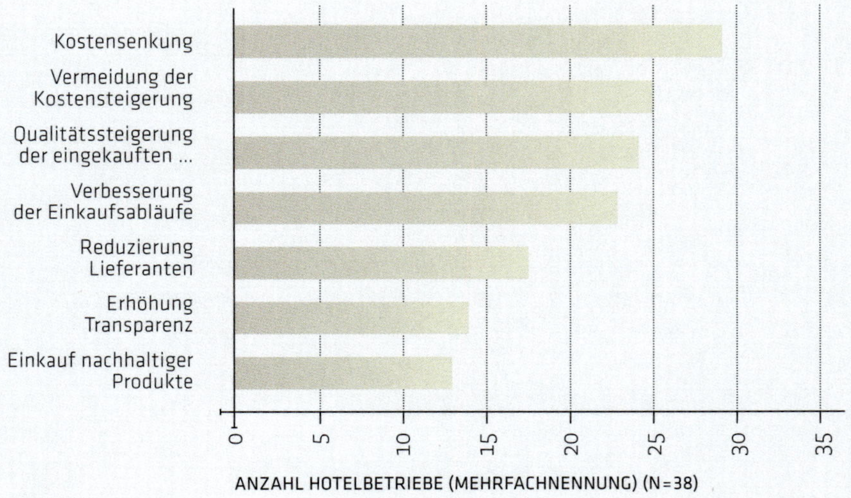

ANZAHL HOTELBETRIEBE (MEHRFACHNENNUNG)N=41

EINKAUF DURCH HOTELLEITUNG

ANZAHL HOTELBETRIEBE (MEHRFACHNENNUNG) (N=38)

Auch bei der Einkaufsorganisation nach Warengruppen steht die Kostensenkung ganz oben. Hier ist im Unterschied zu den bisherig erhobenen Gruppierungen die Reduzierung der Lieferantenzahl in der Beachtung. Dies ist wiederum einer prozessualen Betrachtung geschuldet, mit weniger Lieferanten den gleichen Umfang bedient zu bekommen. Mit der Konzentration auf Warengruppen steht die Anzahl der Lieferanten mutmaßlich mehr im Vordergrund als in Abteilungen oder Vorgaben durch die Zentrale. Außerdem bildet die Transparenz, wie beiden vorherigen Gruppierungen und Erhebungen, sowie die Nachhaltigkeit eine geringe Bedeutung.

Der Fokus des Einkaufs bei der Hotelleitung bzw. dem Management liegt ebenfalls auf der Senkung der Kosten, Allerdings sind die Qualitätssteigerung und die Verbesserung der Einkaufsprozesse ein Schwerpunkt der Hotelleitung und überwiegt im Interesse vor der Kostensteigerungsvermeidung. Die Reduktion von Lieferanten, Schaffung von Transparenz und Nachhaltigkeit ist von geringerer Ausprägung.

Die Auswertung der Ziele im Einkauf bei allen Gruppierungen und differenzierter Betrachtung lässt diese in drei Gruppen unterteilen:

• **Priorität 1: Kostensenkung (77 Prozent der Betriebe) und Qualitätssteigerung (62 Prozent)**
• **Priorität 2: Kostenvermeidung (60 Prozent) und Einkaufsprozessoptimierung (59 Prozent)**
• **Priorität 3: Reduktion von Lieferanten (50 Prozent), Schaffen von Transparenz (33 Prozent) und Einkauf von nachhaltigen Produkten (29 Prozent).**

Die Gruppierung nach Betriebsarten/-zuordnungen und die Zuordnung nach organisatorischen Einkaufsstrukturen weitgehend eine übereinstimmendes Bild gibt, gibt es ein nach geografischen Lagen der Betriebe eine abweichende Struktur

Während die Ziele der verschiedenen Gruppen weitestgehend übereinstimmen, ergeben sich bei einer Betrachtung nach der Lage der Betriebe Unterschiede. Die nächste Abbildung zeigt eine entsprechende Aufstellung.

Die Priorisierung findet in Ballungsräume und Wirtschaftsräume die gleiche »Rangliste«. In den Oberzentren und im ländlichen Umfeld gibt es eine differenzierte Haltung. In den Oberzentren sind die Qualitätssteigerung und die Verbesserung von

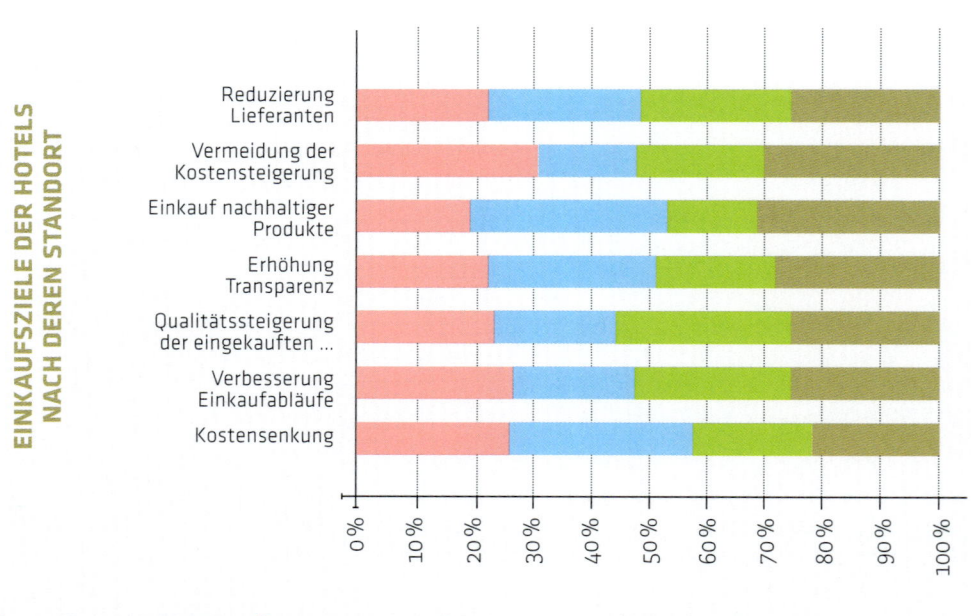

Einkaufsabläufen bedeutsamer als die Kostensenkung bzw. Kostenvermeidung. Im ländlichen Umfeld ist der Schwerpunkt zwar die Kostenvermeidung- und –senkung. Dies ist nahezu gleichbedeutend wie die Verbesserung der Einkaufsprozesse und der Qualitätssteigerung der eingekauften war. Die Schwerpunkte im Einkauf im ländlichen Umfeld und in Oberzentren liegt in der »Versorgung« selbst, was in Wirtschaftsmetropolen und Ballungsräume der größeren Verfügbarkeit von Lieferanten geschuldet sein wird.

Ein Vergleich anhand der Größe, ergibt ein ähnliches Bild. Die Kostensenkung liegt größtenteils auf dem ersten Platz, die Nachhaltigkeit wiederum auf dem letzten. Lediglich bei Hotel mit einem Umsatz von 0,5 Mio. EUR bis 1 Mio. EUR liegen Kostensenkung und Qualitätssteigerung gleichauf vorn, und die Reduzierung der Lieferantenzahl auf dem letzten Platz.

🌐 **Empfehlung für den Hotelier:** Die Erhebung hat gezeigt, dass Sie ihren Einkauf nach Kostengesichtspunkten vornehmen. Beachten Sie hierbei die »Total Cost of Ownership«. Die Mitarbeiter gehören dazu und damit müssen Sie sich fragen, ob die Einkaufsziele, die Sie bisher haben, alle Aspekte ausreichend berücksichtigen. Vielleicht wird die Nachhaltigkeit nicht nur »geredet« sondern auch im Einkauf danach gehandelt. Die Kosteneinsparung könnte, wie in frühere Kapitel ausgeführt, in der Optimierung des Prozesses des Einkaufs- und Bestellwesen liegen.

MASSNAHMEN ZUR EINKAUFSOPTIMIERUNG (N=107)

Um die gesteckten Ziele zu erreichen, müssen Maßnahmen ergriffen werden. Eine Aufstellung dieser Maßnahmen mit der entsprechenden Anzahl der Teilnehmer, die diese nutzen, ist in dieser Abbildung zu sehen. Auch hier waren Mehrfachnennungen möglich.

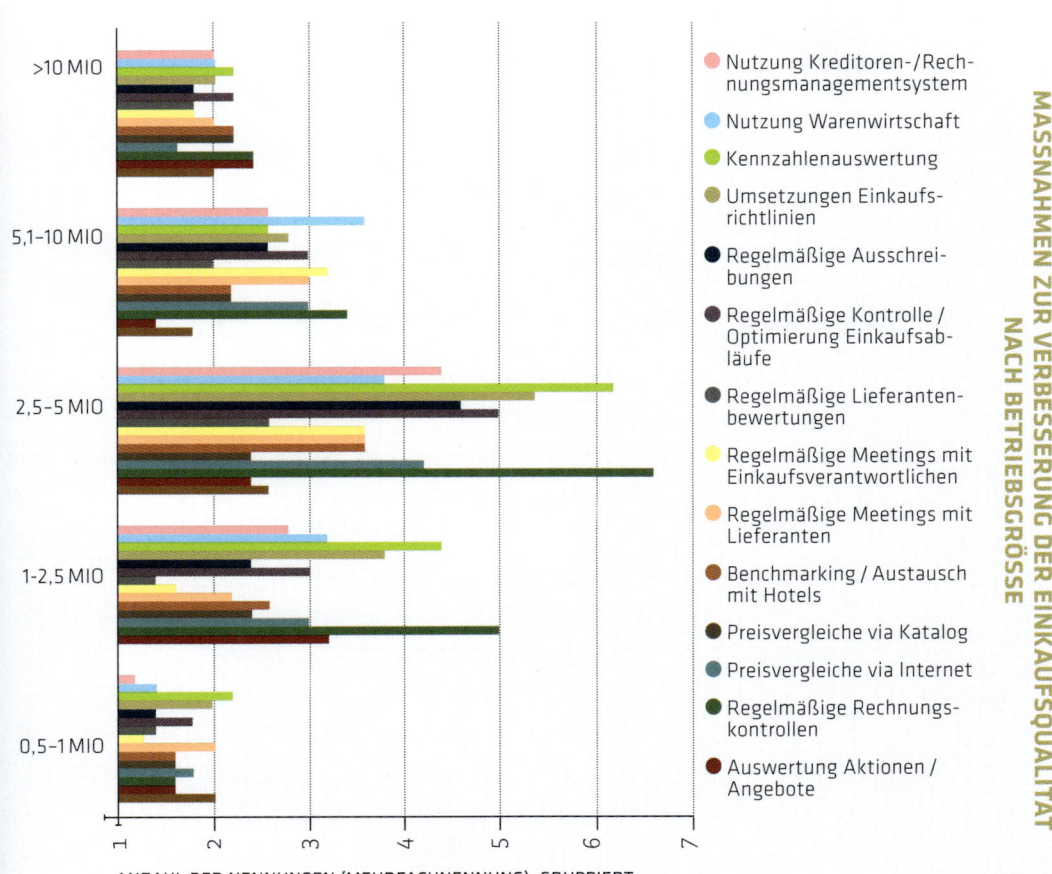

MASSNAHMEN ZUR VERBESSERUNG DER EINKAUFSQUALITÄT NACH BETRIEBSGRÖSSE

Einkaufsziele nach Betriebsgröße

ANZAHL DER NENNUNGEN (MEHRFACHNENNUNG), GRUPPIERT

Die von den Hotelbetrieben verwendeten Instrumente der Einkaufsoptimierung sind die regelmäßigen Kostenkontrollen, die Kennzahlenauswertung und die Umsetzung von »festgelegten Einkaufsrichtlinien«. Dabei handelt es sich um relativ einfache und leicht umzusetzende Maßnahmen, die selbst in den Fachabteilungen, in denen die Vertreter selbst für den Einkauf verantwortlich sind, einfach eingesetzt werden können.

Die Einkaufskontrolle vor einem Einkauf im Sinne der Kostenoptimierung findet im Wesentlichen über die »Internet-Recherche« statt, was wiederum ein »Misstrauen« i. S. gegenüber den Mitarbeitern bzw. möglicher Einkaufsorganisationen i. S. der Preisgestaltung widerspiegelt.

Die betriebswirtschaftlichen Standardprozesse wie eine jährliche Strategieplan und die regelmäßige Bewertung von Lieferanten findet lediglich bei jedem fünften bzw. sechsten Betrieb statt. Das bedeutet, dass die Arbeit gemeinsam mit Lieferanten zur Optimierung des Einkaufs und der Einkaufsprozesse wenig genutzt wird, obwohl sowohl Kostensenkungen, Optimierung von Einkaufsabläufen, Reduzierung der Lieferantenzahl, als auch die Qualitätssteigerung in Abhängigkeit zu den ausgewählten Lieferanten stehen. Lediglich die Nutzung von Warenwirtschaftssystemen ist als wichtige Maßnahme hinzugekommen, die vor ein paar Jahren noch eher unbeliebt war bzw. wenig genutzt wurde.

Eine Auswertung nach Lage (Stadttyp) ergibt ein ähnliches Bild: Optimierungsmaßnahmen nach Lage des Betriebs.

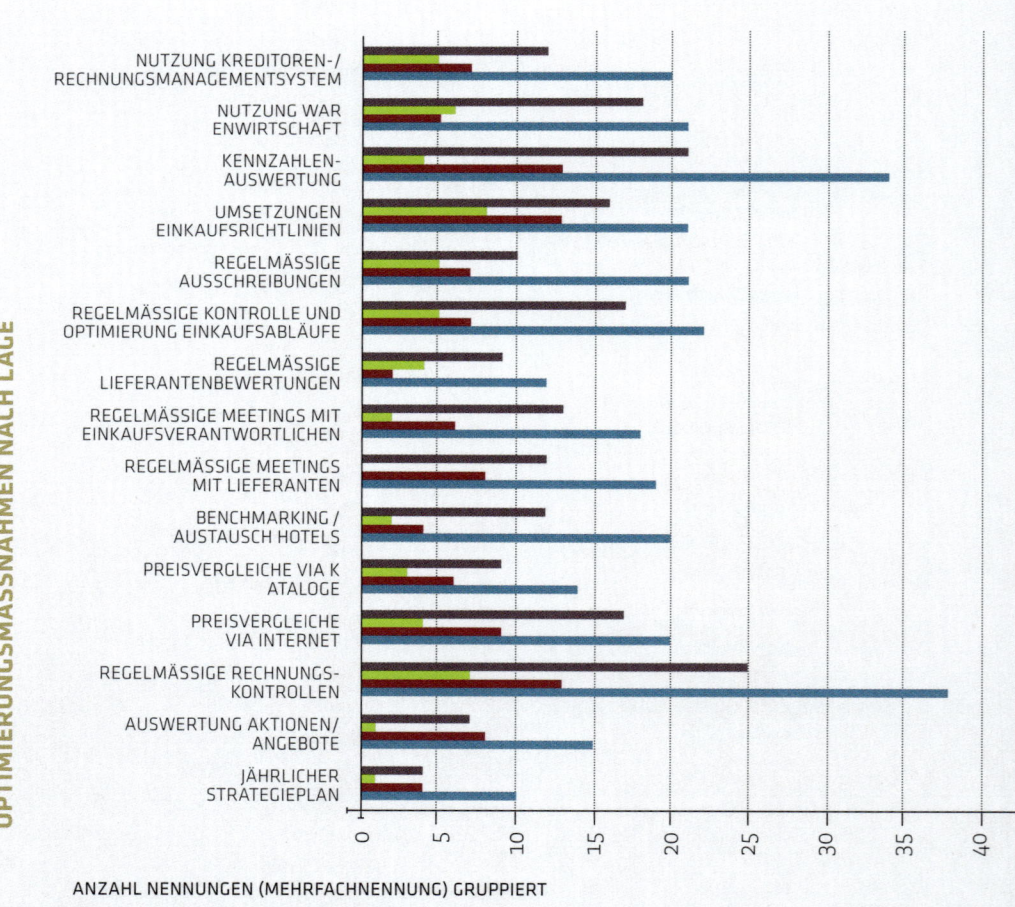

Die einzige Auffälligkeit ist, dass im Umsatzbereich von €5,1 Mio. – €10 Mio der Einsatz von Warenwirtschaftssystemen die favorisierte Optimierungsmaßnahme ist.

KENNZAHLEN (N=72)

Die Auswertung von Kennzahlen ist in der Hotellerie das meistgenutzte Instrument zur Optimierung für den Einkauf. Letztlich ist die Frage, welcher der Kennzahlen in Relation zu welcher Anwendung/Warengruppen relevant sind? Nahezu jeder Betrieb führt in allen Gruppierungen die Rechnungskontrolle durch. Ein weiteres Instrument ist die Umsetzung von Einkaufsrichtlinien und die Nutzung von Warenwirtschaftssystemen. Nachrangig sind jährliche Strategiegespräche, Aktionsauswertungen, Lieferantenbewertungen, Preisvergleiche via Kataloge und regelmäßige interne Meetings mit den Einkaufsverantwortlichen. Daher soll nun gezeigt werden, welche Kennzahlen hauptsächlich betrachtet werden.

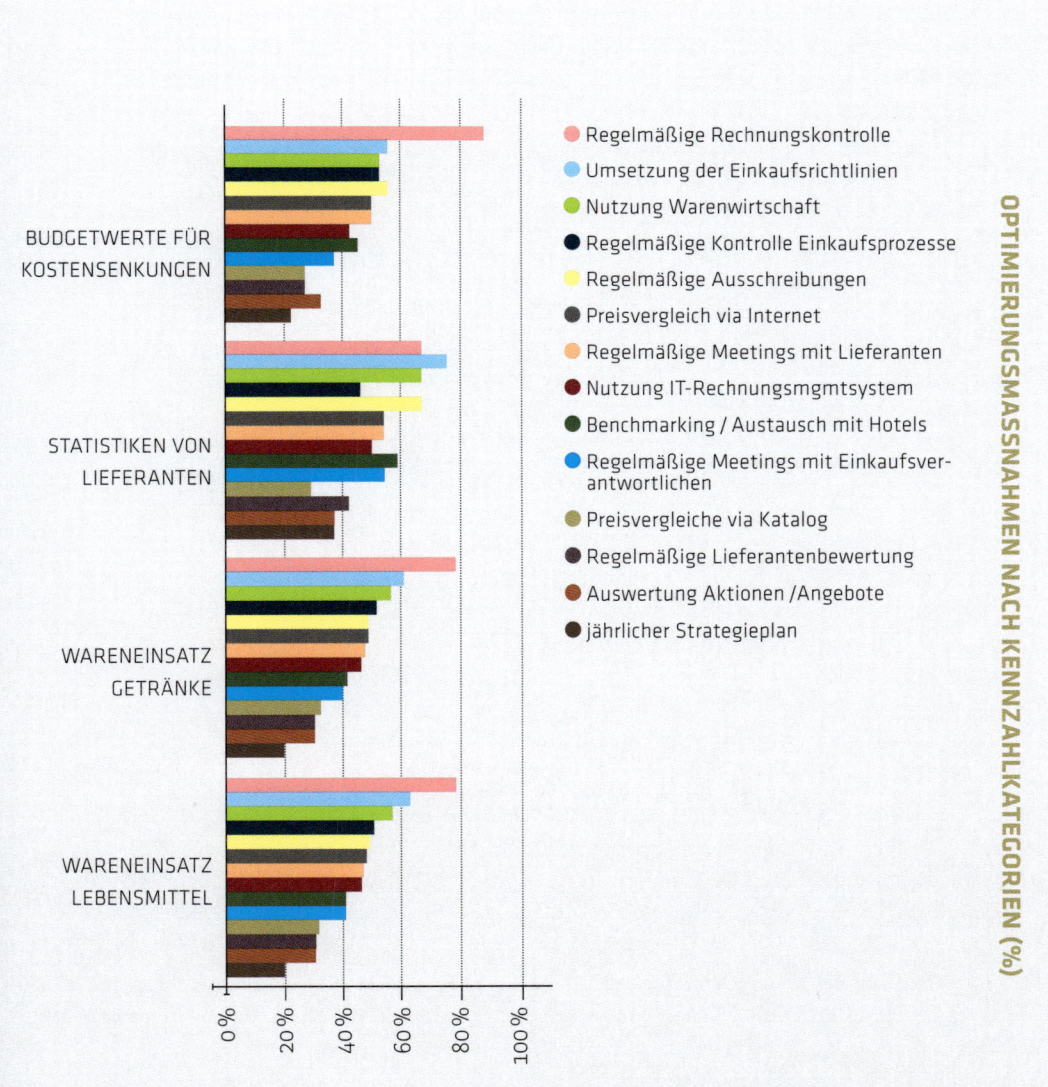

Legende:
- Regelmäßige Rechnungskontrolle
- Umsetzung der Einkaufsrichtlinien
- Nutzung Warenwirtschaft
- Regelmäßige Kontrolle Einkaufsprozesse
- Regelmäßige Ausschreibungen
- Preisvergleich via Internet
- Regelmäßige Meetings mit Lieferanten
- Nutzung IT-Rechnungsmgmtsystem
- Benchmarking / Austausch mit Hotels
- Regelmäßige Meetings mit Einkaufsverantwortlichen
- Preisvergleiche via Katalog
- Regelmäßige Lieferantenbewertung
- Auswertung Aktionen /Angebote
- jährlicher Strategieplan

OPTIMIERUNGSMASSNAHMEN NACH KENNZAHLKATEGORIEN (%)

Kategorien: BUDGETWERTE FÜR KOSTENSENKUNGEN, STATISTIKEN VON LIEFERANTEN, WARENEINSATZ GETRÄNKE, WARENEINSATZ LEBENSMITTEL

NENNUNGEN IM VERHÄLTNIS ZUR GESAMTPOPULATION (MEHRFACHNENNUNG) N=72

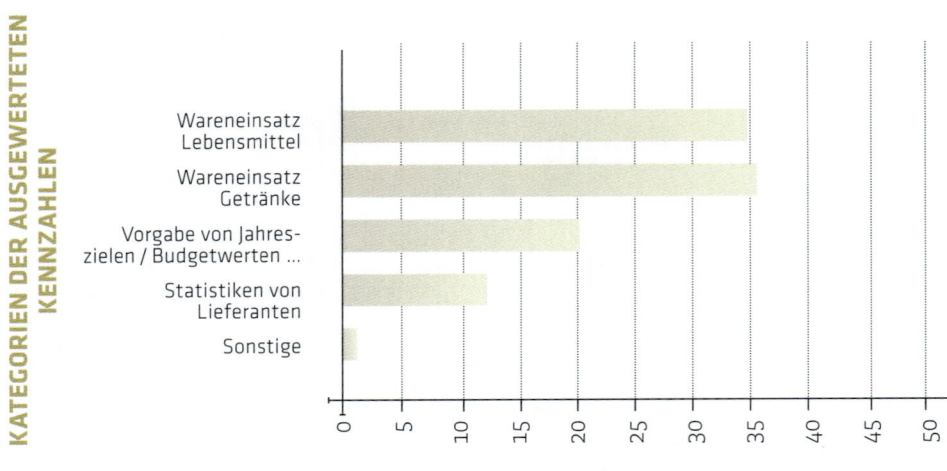

KATEGORIEN DER AUSGEWERTETEN KENNZAHLEN

- Wareneinsatz Lebensmittel
- Wareneinsatz Getränke
- Vorgabe von Jahres-zielen / Budgetwerten ...
- Statistiken von Lieferanten
- Sonstige

VERWENDETE KENNZAHLEN IN % (MEHRFACHNENNUNG) N=72

Die Wareneinsätze von Speisen und Getränke werden als Referenzkennziffer bewertet. In dieser Kategorie sind die internen Bedarfsträger auch die Einkaufsverantwortlichen, die wiederum in diesen Bereichen die meisten »ad-hoc-Bestellungen« durchführen. Die Bewertung von Lieferanten in diesem Bereich ist wiederum untergeordnet.

🌐 **Fazit für den Hotelier:** In den Käufen von Speisen und Getränke, die bei einem Voll-dienstleister eines Hotels hier Kosten von durchschnittlich 15 bis 20 Prozent über den Gesamtumsatz hat, ist der ad hoc-Teil zu prüfen. Braucht der Koch alle Produkte im ad hoc-Verfahren?

EINKAUFSVOLUMEN (N=77)

In diesen Fragen wurden das Gesamteinkaufsvolumen sowie der Anteil dessen an den Gesamtkosten abgefragt (Anteil der Einkaufskosten an den Gesamtkosten).

Die Verteilung ist annähernd normal, der Mittelwert beläuft sich auf einen Kostenan-teil von 25,8 Prozent an den Gesamtkosten und hat sich damit im Vergleich zu Vorgän-ger-Erhebung um 4,8 Prozentpunkte verringert. Damit konnte der Einkauf seit der letz-ten Erhebung scheinbar optimiert und die durchschnittlichen Kosten gesenkt werden. Aber: Hierbei sind die Kosten für Investitionen, Kosten für Outsourcing wie Mietwäsche, Lohnbuchhaltung und Kosten für weitere externe Dienstleister i.d.R. nicht als Einkaufs-kosten erfasst! Würden diese mit erfasst werden, ist der Wert um rund 10 Prozentpunkte höher. Dies konnten die einleitend in diesem Werk erwähnten Praxisfälle ergeben. Als Benchmark empfehlen wir, mindestens 30% anzusetzen. Diesen Anteil kann man als di-rekte Einkaufskosten vom Umsatz betrachten.

🌐 **Fazit für den Hotelier:** Rechnen Sie mal aus, wie viele Euro Sie wirklich für den Ein-kauf ausgeben. Alle externe Produkte und Dienstleistungen gehören zum Einkauf! Vielleicht liegen Sie unter dem Durchschnitt. Aber es ist auch sehr gut möglich, dass Sie sehr weit darüber liegen!

EINKAUFSHILFSMITTEL (N=76-93)

Bei den Einkaufshilfsmitteln handelt es sich um Maßnahmen, die die Betriebe einsetzen, um ihren Einkauf effizienter und wirtschaftlicher zu gestalten. Abbildung II.23 zeigt, wie häufig welches Hilfsmittel eingesetzt wird.

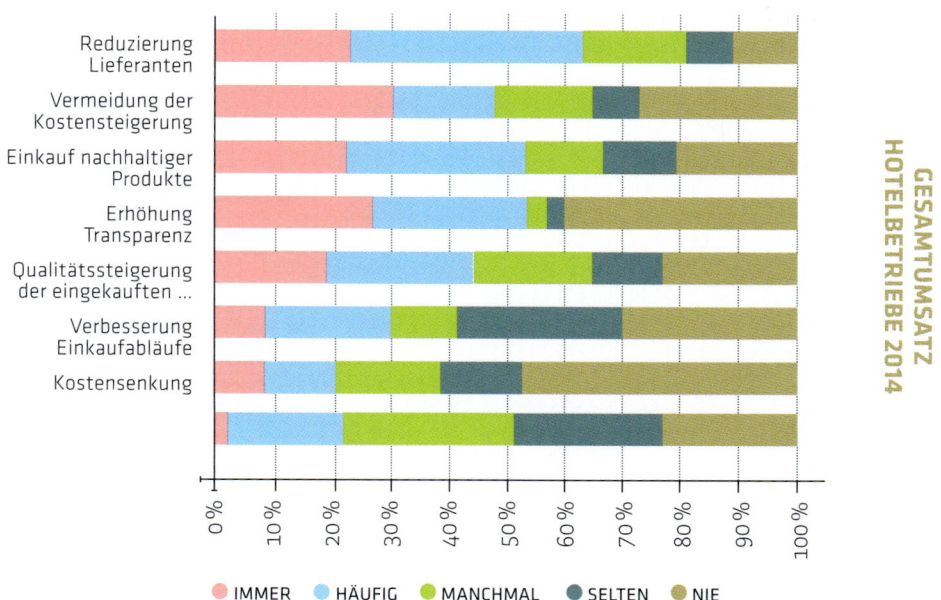

Die Spitzenreiter sind in diesem Fall Rahmenverträge, Einkaufsrichtlinien, Orderlisten bzw. Vorlagen, sowie Warenwirtschaftssysteme, wobei letztere unter »nie« ebenfalls am häufigsten genannt wurden, was wohl an der Spaltung zwischen den Betrieben, die ein solches haben und einsetzen, und denjenigen, die keines haben, liegt. Die Betriebsorganisation im Hotel hat häufig festgelegte Warenannahmezeiten, dagegen sind festgelegte Warenausgabezeiten so gut wie nicht üblich. Der Bedeutung der eingesetzten ist abgeleitet eine Gewichtung der Gesamtpunktzahl nach folgender Formel erstellt worden:

$$\frac{(n_{nie}*1+n_{selten}*2+n_{manchmal}*3+n_{häufig}*4+n_{immer}*5)}{n}$$

Daraus ergibt sich folgende Auswertung:

Die breite Streuung der genutzten Hilfsmittel für den Einkauf zeigt auf, dass die bereits erfasste dezentrale Einkaufsstruktur beim Bedarfsträger auch jeweils unterschiedlichen Einkaufsprozess mit sich bringt. Das Instrument Lieferanten- bzw. Rahmenverträge und die Herausgabe von fixierten Einkaufsrichtlinien sowie die Nutzung von »Online« Order-Listen sind bedeutsam und gelten auch als Steuerungsinstrument der Einkaufsziele. Hier setzt sich der Trend der 2012/2013er Studie weitestgehend fort. Hilfsmittel, die wenig genutzt werden, sind Vorlagen für Fax (da das Fax selbst nur noch selten für Bestellungen genutzt wird) und Aktionsgebote der Lieferanten mit gleicher Punktzahl und als Schlusslicht schließlich die festgelegten Warenausgabezeiten. Letzteres würde die Möglichkeiten der permanenten Leistungserstellung, die für ein Hotel charakteristisch sind, beschränken, und wird daher am wenigsten bzw. vermutlich nur in bestimmten Bereichen genutzt.

146

Empfehlung für das Hotel: Welche Hilfsmittel nutzen Sie in welcher Intensität?

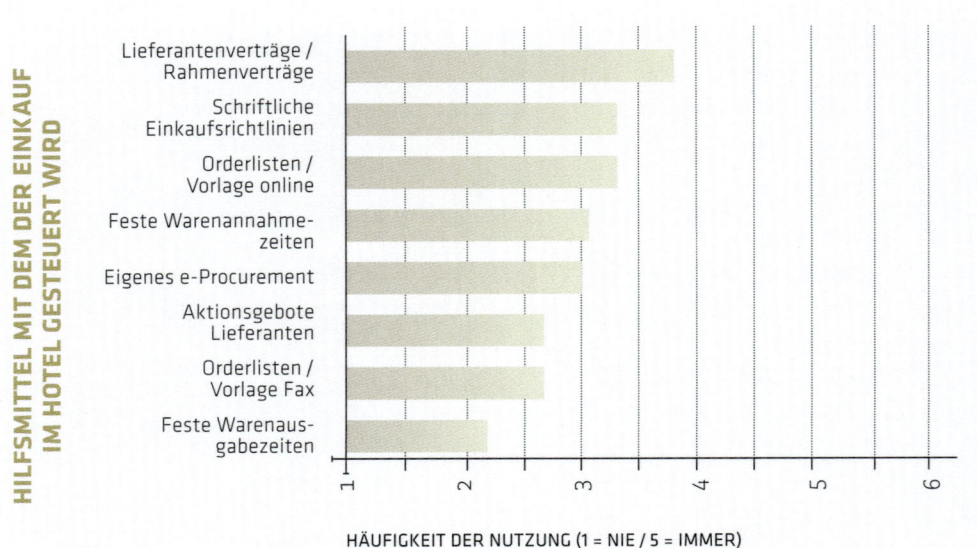

HILFSMITTEL MIT DEM DER EINKAUF IM HOTEL GESTEUERT WIRD

- Lieferantenverträge / Rahmenverträge
- Schriftliche Einkaufsrichtlinien
- Orderlisten / Vorlage online
- Feste Warenannahmezeiten
- Eigenes e-Procurement
- Aktionsgebote Lieferanten
- Orderlisten / Vorlage Fax
- Feste Warenausgabezeiten

HÄUFIGKEIT DER NUTZUNG (1 = NIE / 5 = IMMER)

EINFLUSS AUF UNTERNEHMENSERGEBNIS (N=86)

Im Einkauf liegt der Gewinn! Die Bedeutung des Einkaufs bezogen auf die jeweilige Produktgruppe hat eine Relation zum Unternehmenserfolg. Bereits in der Untersuchung aus dem Jahre 2012 wurde den Lebensmitteln, nicht alkoholischen und alkoholischen Getränken sowie der Wäsche große Bedeutung für das Unternehmensergebnis zugewiesen. In der aktuellen Erhebung wurde die größte Bedeutung wiederum den Lebensmitteln zugeordnet. Lediglich die Energiekosten sind vor der Wäsche als »bedeutsamer« eingestuft worden.

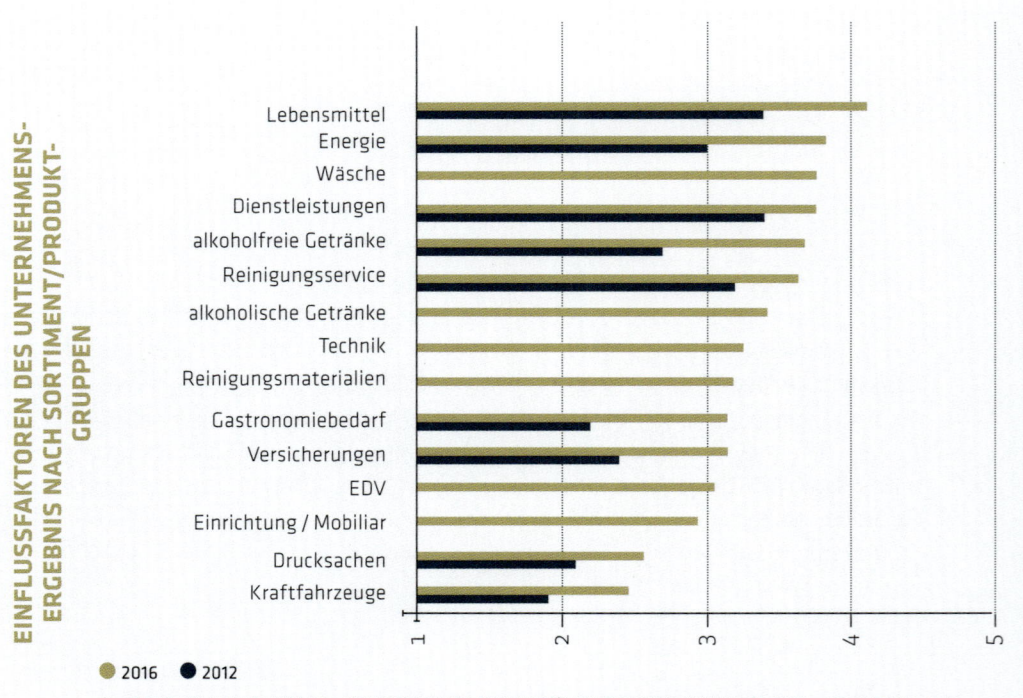

EINFLUSSFAKTOREN DES UNTERNEHMENSERGEBNIS NACH SORTIMENT/PRODUKTGRUPPEN

- Lebensmittel
- Energie
- Wäsche
- Dienstleistungen
- alkoholfreie Getränke
- Reinigungsservice
- alkoholische Getränke
- Technik
- Reinigungsmaterialien
- Gastronomiebedarf
- Versicherungen
- EDV
- Einrichtung / Mobiliar
- Drucksachen
- Kraftfahrzeuge

● 2016 ● 2012

(1 = FAST KEIN EINFLUSS / 5 = SEHR STARKER EINFLUSS)MEHRFACHNENNUNG; N-2012 = 65; N-2016 = 86

Hier wird der Einfluss, den der Einkauf in einzelnen Produktkategorien auf das Unternehmensergebnis hat, grafisch dargestellt. Eine Übersicht des Gewichts der verschiedenen Kategorien ist in der nächsten Abbildung zu sehen.

Die Auswertung der Einflussfaktoren auf das Unternehmensergebnis nach Produktgruppen mit Rahmenvereinbarung (Festpreis) führt zu einer Änderung der Rangfolge. Rahmenvereinbarungen sind damit prägend auf das Unternehmensergebnis; insbesondere für Wäsche, alkoholfreien Getränke, Reinigungsmittel, Energie und Versicherungen.

🌀 **Fazit für den Hotelier:** Jeder weiß, wo er ggf. einen aktiven Einfluss durch den Einkauf für sein Unternehmensergebnis, dem Gewinn, hat. Dennoch wird aus emotionalen und teilweise konfliktscheuen Gründen nicht entsprechend gehandelt! Dies gilt es zu überwinden.

EINKAUF ZUKÜNFTIG (N=85)

Wie sieht der Einkauf in der Hotelbranche zukünftig aus? In dieser Frage sollten die Teilnehmer die Bedeutung bestimmter Themen für die Zukunft des Einkaufs bewerten.

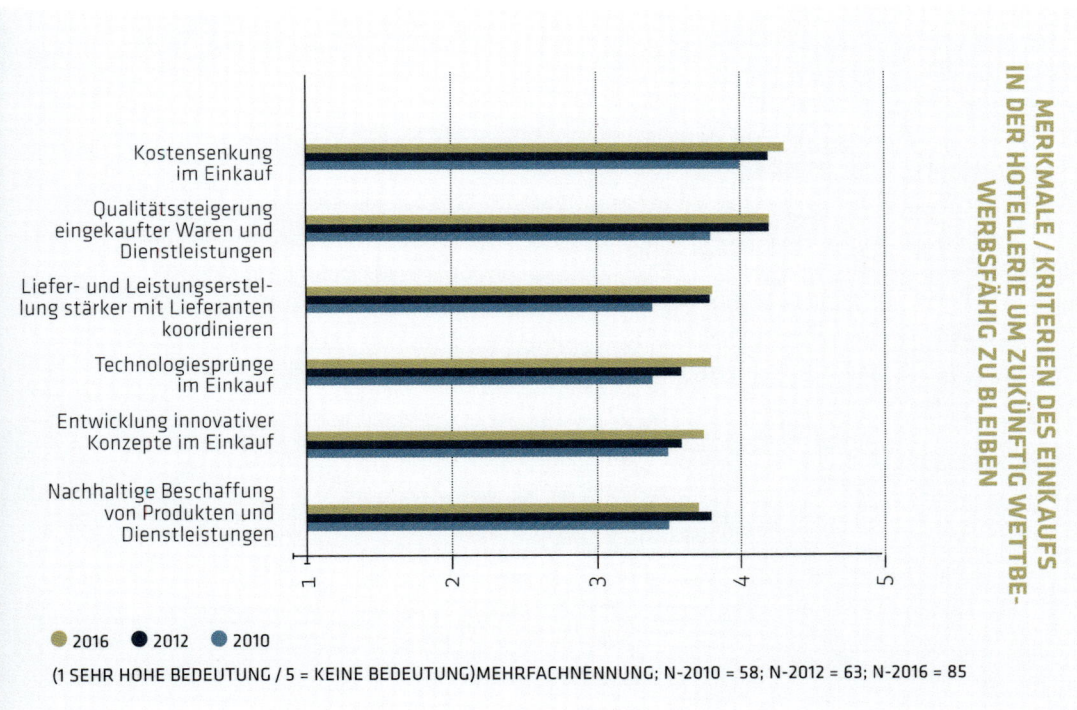

MERKMALE / KRITERIEN DES EINKAUFS IN DER HOTELLERIE UM ZUKÜNFTIG WETTBEWERBSFÄHIG ZU BLEIBEN

● 2016 ● 2012 ● 2010

(1 SEHR HOHE BEDEUTUNG / 5 = KEINE BEDEUTUNG)MEHRFACHNENNUNG; N-2010 = 58; N-2012 = 63; N-2016 = 85

Die Einkaufsziele in Bezug auf die Wettbewerbsfähigkeit durch den Einkauf selbst haben sich in der Bedeutung seit fünf Jahren nicht verändert. Lediglich die Nachhaltigkeit hat an Bedeutung gegenüber früherer Erhebungen an Bedeutung verloren.

LIEFERANTEN- UND BESTELLMANAGEMENT

In diesem Abschnitt werden die Studienergebnisse rund um das Lieferanten- und Bestellmanagement dargelegt.

LIEFERANTENZAHL (N=63)

Die Zahl der Frage nach den Lieferanten, bei denen regelmäßig bestellt wird ist wiederum eine Komponente, die selbst die Frage des Lieferantenmanagements abgrenzt. Der Durchschnittswert aller befragten 69 Hotelbetriebe liegt bei 45 Lieferanten.

Die Mehrheit der Betriebe verteilt sich hier annähernd normal auf die Kategorien (<)10 bis 50 Lieferanten, 3 haben bis zu 80, weitere 7 sogar über 150 Lieferanten. Das Minimum liegt unter diesen Betrieben bei 5 Lieferanten, das Maximum bei 250, der Abstand ist also sehr groß. Im Vergleich zu der Erhebung von 2012/2013 sind hier allerdings erhebliche Veränderungen zu verzeichnen. Der Durchschnitt lag in der Erhebung von 2012 noch bei 90 Lieferanten mit einer Mindestzahl von 5 Lieferanten und einer Maximalzahl von 663 Lieferanten. Dies verdeutlicht, dass in den befragten Hotelbetrieben die Zahl der Lieferanten sich seit der letzten Erhebung optimiert hat.

Die Relation der Zahl der Lieferanten in Abhängigkeit von der Umsatzhöhe, ergibt einen Korrelationskoeffizient von 0,344, d. h. eine geringe bis mittlere positive Korrelation. Dieser tendenzielle Zusammenhang ist insofern naheliegend, als dass größere Betriebe für die fristgemäße Leistungserstellung auch mehrere Lieferanten benötigen, oder aber aufgrund von einerseits mehr zur Verfügung stehenden Mitteln für den Einkauf und gleichzeitigen höheren Kostendruck das Lieferantenportfolio diversifizieren.

Eine Betrachtung der Lieferantenzahl in Abhängigkeit von der Lage, in der die Betriebe sich befinden, ergibt keine Korrelation (Koeffizient r=0,06), die Mikrolage des Hotels hat keinen Bezug auf die Anzahl der Lieferanten des Betriebes.

LIEFERANTENZAHL NACH PRODUKTGRUPPEN (N=69)

Die Erhebung der Lieferantenanzahl unterteilt nach übergeordneten Produktgruppen wurde entgegen der bisherigen Differenzierung nach den bisher bekannten Bereichen von Lebensmittel und Getränke (alkoholisch/nicht alkoholisch) unterteilt. Entgegen der bisherigen Differenzierung nach detaillierten Produktgruppen wurden diese nach Investitions- und Verbrauchsgüter unterteilt. Insofern ist gegenüber bisherigen Erhebungen aus den Jahren 2010 und 2012 nur der Vergleich der »Kerngruppen« möglich.

VERTEILUNG DER DURSCHNITTLICHEN ZAHL DER LIEFERANTEN/HOTELBETRIEB NACH PRODUKTGRUPPEN

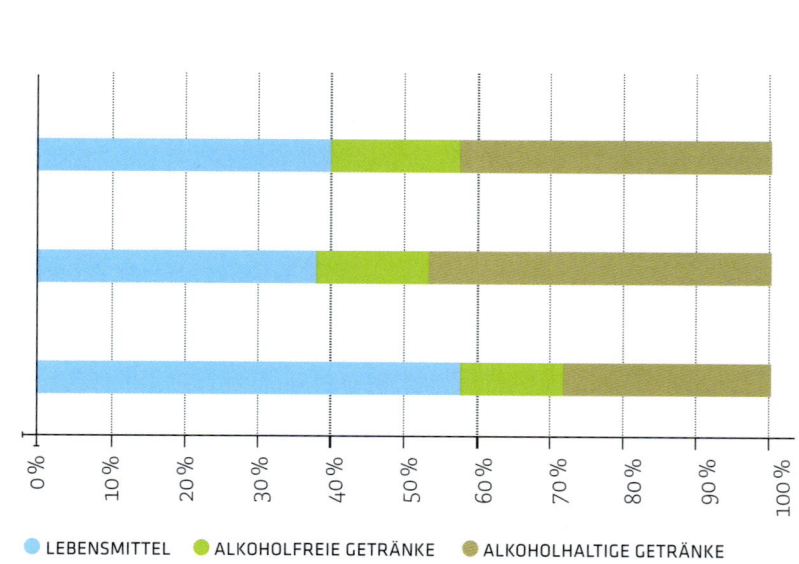

● LEBENSMITTEL ● ALKOHOLFREIE GETRÄNKE ● ALKOHOLHALTIGE GETRÄNKE

Die aktuelle Erhebung zeigt auf, dass der größte Anteil der Lieferanten (58 Prozent) bei den Lebensmitteln besteht. Waren in 2010 noch 42 Prozent bzw. 2012/2013 48 Prozent der Lieferanten in alkoholischen Getränken gezählt, ist dieser Anteil in 2016 »nur« noch 28 Prozent.

Die Zahl der Lieferanten im Bereich der Dienstleistung, Investitions- und Verbrauchsgüter liegt durchschnittlich bei 7–8 Lieferanten. Dies zeigt auf, dass auch hier eine Konzentration auf wenige Lieferanten stattfindet. Wobei die Bandbreite der Lieferanten von 1 bis 96 Lieferanten gegenüber der Erhebung von 2012/2013 auch eine Optimierungstendenz bestätigt.

Nachdem die Gesamtzahl betrachtet wurde, gilt es nun die Aufteilung der Lieferanten auf einzelne Produktgruppen zu vergleichen. Dabei wurden die wichtigsten übergeordneten Gruppen für zu bestellende Produkte gewählt: Lebensmittel, AFG, alkoholische Getränke, Verbrauchsgüter, Dienstleistungen, und Investitionsgüter. Eine Übersicht über Durchschnittswerte, Minima, und Maxima in den Gruppen ist in der folgenden Tabelle zu sehen.

KRITERIEN ZUR LIEFERANTENAUSWAHL (N=87)

Die Auswahl des Lieferanten hängt von sogenannten »harten Faktoren« ab, die im Wesentlichen monetäre begründet sind sowie von Kriterien der Regionalität und den sogenannten »weichen Faktoren« ab. Letzteres sind vor allem individuelle und gesellschaftliche Kriterien.

Die Erhebung zeigt auf, dass die »harten Entscheidungskriterien«, sprich die Lieferqualität, -sicherung, Termintreue, Flexibilität, Zahlungsmodalität und Rückvergütungen sowie die Stückkosten bedeutend sind. Die Regionalität und Betreuungsintensität ist von hoher Bedeutung, führt aber letztlich nicht zur Entscheidung für einen Lieferanten. Die Fragen zur Produktmarke, der Nachhaltigkeit, Umwelt Bio, Werbekostenzuschüsse sowie Abdeckung des Liefergebietes des Lieferanten sind eher nachrangig.

Die Erhebungen aus der Studie in 2010 und 2012/2013 kommen in der Frage der Bedeutung zum selben Ergebnis, so dass hier keine Veränderung im Bestellverhalten bzw. im Einkaufsmanagement festgestellt werden kann. Explizit kann die Frage nach Umwelt und Nachhaltigkeit in der aktuellen Erhebung als »bedeutsam« herausgestellt werden, dennoch ist zu akzeptieren, dass dies nicht zur Entscheidung für eine verbindende Lieferantenstruktur führt.

🌀 **Fazit für den Hotelier:** Nach welchen Kriterien wählen Sie aus? Sind Sie selbst sich gegenüber ehrlich und grenzen Emotionen und Rationalität ab? Unterscheiden Sie, wo Sie nach Emotionen kaufen und machen Sie dies dann bitte ganz bewusst.

BEDEUTUNG DER KRITERIEN ZUR AUSWAHL / ENTSCHEIDUNG FÜR EINEN LIEFERANTEN

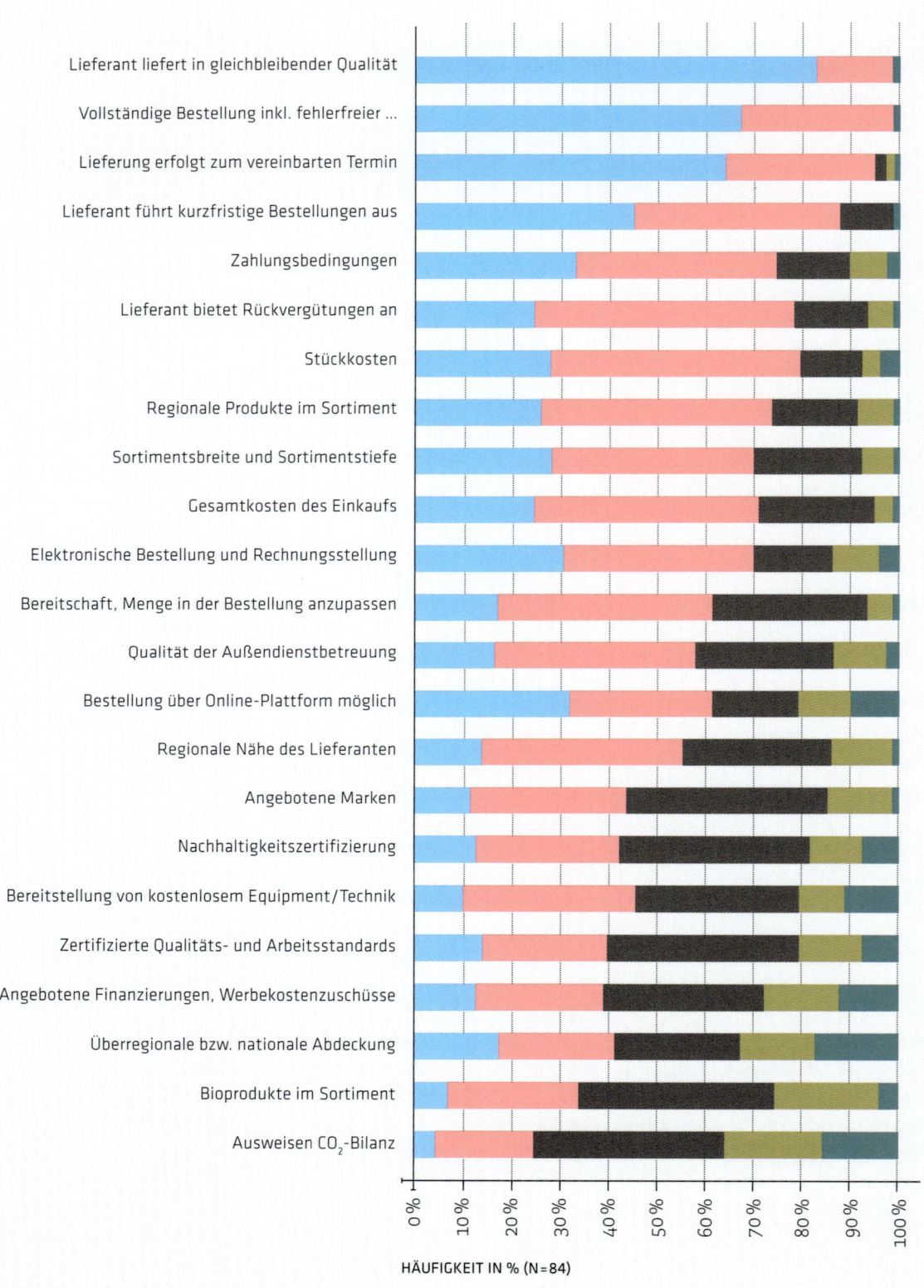

HÄUFIGKEIT IN % (N=84)

● SEHR HOHE ● HOHE ● MITTLERE ● GERINGE ● KEINE

LIEFERANTENGESPRÄCHE (N=53–76)

Für eine optimale Zusammenarbeit zwischen Lieferanten und Betrieben ist eine aktive Kommunikation nötig. Diese findet in Form von Lieferantengesprächen, also Gesprächen zwischen dem Vertreter des Lieferanten und demjenigen des Betriebes, statt. Grundlage ist Anzahl solcher Lieferantengespräche pro Zeiteinheit, hier Monat, und andererseits die durchschnittliche Dauer dieser. In diesem Zusammenhang ist auch die Frage von Bedeutung, ob Ergebnisse schriftlich festgehalten werden und wenn ja, von wem.

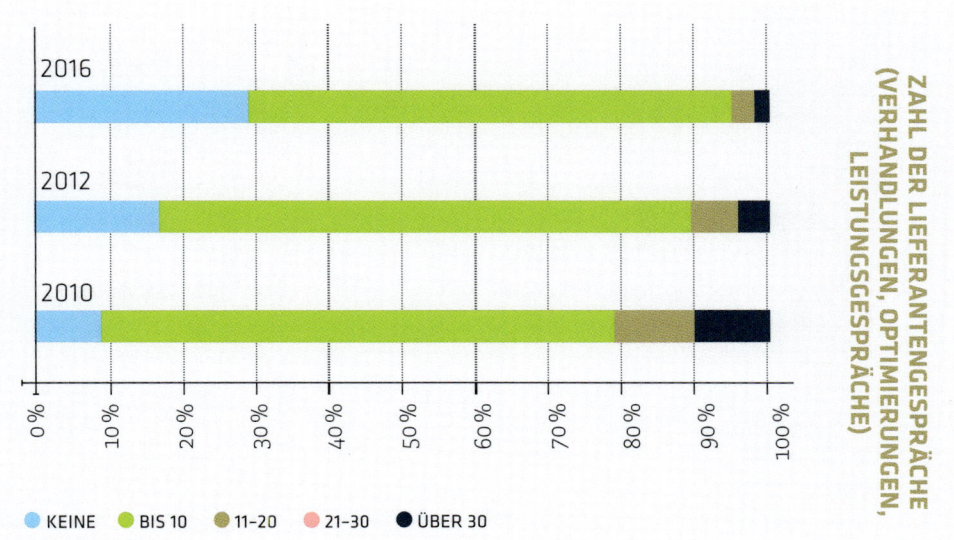

Von den 131 Hotelbetrieben haben 55 Betriebe hierzu keine Angaben gemacht. Dies erlaubt die These, dass 42 Prozent der Hotels keinen systematisierten Prozess für ein Lieferantengespräch haben. Wie in 2012 hat die Befragung bestätigt, dass 29 Prozent der Betriebe keine Lieferantengespräche führen, 66 Prozent bis zu zehn Gespräche pro Monat und die restlichen 4 Prozent mehr als elf Gespräche führen.

Die Gesprächsdauer der mehrheitlich geführten Lieferantengespräche lag in 2013 bei 15 bis 30 Minuten. Die aktuelle Befragung hat diese Dauer wieder bestätigt.

Zu diesen vier Fragestellungen sind jeweils die anteiligen Angaben zur Übersicht dargestellt.

Die meisten Teilnehmer (66 Prozent) führen monatlich bis zu 10 Gespräche mit Lieferanten, mehr führen lediglich 6 Prozent und 29 Prozent führen nach eigenen Angaben gar keine. Diese Gespräche dauern mehrheitlich 15 bis 30 Minuten (52 Prozent), 38 Prozent dauern länger und dagegen benötigen nur 10 Prozent weniger Zeit. Selten bis nie gibt es bei 37 Prozent keine schriftliche Zusammenfassung, der Rest hält die Gesprächsinhalte fest, davon sogar 16 Prozent immer. Während bei der Erhebung von 2012 ist noch 19 Prozent selten bis nie ein Protokoll ausgefertigt hat, ist der Trend zur Dokumentierung rückläufig.

Unverändert zur Vorgänger-Studie 2012/2013 bleibt: Diese Zusammenfassungen bzw. Protokollierung, die mehrheitlich (51 Prozent) von beiden Seiten angefertigt werden. In

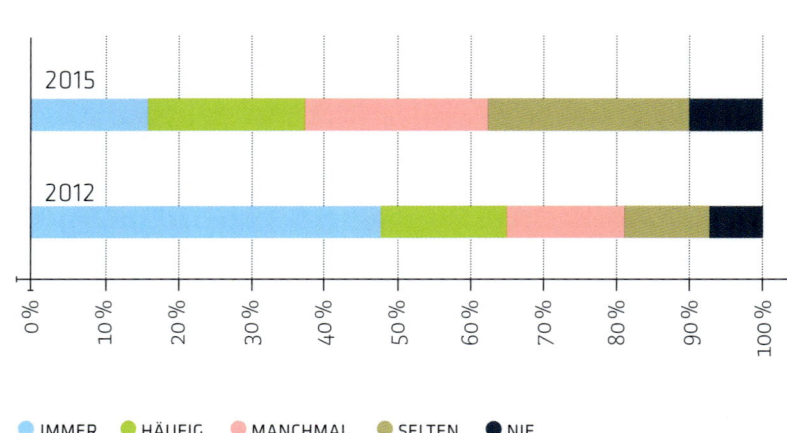

SCHRIFTLICHE ZUSAMMENFASSUNG DER LIEFERANTENGESPRÄCHE (PROTOKOLL)

● IMMER ● HÄUFIG ● MANCHMAL ● SELTEN ● NIE

26 Prozent der Fälle übernimmt ausschließlich das Hotel diese Aufgabe, in 23 Prozent ausschließlich der Lieferant. Dies ist die Übersicht über alle Betriebe.

Handlungsempfehlung für den Hotelier: Nehmen Sie sich Zeit für Ihren Lieferanten und führen Sie Buch über das was und wie Sie vereinbart haben! Wenn Sie noch keinen systematisierten Prozess haben, der die Gespräche mit Ihren Lieferanten vorgibt und diesen auch protokolliert, haben Sie zwei Möglichkeiten: 1. Sie führen einen solchen Prozess mit Unterstützung von Experten ein oder 2. Sie schließen sich einer Gesellschaft an, die das Einkaufs- und Beschaffungsmanagement von »berufswegen« macht und Sie daher vom gesamten Prozess profitieren. Der gesamte Prozess haben wir in den ersten Kapiteln von MACHT EINKAUF beschrieben.

BESTELLVERFAHREN (N=87)
Bei der Betrachtung des Bestellverfahrens werden grundsätzlich drei Arten unterschieden: Ad-hoc Bestellungen bzw. Spontankauf, standardisierter Einkauf ohne Rahmenvertrag, und standardisierter Einkauf mit Rahmenvertrag. Die seit der ersten Erhebung

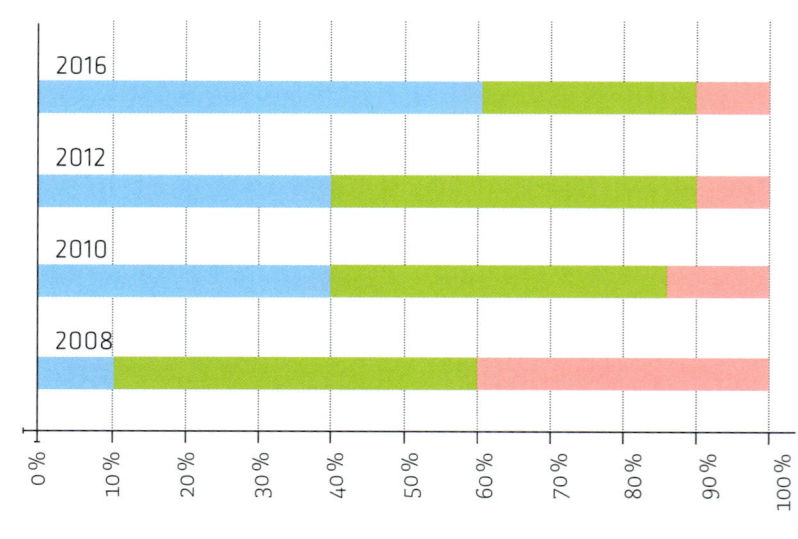

VERTEILUNG DER DURSCHNITTLICHEN ZAHL DER LIEFERANTEN/HOTELBETRIEB NACH PRODUKTGRUPPEN

● STANDARDISIERTER EINKAUF MIT RAHMENVERTRÄGEN
● DEFINIERTE, STANDARDISIERTE EINKÄUFE MIT RAHMENVEREINABRUNG
● AD-HOC BESTELLUNGEN

WARENGRUPPEN

KRAFTFAHRZEUGE

MOBILIAR

ENERGIE

REINIGUNGSSERVICE

WÄSCHE

VERSICHERUNGEN

DIENSTLEISTUNGEN

TECHNIK

EDV

BÜROMATERIAL

DRUCKSACHEN

REINIGUNGSMITTEL

GASTRONOMIEBEDARF

ALKOHOLISCHE GETRÄNKE

AFG

LEBENSMITTEL

0   10   20   30   40   50   60   70

ANZAHL DER NENNUNGEN (MEHRFACHNENNUNGEN), GRUPPIERT

BESTELLUNG ÜBER RAHMENVERTRAG

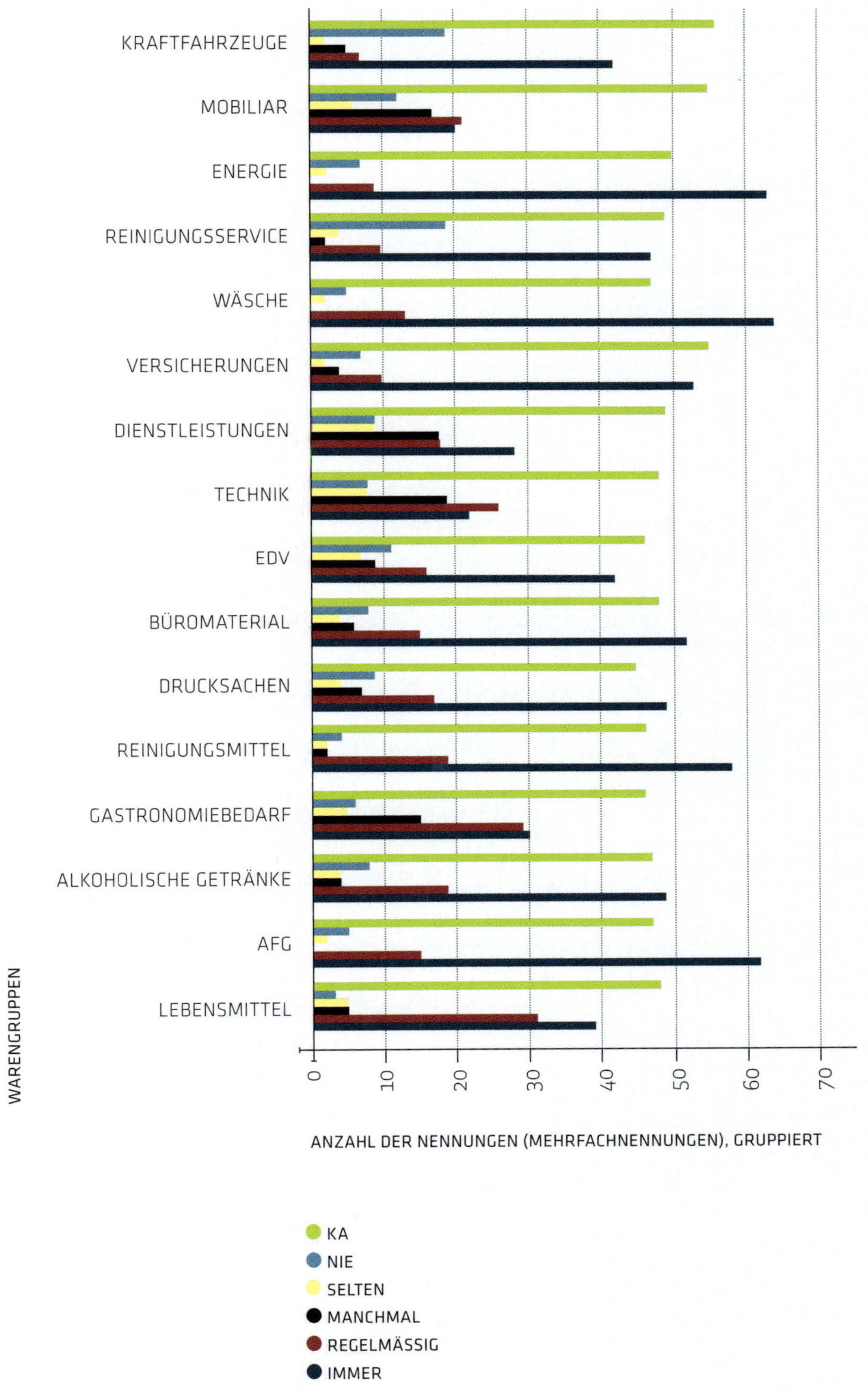

● KA
● NIE
● SELTEN
● MANCHMAL
● REGELMÄSSIG
● IMMER

durchgeführte Befragung zeigt auf, dass in den letzten acht Jahren das Bestellverfahren von dem ad-hoc-Kauf zum definierten standardisierten Einkaufsprozess gewandelt hat, in dem der Rahmenvertrag letztlich erst mit der Erhebung 2015/2016 zum Bestandteil des Prozesses wird. Waren in 2008 Rahmenverträge noch bei 11 Prozent aller Einkäufe, so sind diese heute bei 64 Prozent aller Bestellungen Standard.

RAHMENVERTRÄGE (N=91)

Die Bestellung über Rahmenverträge bei festgelegten Lieferanten ist ein Maß für die Standardisierung des Einkaufs und dient der effizienteren und preisstabileren Abwicklung von Bestellungen. Je nach Produktkategorie ist dieses Hilfsmittel mehr oder weniger oft anzutreffen. Die teilnehmenden Betriebe wurden nach der Häufigkeit von Bestellungen mit Rahmenverträgen in verschiedenen Produktgruppen gefragt. Um einen Vergleich zu ermöglichen wurde wiederum eine Punktzahl für jede Gruppe nach der folgenden Formel ermittelt:

$$\frac{(n_{nie}*1 + n_{selten}*2 + n_{manchmal}*3 + n_{häufig}*4 + n_{immer}*5)}{n}$$

Im Folgenden ist die Tabelle mit den entsprechend ermittelten Werten in absteigender Reihenfolge abgebildet.

PRODUKTKATEGORIE	DURCHSCHNITTLICHE BEWERTUNG
	(1 = NIE/5 = IMMER)
Wäsche	4,5
Alkoholfreie Getränke	4,5
Energie	4,5
Reinigungsmittel	4,5
Versicherungen	4,3
Lebensmittel	4,2
Büromaterial	4,2
Alkoholische Getränke	4,2
Drucksachen	4,1
Gastronomiebedarf	3,9
EDV	3,8
Reinigungsservice	3,8
Kraftfahrzeuge	3,7
Dienstleistungen	3,6
Technik	3,6
Mobiliar	3,4

Produkte wie Wäsche, alkoholfreie Getränke, Energie, Reinigungsmittel und Versicherungen sind so gut wie immer in Rahmenverträgen gebunden. Auch Büromaterialen und Lebensmittel, alkoholhaltige Getränke sowie Büromaterial, und Drucksachen unterliegen regelmäßig einer Rahmenvereinbarung. Die investitionsähnlichen bzw. investigativen Produkte unterliegen eher weniger einer Rahmenvereinbarung und situativ in der Kaufentscheidung.

◐ **Fazit für den Hotelier:** Rahmenverträge sind bereits der erste Schritt in ein systematisierten Einkaufs- und Bestellprozess. Dennoch bedeutet dies; Sie müssen es auch kontrollieren und steuern! Protokolle und Vereinbarungen sind eben notwendig!

BESTELLWEGE (N=97)

Bestellwege bezeichnen die Wege, auf denen eine Bestellung aufgegeben wird. Dabei reichen die Möglichkeiten vom Brief über Onlinesysteme bis hin zur Selbstabholung. Die häufigsten Bestellwege sind E-Mail, Onlineshops der Lieferanten, sowie ein E-Procurement- oder Warenwirtschaftssystem, wobei letzteres unter der Aufzählung »immer« klarer Vorreiter ist und auch die höchste Punktzahl erreicht – gleichzeitig sind diese Systeme unter »nie« auf Platz 3, die Geister scheinen diesbezüglich gespalten zu sein. Dagegen wird der Brief so gut wie gar nicht genutzt, und auch das Fax ist nur noch selten in Gebrauch. Auch die Selbstabholung wird nach Angaben der Teilnehmer selten bis nie praktiziert. Im Gegensatz zu der 2012/2013 Studie sind E-Procurement und Online-Shop des Lieferanten klare Gewinner, vor allem E-Procurement bzw. ein eigenes Waren-Wirtschaftssystem ist vom letzten Platz 2012/2013 auf den zweiten gerutscht. Dies zeigt, dass sich seit der letzten Studie einiges im Bereich Einkauf und Bestellwege getan hat und der Trend immer mehr in Richtung integrierter (online) Systeme geht.

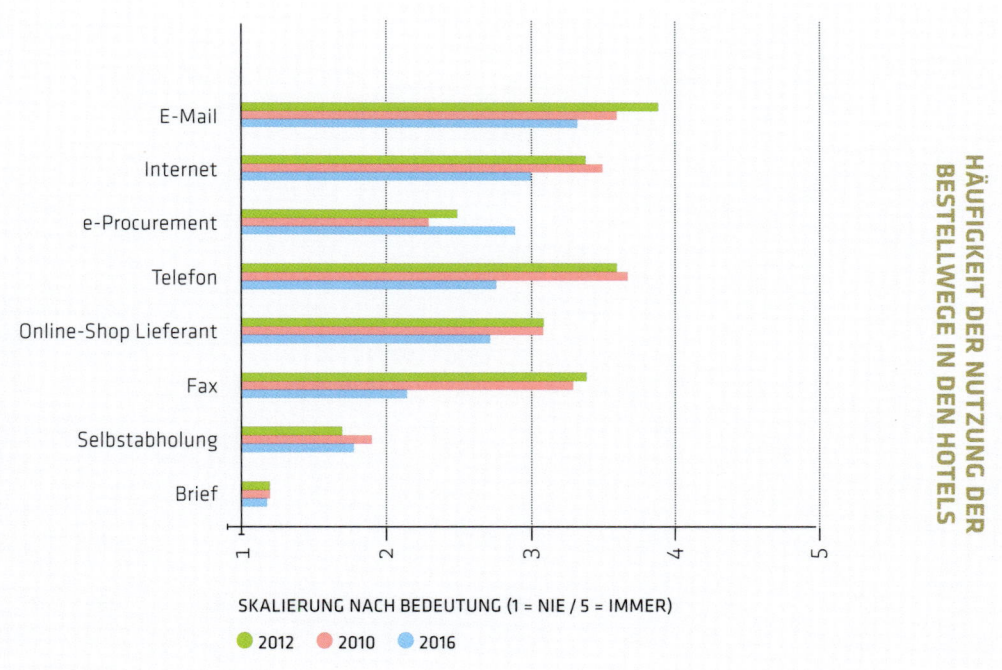

HÄUFIGKEIT DER NUTZUNG DER
BESTELLWEGE IN DEN HOTELS

SKALIERUNG NACH BEDEUTUNG (1 = NIE / 5 = IMMER)

● 2012 ● 2010 ● 2016

Auch eine Auswertung nach Größe und Lage ergibt ein ähnliches Bild. E-Mail als Bestellweg ist Vorreiter, gefolgt von Onlinebestellungsmöglichkeiten und dem eigenen Warenwirtschaftssystem, welches jedoch nur in Oberzentren Platz 1 belegt (siehe auch Abbildung im Anhang).

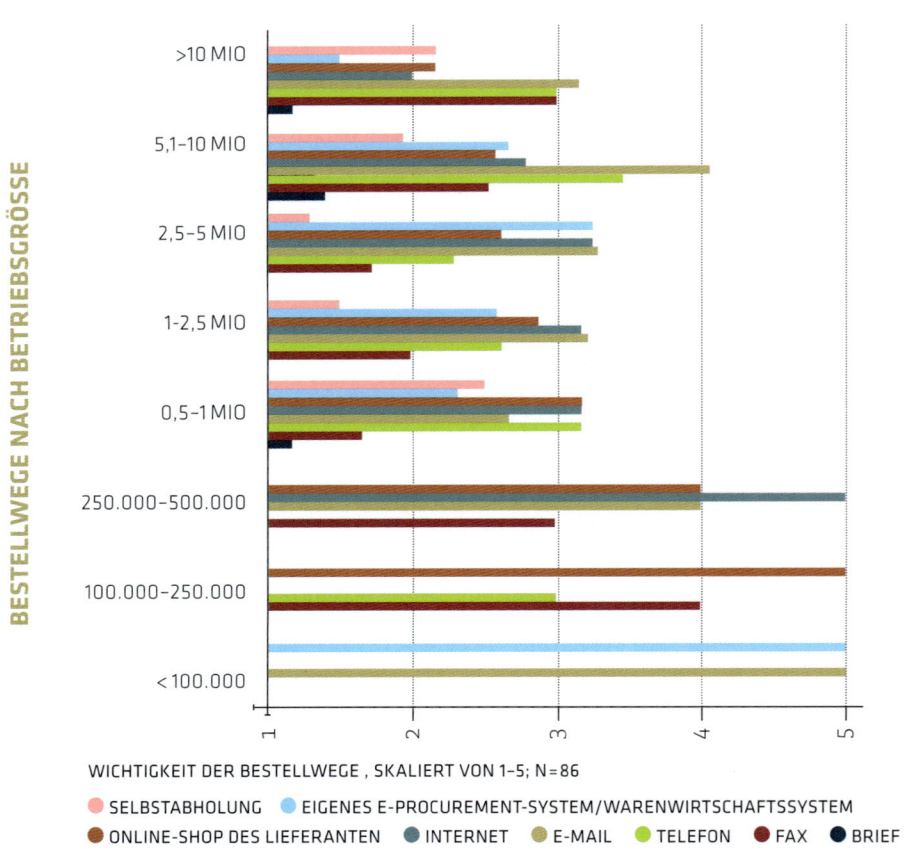

BESTELLWEGE NACH BETRIEBSGRÖSSE

WICHTIGKEIT DER BESTELLWEGE , SKALIERT VON 1–5; N=86

- SELBSTABHOLUNG
- EIGENES E-PROCUREMENT-SYSTEM/WARENWIRTSCHAFTSSYSTEM
- ONLINE-SHOP DES LIEFERANTEN
- INTERNET
- E-MAIL
- TELEFON
- FAX
- BRIEF

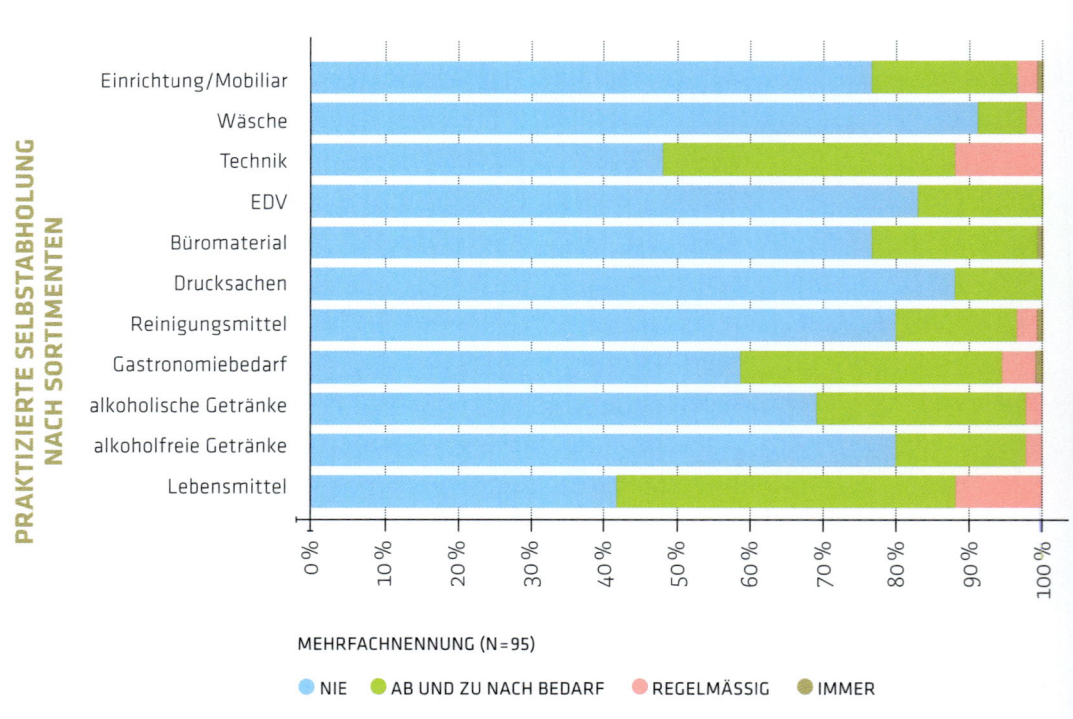

PRAKTIZIERTE SELBSTABHOLUNG NACH SORTIMENTEN

MEHRFACHNENNUNG (N=95)

- NIE
- AB UND ZU NACH BEDARF
- REGELMÄSSIG
- IMMER

SELBSTABHOLUNG (N=95)

Die Selbstabholung wurde bei der Häufigkeit der Bestellwege bereits erwähnt; hier soll nun gezeigt werden, in welchen Produktgruppen sie wie oft zum Einsatz kommt. Eine Übersicht hierzu ist in Abbildung II.26 zu finden.

In den meisten Gruppen überwiegt klar das Votum »nie«, doch bei Technik und Lebensmitteln liegt zumindest »ab und zu nach Bedarf« vorn.

Die Selbstabholung ist ein »rückläufiger Einkaufsprozess«, der dennoch zu 60 Prozent noch im Bereich der Lebensmittel, wenn auch nur sehr eingeschränkt, erfolgt. Einen ähnlichen Annäherungswert hat der Bereich »Technik«, in dem auch die Einkäufe der »Hausmeistergegenstände« enthalten sind.

Der Vergleich des Einkaufsverhaltens bezogen auf den Grad der Selbstabholung von Mitgliedern bei Einkaufsorganisationen und Nicht-Mitgliedern zeigte auf, dass es keine abweichende Haltung gibt. Aus durchschnittlich hundert Betrieben ist lediglich ein Betrieb, der nicht einer Einkaufsorganisation angehört, ein »mehrheitlicher Selbstabholer«. Diese Tendenz ist vor allem im Bereich der »Gastronomiebedarf«, »alkoholischen Getränke«, »Drucksachen« und »Einrichtungsgegenstände bzw. Mobiliar« erkennbar. In den anderen Bereichen ist ein nahezu identisches Verhalten zu messen.

◑ **Herausforderung für den Hotelier:** Ad hoc und Selbstabholung zu minimieren! Der Bedarfsträger soll nicht selber einkaufen gehen. Prüfen Sie, wie »händisch« Sie noch einkaufen und prüfen Sie, wie viel Zeit Sie selbst bei den ersten Analysen im Internet und am Telefon vor dem Kaufentscheid verwenden. Effizienz vor Spaß!

ANZAHL BESTELLUNGEN (N=80)

Die Anzahl von Bestellungen pro Woche beträgt unter allen befragten Betrieben durchschnittlich 23 Bestellungen.

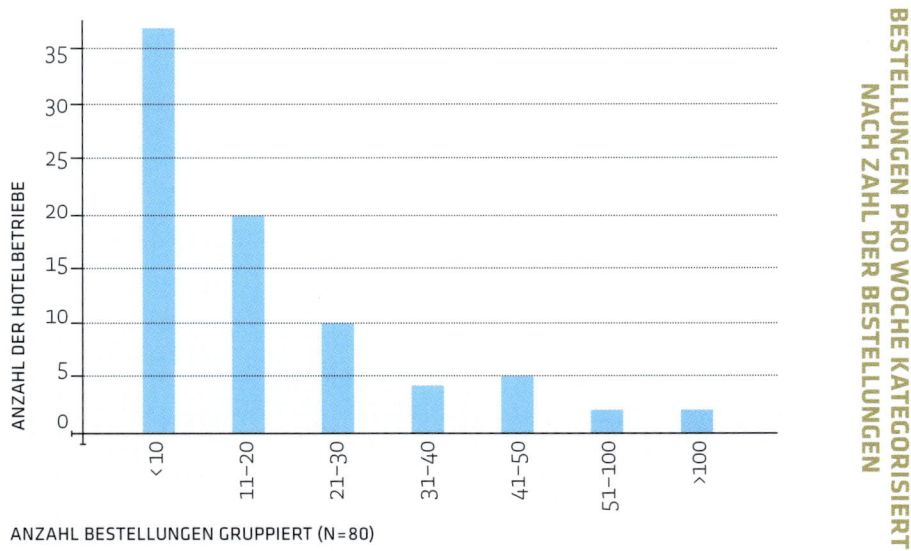

ANZAHL BESTELLUNGEN GRUPPIERT (N=80)

BESTELLUNGEN PRO WOCHE KATEGORISIERT NACH ZAHL DER BESTELLUNGEN

Nahezu drei Viertel der Betriebe haben bis zu 20 Bestellungen pro Woche. Betrachtet man nun die Anzahl der wöchentlichen Bestellungen in Abhängigkeit vom Umsatz bzw. der Umsatzgruppe, ergibt sich ein Korrelationskoeffizient von 0,276, also eine geringe positive Korrelation. Es besteht also eine geringe positive Relation von Umsatzsteigerung zu Anzahl der Bestellungen. Eine analoge Untersuchung von Bestellungen pro Woche in Abhängigkeit von der Mikrolage des Hotels ergibt keine positive Korrelation (r=0,052).

Dagegen ergibt eine Untersuchung der Anzahl der wöchentlichen Bestellungen in Abhängigkeit von der Anzahl der Mitarbeiter mit Einkaufsverantwortung eine geringe bis mittlere negative Korrelation mit r=-0,33.

Wie bereit schon ausgeführt ist die Frage des Betriebstyp oder der Mikrolage des Hotels in keiner Abhängigkeit von der Zahl der Bestellungen. Genauso ist die Frage nach der Zahl der pro Woche durchgeführten Bestellung unabhängig von der Zahl der Mitarbeiter mit Einkaufsverantwortung! Aber es gibt eine kleine Abhängigkeit vom erzielten Umsatz. Sprich: je mehr Umsatz ein Hotel macht, so lässt dieses tendenziell auch mehr Einkäufe zu!

💧 **Fazit für den Hotelier:** Seien Sie gerade wenn Sie höhere Umsätze erzielen Achtsam im Einkauf. Es gibt dann die Tendenz, dass der Hotelbetrieb mehr Einkäufe tätig, als dies innerhalb des Hotelablaufs notwendig ist. Dies bindet wieder mehr Zeit und kostet damit dem Hotel mehr Geld!

BESTELLDAUER (N=78)

Die Bestelldauer bezeichnet die Dauer, die einer oder mehrere Mitarbeiter, sprich der Hotelbetrieb, mit jeder Bestellung verwendet. Durchschnittlich wird in den Hotelbetrieben 10 Minuten mit einem Minimum von einer Minute und einem Maximum von 35 Minuten pro Bestellung verwendet. Untersuchungen des Umsatzes in Abhängigkeit der Bestelldauer ergibt mit r=-0,26 eine geringe negative Korrelation, d.h. je länger die Bestellungen sind, desto geringer ist der Umsatz. Umgekehrt spricht dies dafür, dass ein Betrieb mit effizientem Bestellmanagement mehr Umsatz erzielt oder erzielen kann. Eine Untersuchung in Abhängigkeit der Mikrolage des Betriebes ergibt eine schwache Tendenz (mit r=0,17), dass Bestellungen länger dauern, je ländlicher das Umfeld ist.

Die Untersuchung der Bestelldauer in Abhängigkeit von der Anzahl Mitarbeiter mit Einkaufsverantwortung ergibt eine sehr schwache positive Korrelation (r=0,08). Zwar ist dies eine zu vernachlässigenden Korrelation, doch die Tendenz besteht, dass mehr Mitarbeiter mit Einkaufsverantwortung zu erhöhter Bestelldauer führen – eine Verteilung der Einkaufsverantwortung auf wenige Mitarbeiter scheint also die effizienteste Lösung zu sein.

💧 **Fazit für den Hotelier:** »Mehr Besteller« bedeutet auch »mehr Zeitaufwand«. Hier empfehlen wird: Bedarfsträger und Einkäufer zu trennen.

WEITERBILDUNG (N=81)

Von den teilnehmenden Betrieben bieten 58 Prozent Weiterbildungsmaßnahmen im Bereich »Erhöhung der Einkaufskompetenz« an, 42 Prozent tun dies nicht. In 2012 boten nur 43 Prozent der teilnehmenden Betriebe Weiterbildungsmaßnahmen an, 2012 waren es sogar nur 10 Prozent. Der Trend geht hier demnach in die richtige Richtung – die Mitarbeiter zu schulen, um den Einkauf effizienter gestalten zu können.

💧 **Empfehlung für den Hotelier:** Sie bilden Ihre Mitarbeiter in allen handwerklich relevanten Fragen aus. Machen Sie dies auch für den Bestell- und Einkaufsprozess! Wie bereits einleitend gesagt: Auch im Einkauf liegt ein Gewinn, Sie müssen diesen nur für sich erschließen.

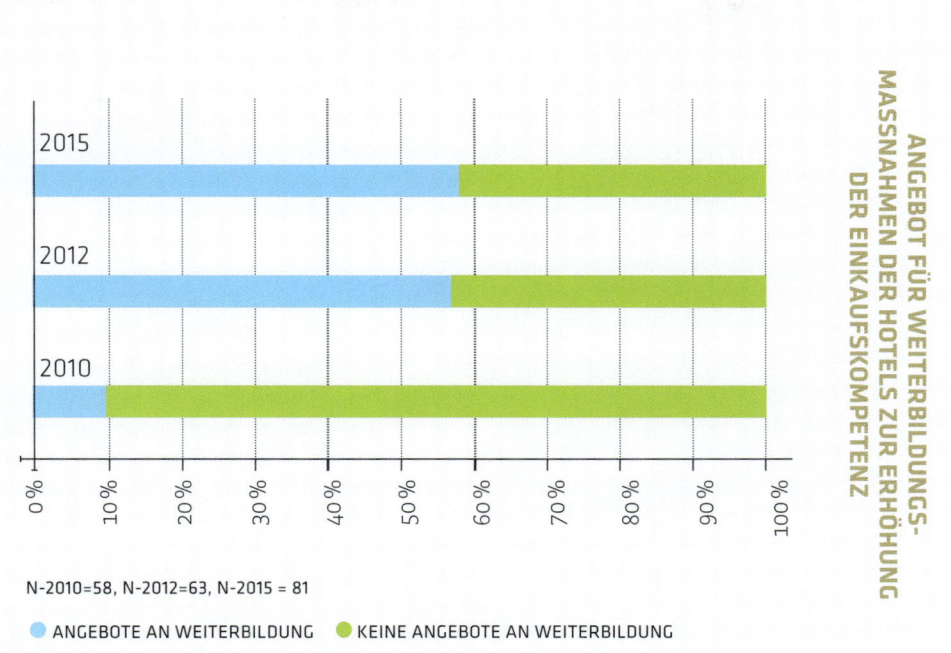

ANGEBOT FÜR WEITERBILDUNGS-MASSNAHMEN DER HOTELS ZUR ERHÖHUNG DER EINKAUFSKOMPETENZ
2015
2012
2010
0 %
10 %
20 %
30 %
40 %
50 %
60 %
70 %
80 %
90 %
100 %
N-2010=58, N-2012=63, N-2015 = 81
ANGEBOTE AN WEITERBILDUNG
KEINE ANGEBOTE AN WEITERBILDUNG

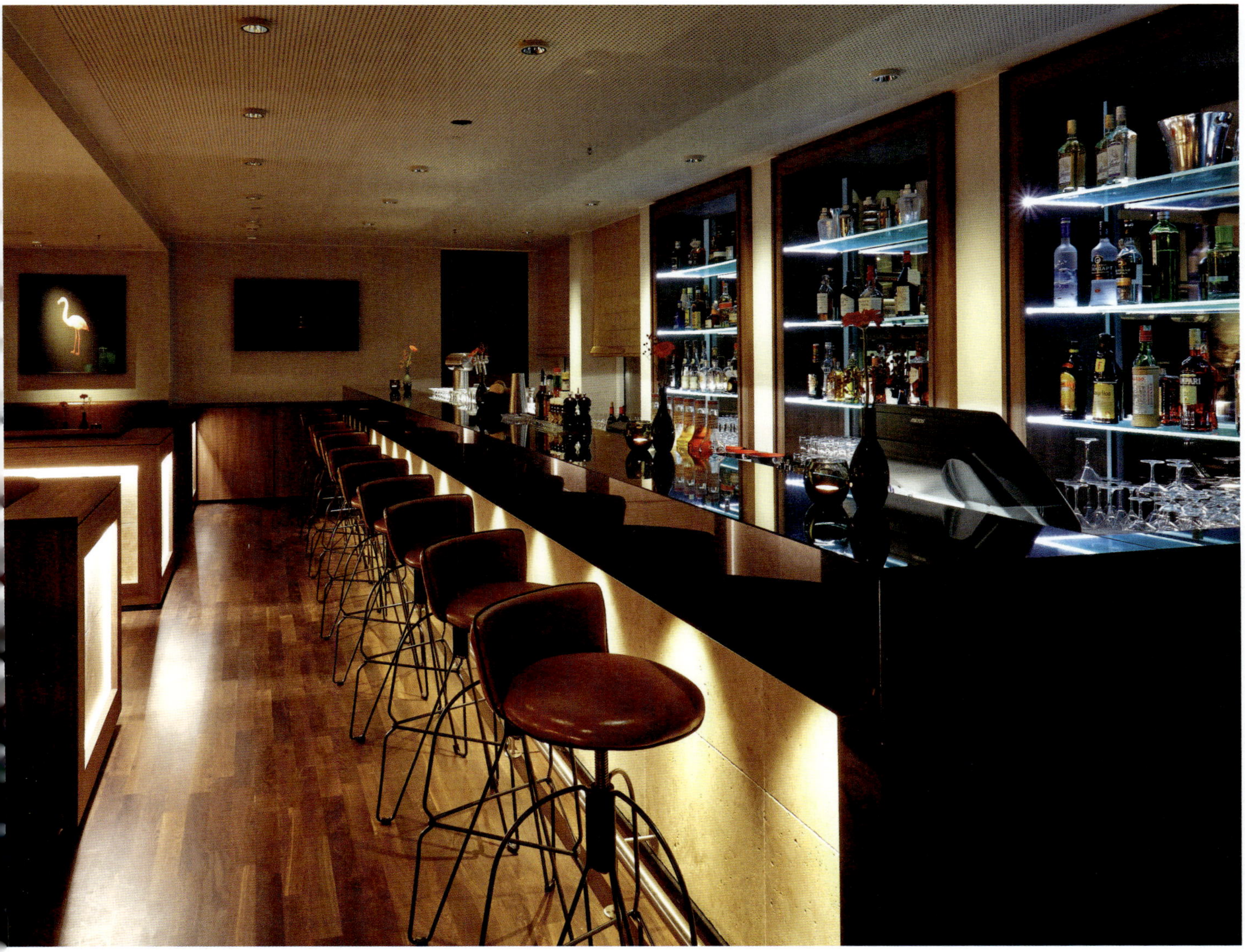

Executive Summary »Die Große Trend-Studie Einkauf in der Hotellerie '16«

Viele Hotelleitungen wissen nicht, ob der Hotelbetrieb gut einkauft, und überlassen diese Gewissheit den Abteilungsleitern und deren Mitarbeitern. Dort jedoch ist jeder vierte Mitarbeiter überzeugt, dass der Einkauf nicht optimal läuft.

- Der Trend zum »Zentralen Einkauf« bei gleichzeitiger Erhöhung der Kompetenzen beim Bedarfsträger nimmt zu.
- Unabhängig von der Einkaufsstruktur und –organisation vereint der Hoteleinkauf folgende Prioritäten:
  - Priorität 1: Kostensenkung (77 Prozent der Betriebe) und Qualitätssteigerung (62 Prozent)
  - Priorität 2: Kostenvermeidung (60 Prozent) und Einkaufsprozessoptimierung (59 Prozent)
  - Priorität 3: Reduktion von Lieferanten (50 Prozent), Schaffen von Transparenz (33 Prozent) und Einkauf von nachhaltigen Produkten (29 Prozent).
- Zwei Drittel der Betriebe führen eine Einkaufsauswertung nach Kennzahlen durch. 93 Prozent der Steuerung des Einkaufs im Bereich Lebensmittel & Getränke erfolgt über Wareneinsätze. Dagegen werten zwei Drittel der Betriebe die Statistiken der Lieferanten nicht aus. Die Steuerung des Einkaufs mit den Lieferanten über Jahreszielvereinbarung erfolgt von jedem zweiten Betrieb.
- 70 Prozent der Hotelbetriebe führen keine Rechnungskontrolle durch und vergleichen damit nicht die Mengen und Preise der Lieferscheine mit den Rechnungen
- 26 Prozent der Gesamtkosten eines Hotels sind direkte Einkaufskosten für Verbrauchsartikel (minus 5 Prozentpunkte / minus 16 Prozent gegenüber 2012/2013). Hinzu kommen die Kosten für zugekaufte Dienstleistungsunterstützung, Energie, Entsorgung als auch Investitionsgüter. Mit diesen zusammen liegen die direkten Einkaufskosten bei über 30 Prozent im Durchschnitt.

- Elektronik ist etabliert. Zweidrittel der Hotelbetriebe haben preislich fixierte Lieferantenverträge und Einkaufsrichtlinien. 58 Prozent der Betriebe nutzen immer bzw. häufig »Online-Orderlisten«. Jeder zweite Betrieb nutz feste Lieferzeichen, E-Procurement und Warenwirtschaft.
- Der Einkauf ist standardisiert. 64 Prozent nutzen Einkauf mit Rahmenverträgen, 26 Prozent festgelegte Prozesse ohne Rahmenverträge und »nur« 10 Prozent sind noch »ad-hoc Einkäufer«.
- Die durchschnittliche Zahl der Lieferanten pro Hotelbetrieb waren in 2012/2013 noch 90 Lieferanten und reduzierte sich auf 45 Lieferanten in 2016.
- 58 Prozent aller Lieferanten sind für Lebensmittel, 28 Prozent für alkoholische Getränke zuständig. Die Konzentration auf weniger Lieferanten führt zu einer zunehmenden Kostenoptimierung.
- 58 Prozent der Hotelbetriebe führen keine systematisierten Lieferantengespräche. Von den 42 Prozent, die ein systematisiertes Lieferantengespräch führen, haben zwei Drittel durchschnittlich zehn Gespräche pro Monat und benötigen für jedes Gespräch zwischen fünfzehn und dreißig Minuten. 62 Prozent der Hotels führen selten bzw. manchmal Protokolle über die Lieferantengespräche.
- Hotelbetriebe einer Einkaufsgesellschaft haben durchschnittlich zwanzig Betellungen pro Woche. Nicht-Mitglieder haben durchschnittlich 30 Bestellungen pro Woche. Die Bestelldauer wird von allen befragten Betrieben mit durchschnittlich 9,9 Minuten angegeben.
- Kostensenkung im Einkauf, Qualitätssteigerung und Liefer- und Leistungserstellung mit Lieferanten stärker Koordinieren sind bedeutsamer den je für die Steigerung der eigenen Wettbewerbsfähigkeit des Hotels. Letztlich hat sich diese Rangfolge in den letzten sechs Jahren nicht verändert.
- Die Entscheidung für einen Lieferanten wird vor allem durch die »harten Entscheidungskriterien«, sprich Lieferqualität, -sicherung, Termintreue, Flexibilität, Zahlungsmodalität und Rückvergütung sowie Stückkosten entschieden.
- Die Weiterbildung im Bereich des Einkaufs wird zur Mehrheit (53 Prozent) angeboten. Letztlich nimmt die Nachfrage für die Weiterbildung seit der Erhebung in 2012/2013 (43 Prozent) 2009/2010 (81 Prozent) ab.

DIE AUTOREN

JOCHEN OEHLER, Diplom-Betriebswirt (FH), ist Geschäftsführer der progros (spezialisiert auf Einkaufsstrategien & Supply-Chain-Management). Rund 800 Hotels, Hotelketten und Restaurants in Europa zählen zum Kundenkreis.

Jochen Oehler ist verheiratet und hat zwei Kinder. Neben seiner Tätigkeit hält er auch Vorlesungen und Vorträge mit dem Spezialgebiet Verhandlungsführung und Supply Chain Management. Er ist ferner Jurymitglied für die Ermittlung des Förderpreises der Gastro Vision und engagiert sich in Verbänden wie der FBMA – Food + Beverage Management Association, der HDV – Hoteldirektorenvereinigung Deutschland als auch dem Hotelverband Deutschland IHA.

PROF. DR. CHRISTIAN BUER ist seit 2004 ordentlicher Professor für Betriebswirtschaft mit dem Schwerpunkt Hotelmanagement an der Hochschule Heilbronn. Als selbstständiger Unternehmensberater in der eigenen Beratungsgesellschaft Nemis berät er Entwickler, Finanzierer und Immobilien-Experten insbesondere für touristische Immobilien wie das Hotel.

2009 gründete Prof. Dr. Buer das Heilbronn Hospitality Symposium mit dem Ziel, die wissenschaftliche Forschung im Tourismus sowie in der Übernachtungs- und Verpflegungsindustrie zu fördern und den Dialog mit der Wirtschaft bzw. der Hotel- und Gastronomiebranche aktiv zu gestalten. Weiterhin ist er Mitglied des »Travel Industry Club – TIC« sowie in der Hoteldirektorenvereinigung Deutschland e.V.

LITERATUR, QUELLEN, BILDER & MITWIRKENDE

Viel Information und Unterstützung – Mitwirkende und Impulsgeber

Um MACHT EINKAUF auf den Weg zu bringen und mit Inhalten zu füllen, wirkten neben den Autoren eine Menge an Menschen direkt und indirekt mit, wissentlich und unwissentlich. Sei es mit ihren eigenen Einkäufer- und Verkäufergeschichten rund um die Hotellerie und Gastronomie, ihren Praxis-Beispielen und hotelspezifischem Zahlenmaterial, kleinen Assistenztätigkeiten oder Über-den-Tellerrandgesprächen und zufälligen Begegnungen. Auch wenn einige dieser Konversationen und Diskussionen teilweise schon länger zurücklagen oder sie nicht immer unmittelbar etwas mit strategischem Einkaufsmanagement zu tun hatten, so haben wir daraus vieles an Inspiration und Gedankengut mitgenommen, was in MACHT EINKAUF eingeflossen ist und verarbeitet wurde. Und diesen Personen sagen wir deswegen an dieser Stelle »Herzlichen Dank«!

★ Aisenbrey, Alexander
★ Althoff, Thomas H.
★ Altenhofen, Erik
★ Behrendt, Michael
★ Brandenburger, Elena
★ Brandenburger, Elke
★ Brenner, Eric
★ Buer, Felice
★ Darboven, Albert
★ de Clerque, Sascha
★ Dierberger, Frank
★ Drescher, Franziska
★ Du, Elisabeth
★ Ebert, Volker
★ Etmenan, David
★ Glauner, Ulf
★ Itt, Edgar
★ Falk, Michael
★ Feuerstein, Olaf
★ Gamm, Frieder
★ Gangl, Jürgen

★ Gerst, Hans
★ Glauner, Ulf
★ Grupp, Wolfgang
★ Haase, Brit
★ Hildebrandt, Karl-Heinz
★ Huuhtanen, Tommi
★ Jahns, Christopher
★ Joachim, Anja
★ Kastner, George W.
★ Keller, Markus
★ Kinner, Jürgen
★ Klische, Klaus
★ Kobjoll, Klaus
★ Leichsenring, Einar
★ Lindner, Otto
★ Marrenbach, Frank
★ Möller, Claudius
★ Nierhaus, Pierre
★ Oehler, Friedrich
★ Pick, Mario
★ Ploner, Jean-Georges

★ Rosche, Peggy
★ Rottmann, Lisa Maria
★ Rubien, Götz
★ Schock, Dieter
★ Schuster, Thomas
★ Sillig, Hildegard
★ Smola, Marcus
★ Steimel, Thomas
★ Subotic, Neven
★ ter Veen, Lorenz
★ Theis, Jaqueline
★ Thomassen, Martin
★ Thomma, Leonhard
★ Weißberger, Julia
★ Westermann, Rolf
★ Wijnvoord, Harry

Mehr erfahren – ausgesuchte Literaturtipps

Um mehr zu erfahren und Wissen zu vertiefen, haben wir nachstehend eine kleine handverlesene, sicherlich nicht ganz vollständige Auswahl an verfügbarer Literatur zusammengestellt. Von renommierten Autoren, Trainern und Speakern. Diese Bücher und Schriften empfehlen wir, weil sie helfen können, Ihr strategisches Einkaufsmanagement zu noch mehr Erfolg zu führen.

- Frieder Gamm: Verhandlungen gewinnt man im Kopf – Erfolg mit Neurostrategien
- Matthias Schranner: Verhandeln im Grenzbereich – Strategien und Taktiken für schwierige Fälle
- Eric Standop: Gesichtlesen – Face Reading: Charakter und Persönlichkeit
- Dirk W. Eilert: Mimikresonanz: Gefühle sehen. Menschen verstehen
- Jan Sentürk: Schulterblick und Stöckelschuh – Wie Haltung, Gestik und Mimik über unseren Erfolg entscheiden
- Helmut Wannenwetsch: Erfolgreiche Verhandlungsführung in Einkauf & Logistik
- Martin Lindstrom: »BUY-OLOGY« – Warum wir kaufen, was wir kaufen
- Gerd Kerkhoff: Milliardengrab Einkauf
- Klaus Zimmermann: Supply Chain Balanced Scorecard
- Christopher Jahns: Supply Management – Neue Perspektiven eines Managementansatzes für Einkauf und Supply
- Marco A. Gardini: Handbuch Hospitality Management
- W. Fuchs u. a.: Lexikon Tourismus
- Burkhard von Freyberg u. a.: Nachhaltigkeit als Erfolgsfaktor

Gute Quellen – inhaliert & inspiriert

AHGZ (April 2013): Gewinnerstrategien, in: Verlagsbeilage der Allgemeinen Hotel- und Gastronomie-Zeitung, Matthaes Verlag, Stuttgart, S. 1.

Appelfeller, Wieland; Buchholz, Wolfgang (2011): Supplier Relationship Management. Strategie, Organisation und IT des modernen Beschaffungsmanagements, 2. Auflage, Gabler Verlag, Wiesbaden.

Arnold, Ulli (1995): Beschaffungsmanagement, Schäffer-Poeschel Verlag, Stuttgart.

Arnolds, Hans et al. (2013): Materialwirtschaft und Einkauf. Grundlagen – Spezialthemen – Übungen, 12. Auflage, Springer Fachmedien, Wiesbaden.

Aust, Eberhard et al. (2001): eSourcing – Die Revolution im strategischen Einkauf, Trade2B.com AG, München.

Becker, Jörg; Kahn, Dieter (2012): Ein Prozess im Fokus. In: Becker, Jörg; Kugeler, Martin; Rosemann, Michael (Hrsg.); Prozessmanagement. Ein Leitfaden zur prozessorientierten Organisationsgestaltung, 7. Auflage, Springer Verlag, Berlin Heidelberg, S. 3-16.

Best Western Hotels Central Europe GmbH (o.J.): Best Western Premier Hotel Park Consul Stuttgart/Esslingen a.N., https://www.bestwestern.de/hotels/Esslingen-am-Neckar/BEST-WESTERN-PREMIER-Hotel-Park-Consul-Stuttgart-Esslingen, Stand: 4. Juni 2016.

Brenner, Walter; Wenger, Roland (Hrsg.) (2007): Elektronische Beschaffung. Stand und Entwicklungstendenzen, Springer-Verlag, Berlin Heidelberg.

Büsch, M. (2012). Praxishandbuch Strategischer Einkauf: Methoden, Verfahren, Arbeitsblätter für professionelles Beschaffungsmanagement. Springer-Verlag.

Derag Livinghotels AG + Co. KG (o.J.): Derag Livinghotel Weißensee, www.deraghotels.de/hotel-weissensee-berlin/, Stand: 4.Juni 2016.

Fischer, T. M.; Möller, K.; Schultze, W. (2012): Controlling: Grundlagen, Instrumente und Entwicklungsperspektiven, Schäffer-Poeschel Verlag, Stuttgart.

Freyberg, B. v., Gruner, A., & Lang, M. (2012). ErfolgReich in der Privathotellerie. Stuttgart: Matthaes Verlag.

FOCUS, 41/2016, S. 42 ff, »Der ewige Fluchhafen«

Gabler Wirtschaftslexikon (2016): Mannjahr Definition, http://wirtschafts-lexikon.gabler.de/Definition/mannjahr.html, Stand: 24. Juni 2016.

Gardini, M. A. (2014). Grundlagen der Hotellerie und des Hotelmanagements: Hotelbranche – Hotelbetrieb – Hotelimmobilie. Walter de Gruyter.

Gewald, S. (2001). Hotel-Controlling. Oldenbourg Verlag.

Grochla, Erwin et al. (1983): Erfolgsorientierte Materialwirtschaft durch Kennzahlen. Leitfaden zur Steuerung und Analyse der Materialwirtschaft, Fachverlag für Büro- und Organisationstechnik GmbH, Baden-Baden.

Grochla, Erwin (1978): Neue Sichtweise der Materialwirtschaft führt zu »Integrierten Systemen«: Rationalisierungs-Potential bisher kaum genutzt, in: Computerwoche vom 7.7.1978, IDG Business Verlag GmbH, München.

Heß, Gerhard (2008): Supply-Strategien im Einkauf und in der Beschaffung. Systematischer Ansatz und Praxisfälle, Gabler Verlag, Wiesbaden.

Hofmann, E., Maucher, D., Kotula, M., & Kreienbrink, O. (2012). Erfolgsmessung und Anreizsysteme im Einkauf: Den Mehrwert der Beschaffung professionell erheben, bewerten und darstellen. Springer-Verlag.

Horváth, Péter; Gleich, Ronald; Seiter, Mischa (2015): Controlling, 13.Auflage, Franz Vahlen Verlag, München.

Horváth, Péter; Gleich, Ronald; Voggenreiter, Dietmar (2012): Controlling umsetzen. Fallstudien, Lösungen und Basiswissen, 5.Auflage, Schäffer-Poeschel Verlag, Stuttgart.

Hotel Traube Tonbach – Familie Finkbeiner KG (o.J.): Hotel Traube Tonbach, www.traube-tonbach.de/de/baiersbronn-hotel-schwarzwald-baden-wuerttemberg, Stand: 4.6.2016.

Hug, Werner; Weber, Jürgen (2011): Wertetreiber Einkauf. Wertehebel im Einkauf als Controllingaufgabe, Wiley-VCH Verlag, Weinheim.

Kerkhoff, G. (2010). Einkaufsagenda 2020: Beschaffung in der Zukunft – Wettbewerbsvorteile durch einen visionären Einkauf sichern und ausbauen. John Wiley & Sons.

Koppelmann, Udo (2004): Beschaffungsmarketing, 4. Auflage, Springer-Verlag, Heidelberg.

Krampf, P. (2014). Beschaffungsmanagement: Eine praxisorientierte Einführung in Materialwirtschaft und Einkauf (2 Ausg.). Vahlen.

Lensing, M. (2013). Materialwirtschaft und Einkauf. Springer-Verlag.

Melzer-Ridinger, R. (2008). Materialwirtschaft und Einkauf: Beschaffungsmanagement (5. Ausg.). Oldenbourg Verlag.

Möhrstädt, Detlef G.; Bogner, Philipp; Paxian, Sascha (2001): Electronic Procurement planen – einführen – nutzen. Von der Konzeption zu optimalen Beschaffungsprozessen, Schäffer-Poeschel Verlag, Stuttgart.

Oehler, Jochen (2013): Einkauf 2.0, in: Verlagsbeilage der Allgemeinen Hotel- und Gastronomie-Zeitung, Matthaes Verlag, Stuttgart, S.8–9.

Piontek, Prof. Dr. Jochem (2012): Beschaffungscontrolling, 4. Auflage, Oldenbourg Verlag, München.

progros Einkaufsgesellschaft mbH (2014): Aus einer Hand. Einkaufslösungen für die Hotellerie, http://www.dehag-hotelservice.de/pdf/progros_broschuere.pdf, Stand: 20.4.2016.

progros Einkaufsgesellschaft mbH (2016): Story »buy« progros, http://www.progros-exklusiv.
de/unternehmen/unternehmensgeschichte.html, Stand: 11.6.2016.

Schifferer, Stefan (2001): Die Einkaufsorganisation an Prozessen ausrichten, www.enovis.
de/pdf/Artikel-BA%2005-04.pdf, Stand: 11.6.2016, in: Prozessorientierte Gestaltung der Ein-
kaufs-organisation, TCW-Transfer-Centrum, München.

Schuh, C., & Bremicker, M. (2015). Der Einkauf als Margenmotor: Methoden zur Kostensenkung
Mit Fallbeispielen. Springer-Verlag.

Schütte, Reinhard; Vering, Oliver (2011): Erfolgreiche Geschäftsprozesse durch moderne
Warenwirtschaftssysteme. Produktübersicht marktführender Systeme und Auswahlprozess,
3. Auflage, Springer-Verlag, Berlin Heidelberg.

Springer Gabler Verlag. (7.12.2015). Gabler Wirtschaftslexikon. Von http://wirtschaftslexikon.
gabler.de/Archiv/82286/einkauf-v10.html abgerufen

o.V. (o.J.): Das Grundmodell der Prozeßkostenrechnung, https://www.uni-ulm.de/fileadmin/
website_uni_ulm/mawi.inst.120/Lehre/2011_WiSe/Kostenrech-nung/Zusammenfassung_
Kapitel_3.pdf, Stand: 13.5.2016.

United Nations World Population Prospects: The Revision 2015

Wannenwetsch, H. (2013). Integrierte Materialwirtschaft und Logistik: Beschaffung, Logistik,
Materialwirtschaft und Produktion (2. Ausg.). Springer-Verlag.

Weber, Jürgen (2002): Logistik- und Supply-Chain-Controlling, Schäffer-Poeschel Verlag,
Stuttgart.

Werner, Hartmut (2013): Supply Chain Management. Grundlagen, Strategien, Instrumente
und Controlling, 5. Auflage, Springer Fachmedien, Wiesbaden

Ein Bild sagt mehr als tausend Worte – unser Bildnachweis

Vielen Dank an die alle Hotels, Fotografen und Privatpersonen, die uns ihre Bilder für die Illustration von MACHT EINKAUF zur Verfügung gestellt haben. Dazu gehören:

© Ameron Hotel Speicherstadt Hamburg S. 4 & 159 | © Brenners Park-Hotel & Spa S. 160 | © Das Stue S. 149 | © Design Hotels AG S. 3, 17, 18, 21, 22, 32, 53 & 104 | © Explorer Hotels S. 34 | fotolia: © aaabbc S. 95, © antgor S. 31, © bildschoenes S. 51, © BillionPhotos.com S. 67, © contrastwerkstatt S. 101, © DragonImages S. 31, © eikotsuttiy S. 93, © Giorgio Pulcini S. 87, © Kzenon S. 64, © mavoimages S. 87, © Melica S. 12, © minicel73 S. 66, © naito8 S. 35, © Olivier Le Moal S. 61, © R.Babakin S. 88, © Rawpixel.com S. 58, © rufar S. 35, © Solaris S. 28, © stockpics S. 70, © Subbotina Anna S. 81, © Viacheslav Iakobchuk S. 41, © Warakorn S. 100, © xixinxing S. 83 | © Hochschule Heilbronn S. 162 | © Holiday Inn Frankfurt – Alte Oper S. 37 & 114 | © Kaisergarten Hotel & Spa S. 149 | © Kameha Grand Bonn S. 57 | © Land & Golf Hotel Stromberg S. 109 | © Premier Inn Frankfurt Messe S. 37 | © progros Einkaufsgesellschaft mbH S. 34, 49, 51, 90, 107 & 162 | © Scandic Berlin Potsdamer Platz S. 161 | © Schindlerhof Klaus Kobjoll GmbH S. 118, 119 & 123 | © Soulmade by Derag Livinghotels S. 116 | © The Charles Hotel S. 125 | © The George Hotel Hamburg S. 9 |

ISBN 978-3-87515-312-5

Lektorat: Dr. Ulrike Strerath-Bolz, usb bücherbüro, Friedberg in Bayern
Satz und Gestaltung: die basis | Ideenwerk. Kommunikation. Design., Wiesbaden

Printed in Germany